P[illegible]

esthéti[illegible]

L'interrogation philosophique

*Collection dirigée*
*par Michel Meyer*

Professeur à l'Université libre de Bruxelles

# Pour une histoire esthétique de la littérature

ÉRIC MÉCHOULAN

PRESSES UNIVERSITAIRES
DE FRANCE

ISBN 2 13 053618 2

Dépôt légal — 1re édition : 2004, août

# Remerciements

Cet ouvrage est, évidemment, l'aboutissement de nombreuses années de recherche (donc de détours). Mentionner toutes mes dettes serait trop considérable. Je m'en tiens aux personnes qui ont pris la peine de lire ce texte et de le commenter : Barbara Cassin, Bruno Clément, Jean-Paul Gauthier, Marie-Pascale Huglo, Pierre-André Huglo, Thierry Marchaisse ; puis, en une occasion plus institutionnelle, Nicholas Cronk, Marie-Madeleine Fragonard, Hélène Merlin, Georges Molinié, Jacques Rancière, Alain Viala. Je les remercie de leur soutien et de leurs remarques. Je sais également gré à Michel Meyer d'avoir accepté cet ouvrage dans sa collection et de m'avoir aidé à l'améliorer. Mais on sait que reconnaître une dette n'est pas encore l'avoir payée.

Par ailleurs, certaines notices ont déjà été publiées, même si elles apparaissent ici sous une forme modifiée : « Pour une rhétorique de l'effet : La Fontaine et *Le pouvoir des fables* », *Littérature,* n° 84, 1991, p. 23-32 ; « Le bouclier de Télémaque : immédiateté de la représentation et représentation de l'immédiateté », *French Studies in Southern Africa,* n° 26, 1997, p. 60-69 ; « La vitesse de l'image fixe », *Théorie-Littérature-Enseignement,* n° 16, 1998, p. 37-49 ; « La règle de l'art : de Kant avec Wittgenstein », *Diogène,* n° 157, 1992, p. 119-134 ; « Debord *et al.* : style, mémoire et immédiateté », *Passions du passé : Recyclages de la mémoire et usages de l'oubli,* éd. M.-P. Huglo, É. Méchoulan, W. Moser, Paris, L'Harmattan, 2000, p. 323-341 ; « La blessure du temps : mémoire et culture pour Fernand Dumont », *Voix et images,* automne 2001, n° 79, p. 35-47.

Je me suis aussi servi, pour le corps de l'argumentation, de deux articles qui ont été profondément remaniés : « *Theoria, aisthesis, mimesis* et *doxa* », *Diogène,* n° 151, 1990, p. 136-152, et « Institution, histoire et dette », *Surfaces,* vol. VI, 1997, numéro spécial autour de l'œuvre de Bill Readings.

# Sommaire

# Mode d'emploi

Le genre que j'ai choisi relève moins de l'art de la synthèse que d'une esthétique des raccourcis, une manière de prendre systématiquement les chemins de traverse, mais aussi d'aménager les perspectives, afin de grossir ou d'amoindrir tel effet. Que l'on ne croie pas pour autant que je désire ainsi gagner du temps : les raccourcis sont plutôt des aphorismes ralentis que des parcours accélérés.

Pour ceux qui désireraient aller vite ou qui craindraient de s'égarer dans ces voies traversières, il serait possible de résumer l'affaire ainsi. La question de départ est aussi simple que connue : comment faire une histoire de la littérature qui prenne en compte la valeur esthétique des œuvres ? Comment montrer simultanément son respect des contextes toujours particuliers d'écriture, de publication, de lecture et son admiration intangible pour la qualité d'un texte ? Face à tout ce qui nous parle encore au *présent* dans une œuvre, comment la tenir pour une chose du *passé* qui ne nous dirait plus rien ? Bref, peut-on ne pas choisir entre le désuet et l'immédiat ? Pour répondre à ces questions, il faut d'abord comprendre les modes de fonctionnement du discours historiographique et saisir, au passage, quelque chose de l'historicité même de ses dispositifs.

La conception moderne de l'histoire suppose une double altération du temps par où il faut que le présent soit irréductiblement coupé du passé étudié et où il est nécessaire que chaque moment du temps soit, dans sa propre actualité, étranger à lui-même : mis ainsi à distance, le passé est observable ; poussé hors de lui-même, il n'est compréhensible qu'à distance. La position moderne de l'historien est alors de refouler la *dette* envers le passé dont il hérite pour mieux *produire* l'histoire d'un temps aboli. Mais quelle est cette dette et où passe son lien à la production ?

Le grand « événement » des temps modernes – s'il en faut un – semble résider dans le déplacement radical des relations entre terre et ciel, humain et divin qui, peu à peu, de la communauté dont le destin est tracé au-dehors d'elle-même et dont les rôles de chacun sont hérités d'un passé immémorial fait une société qui doit produire en son propre sein ses institutions et ses légitimités, son passé et son futur, rejetant le poids et les préjugés de la tradition pour mieux asseoir la dynamique et l'ouverture indéfinie du progrès et de l'invention de soi. Alors, la vie n'est plus une œuvre, mais un processus. Tandis que le travail est plus valorisé, le loisir l'est moins : l'épargne ou la capitalisation du temps deviennent plus importantes que sa dépense ou son usage. La dette envers l'Autrefois se trouve ainsi déplacée et, en quelque sorte, prise en charge par une nouvelle discipline qui maintient encore le lien à la dépense et au loisir : l'esthétique, et par une ancienne discipline qui s'appuie sur la récente valeur de la production et du travail : l'histoire.

Pourtant, quel que soit le chemin suivi, il s'agit bien d'instaurer des médiations temporelles et sociales qui permettent d'éviter à chaque fois le souci de l'immédiateté : ces dettes que l'on invente afin de se donner l'impression que le passé nous crée ou que l'on intériorise afin d'avoir le sentiment de produire son avenir témoignent du désir similaire de créer des médiations et d'oublier l'immédiateté. Quelle immédiateté ? La réponse la plus probante est, pour une fois, la plus simple : la mort. Prononcer ce mot ne signifie pas en avoir terminé avec l'investigation. Quand bien même l'on ne peut qu'achopper sur l'expérience (ou la non-expérience) de la mort, la question initiale que je formulais ne peut qu'en être relancée : comprendre ce qui autorise une œuvre à résister au temps qui passe et à demeurer vivante loin du moment qui l'a vu naître consiste bien à s'interroger sur la survie et le posthume. Or, il est un terme qui est exemplaire de ce tissage où la chaîne des instants qui fuient s'allie à la trame des moments qui restent : *kairos* – concept qui vaut, certes, par sa configuration propre à la Grèce antique, mais qui demeure aussi, pour nous, une ressource remarquable pour penser ces phénomènes temporels. Dans l'immédiateté de l'occasion se lient, donc, évanouissement autant qu'épanouissement du temps.

N'est-ce pas sacraliser abusivement l'immédiateté, sans apercevoir les illusions générées par une fausse proximité ? L'histoire et la philosophie se sont explicitement construites sur le rejet de l'immédiat et sur la recherche des médiations incessantes et complexes qui font notre univers. Mais de l'Antiquité jusqu'au Moyen Âge, et même, en certains de ses aspects, jusqu'au XVII^e siècle, l'histoire était histoire du présent, histoire immédiate. Le renouveau de l'histoire du présent depuis la Seconde Guerre mondiale n'a pourtant guère entraîné de remise en cause radicale ou de retour critique sur les principes modernes de la raison historienne. Comment penser l'immédiateté pour qu'elle ne renvoie pas simplement à un aveuglement ou à une insondable naïveté ? Il s'agit de comprendre la relation particulière que l'immédiat entretient avec le temps et distinguer, en fait, deux immédiatetés : à l'immédiateté du moment qui fuit, aussitôt disparu qu'apparu, aveugle à tout autre chose que lui-même, répond l'immédiateté de l'instant qui résiste, encore présent aux moments qui lui succèdent, ouvert à tout le passé qui l'accueille. Chaque présent « fourche », déphasé qu'il est par rapport à lui-même, et l'histoire n'est pas le compte rendu des médiations ayant eu lieu dans le passé, elle s'écrit dans la bifurcation entre immédiateté du présent qui passe et immédiateté du passé toujours présent.

Comment inscrire alors cette écriture de l'histoire dans l'ordre du temps ? Si l'on reprend les traits aristotéliciens qui thématisent les conceptions temporelles de l'Occident, on s'aperçoit que la notion usuelle de moments physiques successifs, quantifiables et homogènes, est redoublée d'une notion éthique et rhétorique où chaque moment, comme dans l'exemple de la joie, compose une monade hétérogène et non quantifiable. C'est par là que l'on peut entendre l'alliance particulière, peut-être paradoxale, de la règle et de l'événement dans les concepts éminemment complexes de « dialectique à l'arrêt » chez Walter Benjamin ou de « genèse statique » chez Gilles Deleuze. Ces concepts orientent moins vers une production du temps, un procès de médiation, que vers une lecture du contre-temps, une immédiateté dialectique. L'histoire, dès lors, n'apparaît pas tant comme une science des représentations et des résultats que comme un art des situations et des problèmes. L'immédiateté concerne la survie dans l'instant plus que l'instantanéité de la vie.

Il est, pourtant, un amalgame sociologique souvent fait entre immédiateté brute et bêtise de la *doxa*. La recherche des différences conceptuelles deviendrait quête des distinctions sociales. Dès Platon, la donne est faite. Il vaut la peine de revenir sur cette cristallisation antique afin de comprendre ce double mouvement qui effectue une coupure ontologique entre *theoria* et *aisthesis,* et qui rabat l'ordre de la *mimesis* sur la vulgarité doxale. Comment des discours ou des pratiques reposant sur des *mimeseis* peuvent-ils être légitimement tenus ? Ce n'est un véritable problème que pour une distinction spatiale des modes d'être, non pour une différence temporelle des rythmes d'apparences. Pour le miméticien, rien n'est extérieur ni susceptible de transcender la communauté : tout est histoire, y compris l'univers des Idées. L'usage commun, la *doxa,* forme *immédiatement* le réservoir des discours et des pratiques qui trouveront dans d'autres œuvres leurs vitesses singulières. Le miméticien (poète, peintre, sophiste, chacun de nous *à l'occasion*), loin de multiplier les paradoxes, ente sur les seules inventions doxales ce qu'il reprend et relance ; au contraire Platon, pour désirer s'éloigner de la *doxa,* fait tomber le discours de l'être dans des paradoxes dignement philosophiques.

Si des différences de nature n'existent pas entre l'*aisthesis* et la *theoria,* entre l'événement singulier et l'idée générale, quelles sont les opérations qui rendent compte des différences de degré qui, elles, ont manifestement lieu ? Justement, la théorie classique des lieux que l'on a dit « communs », la topique. La technique topique ne s'oppose pas à l'art du *kairos* comme l'espace au temps, tous deux forment des manières d'organiser les heureuses rencontres, des façons d'élever les singularités à la puissance supérieure du général. La topique affirme deux choses : il y a de la pensée dans les énonciations doxales ; cette pensée suit des règles argumentatives et narratives repérables. Même si la généralité commune peut préexister, au moins comme modèle, à tel ou tel jugement, à tel ou tel récit, la topique règle des lieux de passage plus que des stations sans histoires. Mais il lui faut aussi une vivacité d'allure, une immédiateté des opérations. La différence de degré entre cas singulier et maxime générale relève d'une différence de vitesse : lenteur extrême ici qui la fait paraître « au repos », rapidité là, qui semble l'emporter dans la fuite du temps. La topique permet le passage de l'un à l'autre, l'intelligence des phénomènes par où l'événement qui disparaît, pourtant, s'approche, se synchronise, fait apparaître la règle qui vaut pour toute une communauté : le discours rhétorique est langage du déphasage de l'instant par rapport à lui-même. Cela ne signifie pas qu'il soit sans conflit, juste au contraire : le lieu commun est un champ de forces, une résultante ou une composition des forces en présence, il est sans cesse à réinventer, par la puissance des comparaisons, sous la forme figurative d'un *comme-un*.

Il est alors possible de reprendre la question de départ. La topique nous fait saisir que l'écriture littéraire n'est pas coupée du monde, elle fait habiter au contraire des univers de discours, c'est-à-dire des mondes de problèmes historiquement circonscrits. Comment comprendre alors leur résistance exceptionnelle au temps ? La réponse est simple : ce ne sont justement pas des exceptions, mais des règles. Les œuvres que nous disons littéraires (ou philosophiques), en s'inscrivant dans l'immédiateté du présent qui reste, conservent au temps toute son intensité potentielle. C'est la *survie* des œuvres qui nous permet d'éclairer le fonctionnement de l'histoire avant que l'histoire ne nous permette la compréhension de leurs vies. L'exception n'est pas seulement ce qui sort de la règle, mais d'abord ce qui règle le sort des existences. L'immédiateté ainsi préservée compose le tissu de ces existences avec les fils colorés de la disparition, comme elle se glisse entre mort et survie.

Ce que je viens de ramasser rapidement témoigne moins d'un système aux coutures impeccables que de questions sans cesse relancées et comme emboîtées. D'où le parcours qui semble dériver parfois ou qui paraît élargir indéfiniment le champ d'investigation : pour savoir comment faire une histoire de la littérature, il faut comprendre le fonctionnement de l'historiographie ; pour appréhender son fonctionnement, il faut étudier les principes de ses opérations ; pour saisir les enjeux de ces principes, il faut élaborer une pensée de la mémoire et du temps, etc.

Essayer de répondre de la façon la plus honnête possible (c'est-à-dire d'une façon qui n'escamote pas les difficultés et qui ne résiste pas au désir de poser quelques questions fondamentales à la suite de tant de grands auteurs) ne donnera sûrement pas une tâche aisée au lecteur, car lui aussi sera aux prises avec ces mêmes difficultés. J'ai donc adopté une double tactique pour lui permettre de pouvoir circuler (et à moi de savoir me dépêtrer) dans le fourmillement des problèmes.

Il est possible, au cinéma, de prendre le temps de vitesse en accélérant l'image. Ce n'est, au fond, qu'un truc que la technique permet : l'homme croit y vaincre le temps. Je délaisserai cette tentation.

Il est aussi possible, quoique beaucoup plus rare, de prendre le temps de vitesse en figeant l'image, soit par un plan fixe (comme souvent chez Ozu), soit plus radicalement encore par une image fixe (comme chez Chris Marker dans *La jetée*). Ce n'est, à la vérité, qu'un truc que la mémoire autorise : l'homme pense, alors, projeter du temps. Je voudrais, de la même manière, que le lecteur puisse prendre les pages qui suivent, tantôt pour des plans fixes où des multiplicités d'événements passeront sur l'écran de la réflexion (ces pages peuvent être lues d'un trait), tantôt pour des images fixes où la figuration prend la forme d'un commentaire singulier (ces pages constituent des notices, elles composent un autre rythme de lecture, donc d'intelligence du texte – il est possible de s'en passer, même si elles répondent ou recoupent certaines interrogations du texte continu) : de part et d'autre, le mouvement de l'histoire n'est pas effacé, il s'y trouve seulement provisoirement *collé*. En effet, même si je reconstitue ici ou là quelques déploiements historiques sans lesquels il me semble impossible de rien comprendre aux phénomènes qui m'occupent, ce ne sera que de très loin ou de façon microscopique. Dans l'ouvrage que j'écris parallèlement à celui-ci – *Le livre avalé : de la littérature entre mémoire et culture (XVIe-XVIIIe siècles)* –, je tente de donner une tournure plus ouvertement historique à la réflexion. Ce texte-ci prend plutôt le parti du traité où l'empiricité des phénomènes, des écrits, des époques compte, d'abord, pour ce qu'elle donne à penser.

C'est pourquoi les notices s'attachent à des textes, des auteurs, des manières sans unité autre que le hasard des analyses et leur rencontre avec les problèmes que je suis amené à traiter dans le texte continu. On y trouvera donc textes de fiction ou ouvrages théoriques dont le caractère hétéroclite ne doit pas gêner : leur intérêt consiste à adosser les réflexions générales sur des cas aussi concrets que variés, non pour leur valeur exemplaire (qu'il faudrait alors justifier), mais pour leur puissance d'illumination. Ces analyses permettront de donner une épaisseur à certains concepts. Lesquels ? Si les œuvres nous touchent toujours, il faut comprendre ce que signifie cet *effet* produit. Si les dettes envers le passé nous lient encore ou nous deviennent problématiques, il reste à saisir ce qu'il en est de l'*héritage*. Si des savoirs soigneusement reçus nous permettent de construire immédiatement des images du monde, encore s'agit-il d'appréhender la formation de ces *images* et de se représenter leur immédiateté. Si ces réceptions et ces productions témoignent ainsi d'un être-affecté, on doit analyser ses caractères qui prennent la forme d'une *blessure*. Si le temps n'est pas spatialisé dans la blessure, mais au contraire activé, c'est en termes de *vitesse* qu'il faut alors entendre le rapport à l'histoire et à la représentation. Si les événements du temps semblent prendre de court toute régulation *a priori* dans les œuvres littéraires, comment encore comprendre les rapports entre événements et *règle* ? Enfin, si la règle suppose de nécessaires réitérations, il reste à saisir les modes d'opérations de ces *reprises*.

Pour une réflexion qui tâche de problématiser les relations entre le continu et le discontinu, le lointain et le posthume, la coupure et la survie, il n'est sans doute pas mauvais d'en (faire) éprouver les résonances jusque dans sa propre organisation. La méthode suit, en quelque sorte, l'ordre particulier indiqué par Pascal – différent de l'ordre de l'esprit qui fonctionne à la preuve et à la démonstration –, « cet ordre consiste principalement à la digression sur chaque point qui a rapport à la fin, pour la montrer toujours »[1].

1. Blaise Pascal, *Pensées,* éd. Michel Le Guern, Paris, Gallimard, § 280 (Lafuma, § 298). Je précise que je fournis la référence complète lors de la première occurrence et qu'ensuite je ne donne que le nom de l'auteur et le titre de l'ouvrage.

# Chapitre I

## Histoire et littérature

Dans les textes que l'on dit littéraires, il est possible de voir lever le ferment d'une énigme : ces œuvres ont en effet ceci de singulier qu'elles appartiennent au temps où elles sont produites, et qu'elles conservent, pourtant, assez d'attraction pour être lues dans une époque parfois bien éloignée de leur moment de création. À la différence de traités de jurisprudence, de manuels de confesseurs, de livres de raison ou d'almanachs, certains ouvrages littéraires du temps passé continuent à être publiés et à séduire leurs lecteurs. Là où des historiens du droit, de la théologie ou de la culture peuvent trouver un intérêt (voire un plaisir) à lire ces ouvrages d'autrefois, c'est un lecteur sans spécialité nécessaire et sans goût forcené pour l'histoire qui cherche dans les œuvres littéraires de jadis un plaisir actuel. En dehors de la philosophie, la littérature est seule à offrir pareil rapport au temps. On peut, certes, regretter que les sciences, par exemple, soient tout entières construites sur l'oubli de leur histoire et qu'elles baptisent d'autant plus volontiers tel théorème ou telle expérience du nom d'un de leurs grands découvreurs qu'elles en évacuent l'historicité propre[1]. Il n'empêche que c'est ainsi que les sciences se sont édifiées : dans l'éternel présent d'une

1. Voir Jean-Marc Lévy-Leblond, *L'esprit de sel : science, culture, politique,* Paris, Fayard, 1981, ou les remarques lapidaires d'Alain Badiou dans « Le détour historique et la critique » *(Auto)critique de la science,* éd. Alain Jaubert, Jean-Marc Lévy-Leblond, Paris, Le Seuil, 1975, p. 206-207.

actualité qui ne cesse de réécrire les trouvailles du passé. À l'inverse, littérature et philosophie semblent participer d'un passé éternel dont chaque moment est simultanément contemporain des productions et des pratiques de son époque et contemporain de nos sentiments et de nos réflexions.

Remarquer cela ne tombe pas sous la juste critique de Quentin Skinner quand il résume ironiquement la position des tenants de l'autonomie des textes : « Toute l'importance, comme on le dit de façon caractéristique, d'étudier les œuvres passées de la philosophie (ou de la littérature) doit résider en ce qu'elles contiennent (selon certains syntagmes favoris) "des éléments éternels *(timeless)*" sous la forme d' "idées universelles", ou même une "sagesse hors du temps *(dateless)*" avec ses "applications universelles". »[1] Que certaines œuvres du passé nous *semblent* contemporaines fait partie de leur fonction, voire de leur fonctionnement. Qu'elles produisent un effacement du temps ne signifie, bien sûr, en rien qu'elles soient *de droit* éternelles, parce qu'elles nous révéleraient des beautés ou des vérités intemporelles. Mais il faut bien admettre que, par un côté, elles ont été, *de fait,* installées hors du temps.

## LES DEUX VOIES (HISTOIRE, ESTHÉTIQUE) : UNE IMPASSE ?

Dans un texte d'abord paru dans les *Annales,* puis repris à la fin de son ouvrage sur Racine, Roland Barthes a impeccablement ramassé ce paradoxe : « La littérature est signe d'histoire et résistance à l'histoire. »[2] En faisant éminemment d'elle un signe ou un symptôme, l'historien la réduit à un simple statut documentaire, même si ses qualités fictionnelles

1. Quentin Skinner, « Meaning and understanding in the history of ideas », article de 1969 repris dans *Meaning and Context : Quentin Skinner and his Critics,* ed. James Tully, Cambridge, Polity Press, 1988, p. 30 (ma traduction).

2. Roland Barthes, « Histoire ou littérature », *Sur Racine,* Paris, Le Seuil, 1976 [1963], p. 149.

et sa fréquente valeur de divertissement en font un document difficile à manipuler. En privilégiant sa résistance à l'histoire, le critique tend à la forclore à sa forme ou à sa matérialité en un textualisme plus ou moins exacerbé. Ici, on cherche le présent d'une œuvre. Là, le texte d'un passé.

L'historien peut-il mettre de côté cette valeur esthétique qui semble impunément passer au travers des siècles comme un papillon épinglé pour l'éternité ? L'expert ès textes agit-il légitimement quand il ignore l'ancrage temporel de l'œuvre (autant dans son moment de création que dans sa manière de traverser et de se métamorphoser dans les époques successives) ? À ces questions, Roland Barthes a tenté de répondre et il vaut la peine de revenir sur sa réflexion tant elle conserve de puissance, même si, elle aussi, est prise dans les enjeux spécifiques de la théorie littéraire des années 1950 et 1960.

À partir de ce dédoublement de l'œuvre, tantôt offerte aux demandes des historiens, tantôt opaque à leurs regards, Roland Barthes indique deux types de travail : l'un qui se préoccupe de la littérature comme institution, qui en détermine les fonctions et qui relève de plein droit de l'historiographie ; l'autre qui focalise sa recherche sur la création littéraire, en détermine les conditions psychologiques et requiert de préciser de quelle psychologie on se sert. Qu'il ne soit pas nécessaire de désigner le genre d'historiographie à pratiquer est significatif : pour l'ancien assistant de recherche de Lucien Febvre, l'histoire en question ne saurait être que celle de son patron. Prenant la peine d'indiquer, avec beaucoup de lucidité, les pistes potentielles de recherche historique à venir (dont un bon nombre a d'ailleurs été pratiqué par les historiens ou les littéraires de ces quarante dernières années), Roland Barthes souligne à l'inverse les démarches problématiques des critiques passés. Sous une apparence très objective (qui aime glisser parfois jusqu'à l'irrespect modeste ou l'admiration revendiquée), on sent bien la tonalité polémique et la hiérarchie mise en place – Raymond Picard ne s'y est d'ailleurs pas trompé : là où ces maîtres de l'université croyaient faire de l'histoire littéraire, ils ne font que de la psychologie, et, qui plus est, de la psychologie du siècle dernier. Je rappelle l'enjeu de pouvoir, non pour invalider le propos barthésien et n'en faire qu'un soubresaut critique, mais parce qu'il insémine la situation conceptuelle. C'est tout à l'honneur de Roland Barthes que d'avoir su faire d'une polémique la vertu d'une réflexion (sans doute parce que la réflexion était, de son côté, la source principale de la polémique). Il n'en demeure pas moins que cette situation impose les limites historiques du propos.

Parce qu'il entend différencier fortement deux pratiques institutionnelles, Roland Barthes accuse les traits paradoxaux afin de condamner irrévocablement toute tentative de court-circuit ou de passage laborieux entre histoire des conditions de production, des pratiques de communication ou des usages de consommation des œuvres littéraires et la psychologie de leur création. L'effet esthétique de l'œuvre ne ressortit pas des mêmes types d'appropriation théorique que la reconstitution de son contexte ; trait d'époque sans doute puisque, pour un Tzvetan Todorov par exemple, la poétique devait être, elle aussi, dissociée de l'esthétique[1]. La subjectivité engagée dans la création ou la réception esthétiques semble bien devoir être irréductiblement coupée des règles, des rituels, des techniques repérables par l'historien ou par le poéticien. Roland Barthes a beau ramasser esthétique et histoire dans la figure stimulante du paradoxe, c'est pour mieux en renvoyer les termes à deux pôles distincts d'analyse.

## LES DEUX VOIES (HISTOIRE, ESTHÉTIQUE) : UNE RÉCIPROCITÉ ?

Bien qu'il affiche une critique radicale (et la plupart du temps pertinente) du néo-lansonisme qui formait la base tacite des « historiens de la littérature », Barthes reprend en fait certains éléments du programme

1. Tzvetan Todorov, *Qu'est-ce que le structuralisme ?*, 2. *Poétique,* Paris, Le Seuil, 1968. Cette dissociation devant mieux permettre une réunion ou un réaménagement ultérieur des deux. On trouve encore la même position, côté allemand, chez Hans-Ulrich Gumbrecht, « Literaturgeschichte. Fragment einer geschwundenen Totalität », *Fragment und Totalität,* éd. Lucien Dällenbach, Christiaan Hart Nibbrig, Franfort, Suhrkamp, 1984, p. 35-36. Elle apparaît déjà chez Northrop Fry, *Anatomy of Criticism,* Princeton, Princeton University Press, 1957.

de Lanson, mais un programme laissé pour compte par ses disciples (et par Lanson lui-même) dans la pratique[1]. Dans une conférence donnée à l'École des hautes études en sciences sociales, à la demande de Durkheim, le 29 janvier 1904, Gustave Lanson affirme bien la différence d'approche entre le critique, rempli de sa subjectivité, ancré dans le temps présent, goûtant son propre plaisir, et l'historien, plein du souci du passé, s'inscrivant dans la distance avec l'autrefois, cherchant à apprécier le plaisir éprouvé jadis. La perspective sociologique ne fait que rendre encore plus tangible l'opposition qui conduit Gustave Lanson à poser l'œuvre littéraire comme « un acte individuel, mais un acte social de l'individu »[2]. Le critique explore l'acte individuel, l'historien-sociologue exploite l'acte social.

Mais la définition de Lanson implique aussi que cet acte social soit encore un acte de l'individu, non au sens trivial où toute performance sociale suppose bien un être de chair et de sang, d'humeurs et d'héritages qui en actualise la dimension publique (fût-ce dans un geste parfaitement privé : il en va de tout acte comme du langage, ainsi que le signifiait Ludwig Wittgenstein, il ne saurait être privé, car il serait alors purement et simplement incompréhensible), plutôt au sens où l'acte de l'écriture littéraire requiert, comme le dit justement Roland Barthes (sans en tirer toutes les conséquences), une « institutionnalisation de la subjectivité ». La dimension esthétique de l'œuvre a beau réclamer un retrait des réseaux sociaux, elle est pourtant immédiatement en prise sur le destin public de l'écriture. C'est pourquoi Gustave Lanson, dans son autre grand texte méthodologique sur la relation entre histoire et littérature, prend garde de ne pas dissocier, même s'il les oppose, investigation historique et saisie esthétique : « Si le texte littéraire diffère du document historique par sa propriété de provoquer en nous des réactions esthétiques ou sentimentales, il serait étrange et

1. C'est bien déjà le reproche de Lucien Febvre dans son article des *Annales* de 1941 repris dans *Combats pour l'histoire,* Armand Colin, 1953, p. 263-268, sous le titre significatif de « Littérature et vie sociale. De Lanson à Daniel Mornet : un renoncement ? ».

2. Gustave Lanson, « L'histoire littéraire et la sociologie », *Essais de méthode, de critique et d'histoire littéraire,* éd. Henri Peyre, Paris, Hachette, 1965, p. 67.

contradictoire de poser cette différence dans la définition pour n'en tenir pas compte dans la méthode. »[1] Il faut donc prendre au sérieux le paradoxe constitutif de la littérature sans chercher à le trancher, tel un nœud gordien, en le renvoyant à deux disciplines et deux approches différentes. Sur ce point – et, au moins, de façon programmatique – la position lansonienne paraît plus rigoureuse, plus stimulante aussi, que la perspective barthésienne.

Dans un texte presque contemporain[2], György Lukács réclame, lui aussi, l'association de la sociologie ou de l'histoire et de l'esthétique : on peut bien faire des œuvres littéraires les symptômes de l'ordre culturel, les manifestations du jeu des forces sociales, cela ne constitue pas encore de l'histoire littéraire, dans la mesure où ce serait escamoter la nécessité d'une appréciation esthétique. À la différence d'autres ouvrages humains, dans l'œuvre que l'on produit ou que l'on reçoit comme littéraire apparaît le besoin d'un jugement de valeur. Le drame en soi ne signifie rien ; il n'est concevable qu'à partir du moment où c'est un bon ou un mauvais drame : une histoire des genres n'est possible que sur le fond d'une esthétique de la forme. En insistant ainsi sur la production d'effets et la communication de sentiments et de réactions, György Lukács fait de la forme le moyen de communication des expériences, forme qui s'avère être tout à la fois un fait sociologique et une catégorie esthétique, une détermination historique et un élément intemporel : la forme est, comme il le dit, « vision du monde ». En *étant* vision du monde, elle est histoire ; en *devenant* vision du monde, elle échappe à l'histoire.

Gustave Lanson recourt également à l'analyse esthétique de la forme pour repérer les « effets d'art » intrinsèques aux œuvres, par-delà ou en deçà du rapport sociologique au public. Et l'on peut bien critiquer l'un et l'autre pour ce privilège suranné accordé à l'intemporalité de la forme ou à l'anhistoricité de la notion même de « vision du

1. Gustave Lanson, « La méthode de l'histoire littéraire », *Essais de méthode, de critique et d'histoire littéraire,* p. 37.

2. György Lukács, « Remarques sur la théorie de l'histoire littéraire », trad. Georges Kassai, *Revue de l'Institut de sociologie,* 1973 [1910], n° 3-4, p. 563-595.

monde ». Il n'empêche qu'ils tentent ainsi de ne pas perdre l'évidence d'un lien entre l'effet présent d'une œuvre dans son temps et l'effet d'intemporalité d'une œuvre qui dure. C'est pourquoi j'utilisais, il y a un instant, des verbes inattendus : quoique l'histoire nous jette bien dans le devenir, c'est en *étant* vision du monde, dans le moment et l'occasion d'une forme, que l'œuvre s'installe ; quoique la résistance au temps hante la production d'un effet esthétique, c'est en *devenant* vision du monde que l'expérience esthétique sort le temps de ses gonds.

Cette double qualité temporelle doit nous engager à questionner ce que peut bien être une « histoire de la littérature » avant de proposer des concepts aussi vastes que « forme » ou « vision du monde » pour en orienter (et, du coup, en restreindre) les perspectives.

# Chapitre II

## Le principe de raison historique

Dans la notion d' « histoire de la littérature », tous les termes font problème : non seulement « littérature », dont nous ne savons pas très bien ce qu'elle est, mais aussi « histoire », dont nous croyons trop souvent connaître le sens, la valeur et jusqu'aux procédures favorites. Avant même de mettre en scène les œuvres littéraires, il est nécessaire de s'interroger sur la pratique de l'histoire – donc sur sa propre historicité. Il va sans dire qu'il existe, en fait, *des* écritures de l'histoire : entre un Mandrou, un Foucault, un Dupront ou un Koselleck (pour prendre une même génération d'historiens – et si tant est que le concept de « génération » ait une pertinence historique), que de différences ! Mais on me permettra ici d'adopter, provisoirement, une vue de très haut où ces distinctions s'effilochent suffisamment pour donner l'impression d'un tissu uni, peut-être à peine plus chatoyant ici que là. L'essentiel est de dégager certains principes directeurs de l'écriture de l'histoire, ainsi que de mettre en perspective ses évolutions les plus décisives.

### FAIRE L'HISTOIRE OU EXEMPLIFIER LE PASSÉ

De prime abord, l'histoire apparaît liée à l'idée d'un « faire ». Si l'historiographie moderne lentement se détache des modèles anciens et finit par s'institutionnaliser à la fin du XVIIIe siècle, ses premiers mouvements sont en fait contemporains de ce déplacement considérable qui rend l'homme producteur de sa propre histoire par son travail et par sa raison. « Faire de l'histoire » – l'historiographie – n'est pas indépendant, en son principe, de la façon dont les hommes s'avèrent désormais susceptibles de « faire l'histoire ». Les événements historiques ne sont plus reçus et rapportés afin de servir d'exemples de conduite, « faire l'histoire » implique la prégnance d'une *volonté* que l'historien, lorsqu'il veut en faire l'histoire, doit s'attacher à suivre, à ordonner et à comprendre. Mais si l'agir historique requiert une volonté, il réclame aussi un savoir de la société sur laquelle exercer son action, il a besoin de modèles d'intelligibilité du social. Réciproquement l'intelligibilité historique est l'exemple même d'une « volonté de savoir ».

Le savoir occupe, en effet, à partir de la Renaissance, une position de plus en plus centrale qui permet de maintenir une unité de la « vieille Europe » que la chrétienté avait assurée durant plusieurs siècles et qu'elle ne parvient plus à légitimer. En même temps, le savoir devient objet de conquête et témoigne de maintes luttes pour le contrôler, dans la mesure où, d'une part, il est associé de près au développement de l'État moderne, d'autre part, il permet d'établir des différences sociales. D'où, tout au long du XVIIe siècle, une constante querelle entre les « savants », héritiers des modèles scolastiques, et les « mondains » qui prétendent au savoir de l'homme social. Au cours du XVIIIe siècle, l'histoire en vient à jouer un rôle de plus en plus important au sein de ce savoir, car elle permet d'entériner et de rendre compte du mouvement constitutif des Temps modernes, puis de la modernité, à savoir la dissociation entre passé et présent. L'âge moderne, formé à l'invention de soi, ne saurait s'accommoder des modelages anciens : il faut que chaque présent affirme sa puissance de fondement, satisfasse sa soif créative sans puiser à la source du passé.

S'il est une différence majeure dans l'usage de l'historiographie, elle réside là : pour les Anciens, l'histoire – quelque exacte et véridique qu'elle se veuille – a pour fonction éminente d'enseigner, il faut qu'elle s'établisse comme un « capital impérissable » ainsi que le souhaite Thucydide, et Cicéron le reformule exemplairement en faisant de l'histoire la *magistra vitae,* l'éducatrice de la vie[1]. L'historiographie est avant tout un répertoire d'exemples à suivre, la rencontre d'« heureuses images » comme le dit Plutarque après Démocrite[2] – autrement dit, le cens et le sens de modèles d'expérience, puisque le sens des expériences repose sur leur possible recensement, et leur cens est déterminé par le sens alloué à ce qui est reconnu comme type d'expérience. On ne fait pas (de) l'histoire, on en reçoit les expériences. Cette réception est affaire d'autorité. Et il faut bien reconnaître que les historiens médiévaux ont parfois bien du mal à juxtaposer ou entrelacer les enseignements des Saintes Écritures et des auteurs païens de l'Antiquité. Mais peu importent les contorsions conceptuelles, on ne peut comprendre ces curieuses façons si l'on ignore qu'elles répondent à la nécessité de ne pas dissocier l'enseignement du passé des pratiques du présent. Bernard Guenée a, bien sûr, pu montrer que l'érudition historiographique naissait dans les monastères du XI^e^ siècle, il souligne, en même temps, que « dans un monde qui n'admettait pas la nouveauté, le passé était toujours appelé à justifier le présent. Mais l'arsenal de l'histoire fournissait des armes de nature bien différentes. Les uns y cherchaient des exemples, les autres des précédents ». Adossé au passé récent, le « précédent prouvait ainsi une continuité, tandis que l'exemple, voilant la nouveauté aux yeux d'un monde qui ne l'aurait pas autrement acceptée, annonçant à tout le moins le désir de faire renaître un temps plus ancien et meilleur, de renouer un fil rompu en brisant avec le passé proche, marquait ou masquait une rupture »[3]. L'histoire médiévale a, d'abord, pour mission de confirmer le lien essentiel, ininterrompu, du passé et du présent : plus encore qu'un lien, d'ailleurs, c'est le miroitement indéfini du passé dans tous les faits et gestes du présent.

1. Thucydide, *Histoire de la guerre du Péloponnèse,* trad. D. Roussel, Paris, Gallimard, 1964, p. 706, I, 22, 4 (le terme utilisé est *ktema* qui désigne le bien, la possession, le trésor) ; Cicéron, *De l'orateur,* trad. E. Courbaud, Paris, Les Belles Lettres, 1966, II, 9, 36. C'est pourquoi le temps de l'histoire, chez Thucydide, est moins chronologique que logique : la succession des faits est déjà un processus d'intelligibilité du passé et d'exemplarité pour l'avenir.

2. Plutarque, *Vie des hommes illustres,* in *L'histoire d'Homère à Augustin,* trad. Michel Casevitz, Paris, Le Seuil, 1999, « Vie de Timoléon », 4.

3. Bernard Guenée, *Histoire et culture historique dans l'Occident médiéval,* Paris, Aubier Montaigne, 1980, p. 346.

Mais arrive un moment où le miroir se ternit, où l'image du passé ressemble de plus en plus à un portrait et non à une rencontre : on la conserve alors comme image d'un moment disparu. Par exemple, pour Philippe Ariès, le temps, entre François Ier et Henri IV, forme encore un tout, un bloc qui a « consistance et durée. Mais il arrive un moment où le présent s'est trop étendu, il est devenu fragile. Alors sous l'effet d'une circonstance brutale, guerre, révolution, il se casse en deux, et des ruines de l'ancien présent, hier encore familier, surgit un passé subitement reculé. Ce passé ainsi détaché du présent comme une branche trop lourde, peut être oublié, c'est le cas des sociétés sans histoire. Mais il peut être aussi recueilli : c'est ce qui arriva au début du XVIIe siècle »[1]. Encore une fois, ce n'est pas dire que la société médiévale est sans histoire, mais que l'histoire a pour fonction de pérenniser la présence du passé : faute des précédents d'un passé proche, il est toujours possible d'enter le savoir contemporain sur l'arbre des exemples anciens. Exemples qui n'ont pas besoin d'être authentiques pour paraître vrais : « Pour répondre aux désirs de son temps, l'historien, au Moyen Âge, n'eut pas simplement le pouvoir de réinterpréter le passé ; il eut celui de le réinventer. »[2] Il est, en cela, plus proche des modèles traditionnels de savoir qui réactualisent sans cesse le passé en le conformant au temps présent : le passé est d'autant mieux en prise sur le présent que le présent l'actualise de moment en moment.

Or, à partir du XVIe siècle, c'est le statut même de l'exemplarité qui change, de concert avec la faillite de la mémoire collective et le nouvel investissement dans la subjectivité. De la même façon que, chez Cicéron, l'histoire fournit un stock d'exemples pour l'orateur, au Moyen Âge s'est développée, surtout aux fins de prédication, la composition de recueils d'*exempla,* petits récits où un cas singulier passe pour modèle d'existence. Cette valeur des *exempla* se perd peu à peu jusqu'à devenir opaque au XVIIIe siècle : la vie d'un homme n'étant plus réglée sur des modèles à pratiquer, on ne sait plus s'arrêter dans le fourmillement

1. Philippe Ariès, « L'attitude devant l'histoire », *Le temps de l'histoire,* Paris, Le Seuil, 1986 [1954], p. 163.
2. Bernard Guenée, *Histoire et culture historique,* p. 351.

d'événements qui forment l'existence d'un individu et en marquer les inflexions majeures, les moments exemplaires. À la différence des hagiographies médiévales, les biographies au XVIII^e siècle ne peuvent plus nous apprendre d'une vie que le mouvement incessant de la vie (« exemplaire », de ce point de vue, est la *Vie de Samuel Johnson* de Boswell). De l'*exemplum,* on est passé à l'anecdote, ce petit détail insignifiant que l'on espère désespérément significatif – et, bien sûr, comme Boswell, on tente de renverser l'aporie en affirmant que, d'un homme de génie, chaque geste, même esquissé, chaque mot, même échappé, devient révélateur. Ce qui impose tout un appareillage de modes de lecture, toute une herméneutique de l'anodin.

Illustrons cela par une anecdote : « Lors d'une conférence qui se tenait à Charlottenburg, Œlssen [chef du département au ministère des Finances] prit vivement parti pour la fabrication massive de papier-monnaie afin d'éponger les dettes. Voyant que tous les arguments contraires ne faisaient aucun effet, j'avançai (connaissant bien mon homme) avec une belle hardiesse l'argument suivant : "Mais Monsieur le Conseiller d'État secret, vous vous souvenez certainement que Thucydide raconte déjà quels maux sont nés du fait qu'Athènes avait fabriqué trop de papier-monnaie" – "Voilà une expérience d'une grande importance", me répondit-il en me donnant raison. »[1] On voit combien l'exemplarité de la référence historique opère encore de façon déterminante sur le Conseiller d'État, pour qui l'autorité du nom joue à plein, mais on perçoit aussi toute la distance du savant historiographe qui est capable de *jouer* avec ce qui apparaît désormais comme un inutile préjugé, bon seulement pour les ignorants et les présomptueux. C'est parce qu'il « connaissait son homme », manifestement respectueux de l'érudition historique et de son enseignement, mais pas assez connaisseur de l'histoire, que le coup rhétorique marche. Quant à l'ancien respect de la dette envers le passé, il ne sert plus qu'à éviter l'alourdissement de la dette économique présente.

1. Cité par Reinhart Koselleck, *Vergangene Zukunft : Zur Semantik geschichtlicher Zeiten,* Francfort, Surhkamp, 1979, p. 20.

## LE PRINCIPE DE DOUBLE ALTÉRITÉ

L'histoire a bien pour but de *rendre le passé,* mais la dette, qui s'y trouve impliquée, semble de plus en plus oubliée. Car le processus historiographique se fonde sur une *double altérité temporelle* ou une double altération du temps.

Prenons quelques déclarations typiques d'historiens contemporains. Pour que l'histoire, telle que nous la connaissons encore, apparaisse, il faut d'abord *rendre le passé étranger au présent* : ainsi Marc Bloch insiste-t-il sur « l'abîme qui sépare deux mentalités (la nôtre et celle du monde médiéval) »[1]. Plus encore : on doit rendre un passé plus ancien distinct d'un passé plus récent ; ainsi Lucien Febvre rétorque-t-il au philosophe Étienne Gilson qui ne trouve pas de coupure, pour ce qui concerne l'histoire de la pensée, entre XIIIe et XIVe siècles : « *à mes yeux d'historien,* [...] le XIVe siècle diffère radicalement du XIIIe »[2]. Plus généralement encore, il s'agit de rendre tout mouvement des temps à l'autorité de la coupure : ainsi Alphonse Dupront, avec son souci de la psychologie collective, rappelle-t-il que « autant que de continuités, l'histoire est faite de différences. Notre conscience de la continuité de l'histoire demeure une fiction psychologique commode pour la lecture de causalités. En fait la donnée première de l'histoire biologique, psychologique et sociologique est celle de la différence »[3].

À chaque fois, on instaure donc une coupure radicale entre deux temps, rendant ainsi nécessaire un regard rétrospectif, et, non plus, comme dans la tradition, une « actualisation » constante du passé qui élève l'anachronisme au rang de principe, catapultant l'ancien dans le

1. Marc Bloch, *Les rois thaumaturges,* Paris, Albin Michel, 1923, p. 17.

2. Lucien Febvre, *Combats pour l'histoire,* Paris, Armand Colin, 1992 [1953], p. 286. Les italiques sont miennes.

3. Alphonse Dupront, « Problèmes et méthodes d'une histoire de la psychologie collective », *Annales, ESC,* janvier-février 1960, p. 4.

récent[1]. Pour le dire vite : alors que la tradition maintient le passé vivant dans le présent en en altérant la marque propre, l'historiographie est l'écriture présente d'un passé mort, peut-être même de la mort du passé intact. La tradition, c'est le baiser de la princesse qui transforme le crapaud du passé en prince charmant du présent ; l'histoire, c'est la Belle-au-Bois-dormant qui attend, intouchée dans le lit du temps, le baiser de l'historien pour se réveiller (mais on sait que, dans ce conte de fées, la mère de l'historien-prince charmant n'est autre qu'une ogresse qui rêve de dévorer la chair merveilleusement fraîche du passé)[2].

Comme le dit Michel de Certeau, « l'histoire moderne occidentale commence en effet avec la différence entre le *présent* et le *passé*. Par là, elle se distingue de la *tradition* (religieuse), dont elle ne parvient jamais à se séparer tout à fait, entretenant avec cette archéologie une relation d'endettement et de rejet »[3]. En effet si l'histoire veut *rendre* le passé, elle est *endettée* envers la façon dont la tradition parvenait à maintenir vivant le passé par la reconnaissance immédiate et implicite de ses dettes envers son passé – mais elle ne peut qu'en rejeter et oublier l'efficace, dans la mesure où il n'est plus question, pour elle, de reconnaître cette dette envers des ancêtres ou des dieux, de chercher un exemple ou un modèle de vie dans les histoires anciennes, d'endosser l'intelligence du passé.

1. L'anachronisme constitue bien un des « anti-moteurs » de l'historiographie. Dans des pages aussi radicales que lucides sur ce qu'est un « contexte », Daniel Milo affirme que l'anachronisme « est le produit direct, quasi inéluctable de la périodisation [...]. Dans *Misère de l'historicisme,* Karl Popper a démontré l'alliance peu sacrée entre périodisation, organicisme et holisme, alliance qui veut qu'à chaque totalité, sa propre logique, et qu'on ne peut passer impunément d'une totalité à l'autre. Ailleurs [...], on a montré que la périodisation ne pouvait apparaître qu'à la suite d'un traumatisme découpant le présent en deux parties incommensurables. » (*Trahir le temps (histoire),* Paris, Les Belles Lettres, 1991, p. 233). J'aurais tendance, à l'inverse, à voir la périodisation comme un effet du sentiment soudain d'anachronisme qui, lui-même, est le résultat de cette coupure, en effet traumatisante, du passé et du présent : les périodes ou les siècles sont les petites cicatrices cousues sur la peau du temps pour faire croire que les blessures du passé ne sont plus à vif.

2. Marc Bloch exploite cette image même dans son *Apologie pour l'histoire ou le métier d'historien,* Paris, Armand Colin, 1997 [1941], p. 51 : « Le bon historien, lui, ressemble à l'ogre de la légende. Là où il flaire de la chair humaine, il sait que là est son gibier. »

3. Michel de Certeau, *L'écriture de l'histoire,* Paris, Gallimard, 1975, p. 9.

Ce n'est plus le passé qui rend intelligible le présent, c'est le présent qui invente des modèles d'intelligibilité du passé. L'histoire n'admet sa dette que dans son désir de rendre vivant, de rendre présent, un passé qu'elle s'est appliquée auparavant à enterrer. La manière d'oublier et de reconnaître sa dette est donc identique, elle se fonde sur les procédures d'enquête de l'historiographe, en même temps que sur sa capacité à ordonner les résultats de la recherche de manière à *faire apparaître du sens*. L'histoire est devenu un *instinct* : « Un instinct nous dit qu'oublier est une nécessité pour les groupes, pour les sociétés qui veulent vivre. Pouvoir vivre. Ne pas se laisser écraser par cet amas formidable, par cette accumulation inhumaine de faits hérités. Par cette pression irrésistible des morts écrasant les vivants – laminant sous leur poids la mince couche du présent, jusqu'à lui enlever toute force de résistance... »[1] Le passé ne soutient plus les vivants, il les écrase. Le présent n'est plus la crête d'une vague que pousse tout l'océan du passé avec lequel il fait corps ; il apparaît désormais comme un bateau fragile que la tempête incessante du passé menace d'engloutir et qu'il faut conduire au port tranquille du sens.

Car en plus de cette première altérité temporelle – rendre irréductiblement étrangers passé et présent –, il est nécessaire d'en produire une seconde qui légitime le regard historiographique : rendre chaque présent étranger à lui-même[2]. L'histoire moderne suppose en effet que le présent ne se connaît pas : le temps de la production n'est pas le temps du savoir. Chaque présent s'avère en fait aveugle à ce qu'il est, dissipé aussitôt dans l'*immédiateté,* incapable de se soulever hors de son fugitif présent pour apercevoir le paysage qu'il compose, puisque lui ferait défaut le levier historique de la *médiation* : il n'est de connaissance que de l'autrefois, jamais de l'aujourd'hui.

1. Lucien Febvre, *Combats pour l'histoire,* p. 436.

2. Le présent s'ignore lui-même : « Bien entendu, je ne crée pas les événements à ma guise mais je les multiplie très souvent et je les vois mieux que les contemporains : tous les papiers décisifs ne sont-ils pas à ma disposition ? » et seul le regard postérieur de l'historien peut le lire une fois que le présent ancien a versé dans un passé littéralement décharné : « Il faut sans doute qu'une époque se soit suffisamment détachée de nous et de tous les liens d'actualité vivante, qu'elle ait basculé et séjourné le temps voulu dans le pourrissoir, tout comme certaines préparations anatomiques, pour révéler sa structure profonde » (Fernand Braudel, « L'histoire, mesure du monde », conférences de 1943-1944 reprises dans *Les ambitions de l'histoire,* Paris, Éd. de Fallois, Le Livre de Poche, 1997, p. 48-49.

## LES MÉDIATIONS CONTRE L'IMMÉDIATETÉ

*Rendre le passé étranger à lui-même* est essentiel pour prétendre pouvoir *rendre le passé* (tout court). Cela implique, bien sûr, que, du présent, on ne peut avoir de connaissance distincte ou panoramique, seulement des impressions diffuses et des esquisses locales. C'est là ce qui donne à l'historien son pouvoir souverain, son coup d'œil d'expert sur l'autrefois : seul, il peut rendre le passé, dans la mesure où il est à même de le produire sur la scène du présent. Il en va, dans ce théâtre à deux personnages (mais des personnages, bien entendu, multiples : à l'inconstante multitude qui peuple chaque passé répond la multiplicité ordonnée des historiens) comme de la rencontre, aux portes d'Athènes, entre Socrate et Ion, le rhapsode qui revient, victorieux, des festivals d'Épidaure : il apparaît bien vite, sous l'assaut de la « maïeutique » socratique, qu'en dépit de ce qu'il croit et malgré ses vantardises, Ion ne sait rien de ce qu'il raconte et ne peut jamais expliquer les chants homériques qu'il interprète pourtant à la perfection. De même, sous la pression de ses questions, l'historien fait accoucher les êtres passés de ce qu'ils ignoraient avoir été, avoir produit, avoir pensé[1].

En veut-on deux exemples parmi tant d'autres ?

Paul Veyne : « La compréhension des événements n'est pas immédiate, les sociétés humaines ne sont pas transparentes à elles-mêmes ; quand elles expliquent et s'expliquent ce qui leur arrive, elles le font ordinairement de travers. La partie immédiatement comprise des événements est entourée d'une auréole de "non-événementiel" que

1. Soit dit en passant, l'inconscient individuel naît à partir du moment où le passé historicisé est coupé de son présent et où chaque présent ne se connaît plus lui-même : d'un côté, le passé devient un spectre et le pouvoir qu'il continue à exercer devient intolérable, d'un autre côté, dans chaque présent qui bascule dans le temps passé, il n'est plus possible de connaître et d'être conscient des événements que l'on produit. Éloigné de son passé, scindé de son présent, le sujet se définit désormais par la méconnaissance de soi et le poids des événements anciens.

s'efforce de comprendre une “histoire pionnière”, une “histoire en profondeur”. »[1]

Fernand Braudel : « Méfions-nous de cette histoire brûlante encore, telle que les contemporains l'ont sentie, décrite, vécue au rythme de leur vie, brève comme la nôtre. Elle a la dimension de leurs colères, de leurs rêves et de leurs illusions. Au XVI^e^ siècle, après la vraie Renaissance, viendra la Renaissance des pauvres, des humbles, acharnés à écrire, à se raconter et à parler des autres. Toute cette précieuse paperasse est assez déformante, elle envahit abusivement ce temps perdu, y prend une place hors de vérité. C'est dans un monde bizarre, auquel manquerait une dimension, que se trouve transporté l'historien [...] ; un monde aveugle comme tout monde vivant, comme le nôtre, insouciant des histoires de profondeur, de ces eaux vives sur lesquelles notre barque file comme le plus ivre des bateaux. »[2]

On sent dans ces réflexions méthodologiques de deux grands historiens le décor qui doit obligatoirement être dressé pour qu'apparaisse enfin, tel qu'en lui-même, le passé. En fait, on se trouve à deux doigts d'un très beau paradoxe : pour que l'historien puisse dire ce qui s'est passé, il faut qu'il le montre tel qu'il n'a jamais existé (ni Cervantès ni Philippe II n'ont vu un siècle, une courbe démographique, un cycle de croissance, une série de testaments, un âge baroque ou même la Méditerranée qui sert de contexte à Fernand Braudel). Ce n'est pas seulement affirmer que, dans l'immédiateté, chacun est aveugle à soi-même et à son propre temps, mais aussi, plus sourdement, que l'immédiat est irreprésentable : pour représenter l'événement passé, il faut la profondeur de champ des médiations que l'historien a pour mission de débusquer et de réordonner, façonnant ainsi l'indispensable décor du grand théâtre de l'histoire[3].

1. Paul Veyne, « L'histoire conceptualisante », *Faire de l'histoire I : nouveaux problèmes,* sous la dir. de Jacques Le Goff et Pierre Nora, Paris, Gallimard, 1986 [1974], p. 100.

2. Fernand Braudel, *La Méditerranée et le monde méditerranéen à l'époque de Philippe II,* Paris, Armand Colin, 1949, p. XIII-XIV. Jacques Rancière donne une remarquable analyse de ce même passage dans *Les mots de l'histoire,* Paris, Le Seuil, 1992, p. 39-41.

3. « The contemporary historian never writes such a true history as the historian of a later generation. It is a question of getting the true perspective, of seeing things in proportion. » (*The mysterious Mr. Quin,* New York, Dell Book, 1972 [1930], p. 12). Ce n'est pas un grand historien qui s'exprime mais une éminente romancière : Agatha

Est-il si surprenant de trouver chez le grand philosophe de l'histoire qu'est Hegel l'établissement fondamental de ce même mouvement ? Pour qui réside dans l'immédiateté des phénomènes du monde sensible, le savoir de soi échappe fatalement : « De cet Intérieur, tel qu'il est donné ici immédiatement, il n'y a sans doute aucune connaissance donnée [...], en vertu de la simple nature de la chose même, parce que dans le *vide* précisément rien n'est connu. »[1] Pour *remplir* ce vide de l'immédiateté sensible, il faut passer par le supra-sensible, dans lequel l'être de l'immédiateté agit comme un aveugle au milieu de trésors ou comme le voyant dans la pure lumière ; mais le supra-sensible ne saurait habiter seulement dans cet univers coupé de l'ancrage dans le sensible, il revient donc dans l'immédiateté, chargé à la fois des phénomènes et de leur intériorité : « Le supra-sensible est le sensible et le perçu comme ils sont *en vérité* ; mais la vérité du sensible et du perçu est d'être phénomène. Le supra-sensible est donc le *phénomène comme phénomène*. – Si l'on voulait entendre par là que le supra-sensible est en conséquence le monde sensible ou le monde comme il est pour la *certitude sensible immédiate* et pour la perception, on comprendrait à l'envers. »[2]

L'inversion hégélienne qui consiste à faire de l'immédiat l'inconnaissable, sauf à devenir rempli de lui-même comme intériorité grâce à la médiation par le supra-sensible, désavoue l'idée de trouver dans l'immédiateté sensible elle-même le monde qu'elle manifeste immédiatement intelligible, sous le prétexte que ce serait, véritablement, *le monde à l'envers*. L'immédiateté n'est déchiffrable qu'à passer par la médiation de l'intelligible qui, seul, peut faire apparaître la vérité intérieure des phénomènes.

Christie, dès les années 1930, fait tenir à son personnage exactement les propos qu'un Braudel ou un Veyne tiendront après elle. Mais le récit présente cette intervention comme surprenante, comme un paradoxe. Mr Quin prétend qu'il est plus facile de résoudre des crimes lorsque le temps a passé plutôt que sur le moment même de l'action, car alors les proportions, les perspectives se sont épurées et permettent de voir ce qui avait été sous les yeux de tout le monde tout le temps, mais que personne ne savait voir. C'est bien ce paradoxe que les historiens prennent pour acquis sans même l'apercevoir comme un paradoxe, tant ils mésestiment le savoir du présent.

1. G. W. F. Hegel, *La phénoménologie de l'Esprit,* trad. Jean Hippolyte, Paris, Aubier-Montaigne, 1975, t. I, p. 121.

2. *Ibid.,* t. I, p. 121-122.

L' « auréole de "non-événementiel" » dont parle Paul Veyne a bien pour charge de sanctifier le passé, de faire apercevoir la canonicité d'événements dont personne, sur le moment, ne pouvait mesurer la secrète qualité ou la grâce divine. L'immédiat se trouve hors vérité, car il lui manque une dimension, comme le note Fernand Braudel : la distance temporelle, ce qu'on devrait appeler la « profondeur de temps » qui n'est rien qu'une spatialisation de la durée (d'où l'importance du modèle géographique pour cette écriture de l'histoire). L'absence de profondeur est gage de non-vérité, de fausse conscience, d'illusion, car tout bat trop vite au pouls de l'existence humaine : ivresse de l'eau vive qui ignore les courants cachés d'où elle sourd.

## STRUCTURES ET ÉVÉNEMENTS

L'opposition reprend exactement, mais en en inversant soigneusement les valeurs, celle que fait Nietzsche entre « histoire » et « vie » : ici, l'histoire tue l'événement parce qu'elle le *lit* au lieu de le laisser *agir* (avoir des effets)[1] ; là, l'histoire *lit* l'événement parce qu'elle le tue en le montrant *« agi »* (il n'est lui-même qu'un effet de structure). La structure inscrit l'événement dans ses effets, dans sa sérialité, dans sa longue durée. Ainsi l'événement ne serait jamais que ce qui « remue les profondeurs »[2]. Structure et événement sont, dès lors, assignés à deux modes de production temporelle : la durée, d'un côté, l'instant, de l'autre, et figés dans deux états spatiaux : la surface pour l'un, la profondeur pour l'autre ; ou, pour le dire plus rapidement, ils constituent une histoire à deux vitesses : vitesse-surface et vitesse-profondeur. Le pro-

1. « Nous ne voulons servir l'histoire que dans la mesure où elle sert la vie. Dès qu'on abuse de l'histoire ou qu'on lui accorde trop de prix, la vie s'étiole et dégénère » (Friedrich Nietzsche, *Considérations inactuelles II,* trad. Pierre Rush, Paris, Gallimard, 1990 [1874], p. 93).

2. Georges Duby, *Le chevalier, la femme et le prêtre,* Paris, Hachette, 1981, p. 22.

blème de l'historien devient alors de savoir synchroniser ce qui fut désynchronisé[1].

Le succès, ces quarante dernières années, de l'histoire des mentalités tient certainement à sa tentative d'harmoniser les deux vitesses : « histoire de la lenteur dans l'histoire », l'histoire des mentalités se situe en fait « au point de jonction de l'individuel et du collectif, du temps long et du quotidien, de l'inconscient et de l'intentionnel, du structural et du conjoncturel, du marginal et du général »[2]. Mais cela au prix d'un *a priori* paradoxal qui passe d'autant plus facilement inaperçu dans le monde intellectuel qu'il prend à rebrousse-poil son bon sens : l'histoire des mentalités étudie « la tradition c'est-à-dire les façons dont se reproduisent mentalement les sociétés, les décalages, produit du retard des esprits à s'adapter au changement et de l'inégale vitesse d'évolution des différents secteurs de l'histoire. [...] L'inertie, force historique capitale, qui est plus le fait des esprits que de la matière, car celle-ci est souvent plus prompte que ceux-là. »[3] Il faut, en effet, assigner à l'*esprit* la lenteur et la pesanteur usuellement accordées à la *matière* pour que soit rendue possible sa descente dans les profondeurs de l'histoire.

C'est bien en cela que l'histoire des mentalités s'oppose à celle des idées : au génie et à la vivacité qui font l'objet de celle-ci ne correspondent guère le statisme et la faible innovation qui font le privilège de celle-là. Mais la difficulté surgit lorsque l'histoire des mentalités tente de remonter à la surface : une fois que l'on a alloué à l'esprit la force de l'inertie, comment saisir les pointes émergées (autrement dit les « pointes de vitesse ») de telle ou telle invention scientifique ou artistique ? Et s'il s'agit de saisir comment opère « la tradition », comment « se reproduisent mentalement les sociétés », on conçoit bien la difficulté : ce sont les notions même de tradition ou de reproduction qui sont en jeu.

1. On repère la même obsession dans un autre ordre théorique : l'idée du Big Bang et de l'univers en expansion permet à certaines théories physiques de rendre pensable qu'à un moment de notre temps nous puissions devenir *contemporain de notre origine* – synchronisation du désynchronisé par excellence.

2. Jacques Le Goff, « Les mentalités : une histoire ambiguë », *Faire de l'histoire III : nouveaux objets,* sous la dir. de Jacques Le Goff et Pierre Nora, Paris, Gallimard, 1986, p. 114 et 111.

3. Jacques Le Goff, « Les mentalités : une histoire ambiguë », p. 113.

Il est alors aisé de les opposer à l'invention ou à l'événement. Les mentalités fonctionneraient comme du donné et l'événement comme un don. On octroie ainsi à l'événement de l'invention un statut fort curieux : à la fois en avance sur son temps, puisqu'il va plus vite que les mentalités, et pleinement synchrone puisqu'il en résulte et en décrit les multiples effectuations[1]. L'événement de l'invention subit lui-même la fracture qui n'était censée organiser que les rapports entre événement et structure, ou surface et profondeur.

## L'HISTOIRE COMME EXPÉRIENCE DE L'AUTRE

Si c'est là la conception moderne de l'histoire, cela ne signifie pas qu'au Moyen Âge, par exemple, on croyait à une connaissance immédiate du présent. D'une part, il n'y avait pas l'investissement moderne sur le savoir comme légitimation des pratiques quotidiennes et institutionnelles ; d'autre part, si l'on concevait bien une différence entre production et réception de signes, et si les personnes se situaient plus du côté de la réception, Dieu assurait au moins qu'à la fin des temps l'heureuse conjonction de la production et de la réception aurait *lieu*. Le présent n'avait donc pas à rendre le passé, mais à reconnaître sa dette envers lui par son actualisation même. Au contraire l'histoire occidentale moderne est contrainte de rendre le passé, faute de pouvoir gérer autrement sa dette que sous la forme d'un oubli et d'une restitution. Le passé opère comme une figure de l'extériorité du présent. Il faut alors, pour l'historien présent, *travailler* sur le passé de manière à nous le rendre à la fois étranger et proche. Le travail historiographique consiste à nous faire savoir que, sous les mêmes mots, sous les mêmes figures, sous les mêmes institutions, se cachent au fil du temps des différences

1. « L'événement a pour vertu de nouer en gerbe des significations éparses. À l'historien de les dénouer pour revenir de l'évidence de l'événement à la mise en évidence du système », Pierre Nora, « Le retour de l'événement », *Faire de l'histoire I : nouveaux problèmes,* Paris, Gallimard, 1986, p. 305.

radicales, des altérités monumentales, des incompréhensions totales. L'historien a pour tâche de nous révéler combien le passé est étrange, combien il *n'est plus* – et pourtant, il veut nous amener à sa proximité, comme pour une visite, sous le costume endimanché du savoir, au cimetière de l'Autrefois. *Il prétend nous faire faire l'expérience de l'autre.*

Cette expérience procure à la fois apaisement et inquiétude, sécurité et torture. On le discerne sans peine dans les citations de Michelet que rappelle et commente Michel de Certeau : « l'intimité avec l'autre monde est désormais sans danger », dans la mesure où la dette envers les ancêtres est oubliée, dans la mesure où la peur qui était à l'origine des dieux s'est perdue. Mais en même temps ce silence des ancêtres voue les survivants historiens à la mélancolie de voix à jamais effacées de leur puissance, de voix que l'on ne peut jamais vraiment entendre : on cherche à écouter ce qui n'a pas existé. « L'historiographie suppose qu'il est devenu impossible de croire en cette présence des morts qui a organisé (ou organise) l'expérience de civilisations entières, et qu'il est pourtant impossible de "s'en remettre", d'accepter la perte d'une vivante solidarité avec les disparus, d'entériner une limite irréductible. »[1] Là où il y avait dette et présence des ancêtres, la dette est désormais perdue comme telle et les anciens sont absents. On pourrait croire que tout va pour le mieux dans le meilleur des mondes possibles, puisque l'on s'est débarrassé d'une encombrante dette, inutile au fond, dans la mesure où l'origine de toute production, y compris celle des dieux, vient de nous. Et pourtant le gain à se décharger de la dette n'a rien d'évident, puisque, du coup, nous voilà hantés par le deuil du passé. Ce « travail de deuil » auquel nous sommes astreints, nous le nommons « histoire ». Car il s'agit bien d'un travail, d'un lieu de production. Rendre le passé n'est pas le redonner, encore moins le donner, c'est le produire par la force de travail de l'écriture. Le savoir en est la *plus-value*.

« L'écriture substitue aux représentations traditionnelles qui autorisaient le présent un travail représentatif qui articule en un même espace

1. Michel de Certeau, *L'écriture de l'histoire,* p. 12.

l'absence et la production. »[1] Autrement dit, le présent n'est plus autorisé par le passé de la tradition : ce qui donnait à chaque présent l'impression de participer *aux* fêtes du passé parce qu'il participait justement *de* l'inaltérable présence du passé. Impression en un double sens : le passé marque de son sceau la chair du présent en un rituel au besoin cruel (la mémoire fonctionne à la douleur), la participation du présent au passé opère, non selon une pure répétition, mais selon une actualisation où l'invention du nouveau ne peut se faire que sous la guise de l'autorité ancienne, donnant donc seulement l'impression que le passé se répète. Or, c'est cette manière de situer le présent dans la *continuité* du passé afin d'en reprendre (ou d'en usurper) l'autorité qui se décompose lentement et se trouve remplacée par la revendication d'une *discontinuité* des temps : là où le passé lointain *demeurait* proche, le passé proche *devient* lointain.

Il faut, en effet, une révolution mentale pour que le caractère révolu du passé apparaisse et devienne un lieu plutôt qu'une durée, un objet de savoir plutôt qu'une autorité, un témoin muet plutôt qu'une voix légitime. Et si ce travail, nommé « histoire », parvient à articuler absence et production, c'est d'abord parce que l'écriture historique *produit le passé comme absence et se produit elle-même dans l'absence du passé*. Pour le dire autrement et faire référence à l'étude magistrale de Jacques Rancière : « La constitution de l'histoire en discours de vérité tient à la possibilité de nouer positivement la double absence qui est au cœur de l'affect historique. Il y a de l'histoire parce qu'il y a du révolu et une passion spécifique du révolu. Et il y a de l'histoire parce qu'il y a une absence des choses dans les mots, du dénommé dans les noms. »[2]

1. *Ibid.*

2. Jacques Rancière, *Les mots de l'histoire,* p. 129. La théorie du témoin muet est analysée aussi par Jacques Rancière, puisqu'il faut à l'historien « l'autorité de ce partenaire nouveau que le savant fait parler en le faisant taire, le *témoin muet* » (*Les mots de l'histoire,* p. 112).

## SPATIALITÉ DU DISCONTINU, TEMPORALITÉ DU CONTINU

Existerait alors une autre différence entre tradition et histoire : celle-ci réclame un *espace* où articuler absence et production, passé et présent, alors que celle-là implique une *temporalité* où s'amalgament et s'enchevêtrent présence et tradition, antiquité et nouveauté. L'histoire travaille pour beaucoup à partir de catégories spatiales, d'où son lien depuis longtemps effectif avec la géographie, d'où aussi sa relation au pouvoir et à la mise en place des États modernes, dans la mesure où ceux-ci asseyent leur légitimité et leur autorité sur une mesure de l'espace : la « nation » que contrôle et produit l'État est avant tout un « territoire ». Même l'idée de distance, qu'elle soit critique ou temporelle, inscrit en fait les rapports de pouvoir et de savoir dans l'espace : il n'est de distance, authentiquement, que spatiale. Le passé ne devient historique qu'à partir du moment où l'on pense, où l'on s'assure que, très littéralement, il a *eu lieu*.

Pour autant, la tradition ne se dissocie pas de la notion de « lieu », bien au contraire : le passé lui apparaît avant tout comme un répertoire et une pragmatique des lieux. La tradition repose sur une topique, c'est-à-dire sur un art des *topoï,* des lieux communs. Mais, avec les Temps modernes, ce sont justement ces lieux communs, cette communauté des lieux qui est questionnée et soupçonnée, avec laquelle on prend ses distances. Le lieu commun, riche d'expérience accumulée, se change en cliché, reproduction vide de sens là où on attend une production du nouveau – ou une production du passé, mais sous la forme d'une *nouvelle* vision du passé, d'un *nouveau* sens de l'histoire, autre manière de prendre ses distances avec le passé tout en le ressuscitant, ou parce qu'on le ressuscite. Dans la tradition, la topique est une pragmatique du quotidien ; pour l'histoire, elle devient la forme rhétorique de son inscription. Pour que l'écriture de l'histoire ait lieu, occupe un lieu institutionnel, il faut mettre à distance le passé et, par là même, prendre ses distances vis-à-vis de la dette[1].

Manifestement rien n'a été moins facile. On voit encore chez Michelet ce double souci d'une production nouvelle de l'absence et d'une reconnaissance nécessaire de la dette, ainsi que le marque Jacques Rancière : pour Michelet « l'homme est son propre Prométhée. Il est la statue qui s'extraie elle-même du marbre, le fils qui s'arrache à l'univers féminin premier de la nature et de la grâce. Mais ce mouvement de la grâce vers la justice, du symbolisme premier vers l'ordre rationnel, n'est possible que par le mouvement de retour qui rétablit la filiation toujours menacée de se perdre. Le fils doit reconnaître son lien premier, sa dette envers l'origine terrienne et maternelle du sens commun pour mieux le transfigurer dans les équilibres austères de la raison et de la justice. Le travail de l'historien, dans la république moderne, est l'acquittement de cette dette, le rétablissement de ce lien entre la république du droit et sa terre originelle »[2]. C'est pourquoi l'histoire ne se fait qu'à partir du révolu, de l'absence, d'un passé mort, mais l'historien n'a de cesse de combler l'abîme, de faire parler ce qui s'est tu, de revenir volontairement parmi les ombres du passé – protégé prudemment, néanmoins, par le masque de la causalité.

Quand Michel Foucault glisse son propre masque dans le carnaval des historiens, il les rappelle aussi à l'ordre des discours et au principe de la raison historique : « Les notions fondamentales qui s'imposent maintenant ne sont plus celles de la conscience et de la continuité (avec les problèmes qui leur sont corrélatifs de la liberté et de la causalité), ce ne sont pas celles non plus du signe et de la structure. Ce sont celles de l'événement et de la série, avec le jeu des notions qui leur sont liées : régularité, aléa, discontinuité, dépendance, transformation ; c'est par un

1. Lucien Febvre (*Combats pour l'histoire,* p. 437) amalgame sous le même besoin tradition et histoire, alors même qu'il plaque sur la tradition des motifs proprement modernes, à commencer par le poids du passé : « Il y a la tradition. Il y a l'histoire. Qui répond finalement au même besoin – que ce besoin soit conscient ou non. L'histoire, qui est un moyen d'organiser le passé pour l'empêcher de trop peser sur les épaules des hommes. » Alors qu'à l'orée des temps modernes, on a encore l'impression, pour réitérer un lieu commun, d'être « des nains sur les épaules de géants ».

2. Jacques Rancière, *Les mots de l'histoire,* p. 123-124.

tel ensemble que cette analyse des discours à laquelle je songe s'articule non point certes sur la thématique traditionnelle que les philosophes d'hier prennent encore pour l'histoire "vivante" mais sur le travail effectif des historiens. »[1] Le reproche est double et n'atteint pas que les philosophes, car les historiens adeptes de la continuité historique et d'un causalisme plus ou moins aménagé, plus ou moins subtil, sont accusés, du coup, de ne pas prêter attention à ce qu'ils font et de sublimer leur travail dans les mirages conceptuels de la philosophie. À l'inverse, le philosophe Foucault vient prendre au pied de la lettre la pratique historiographique et la faire travailler à son tour en ses tréfonds : si le discontinu est la marque du discours de l'historien, qu'il s'y tienne[2]. En ce sens, et contrairement à ce que prétend Paul Veyne, Michel Foucault ne révolutionne pas le moins du monde l'histoire, il ne fait qu'en appliquer soigneusement le principe que les historiens eux-mêmes avaient tenté d'oublier.

## LA DETTE DE L'HISTORIEN ?

Il faudrait donc se fier à ce travail de l'histoire par où le passé disparaît dans la trappe du temps pour mieux ressurgir sous forme de périodes, de problèmes, de traces, d'événements, comme un diablotin échappé de sa boîte, mais un diablotin que pousse et contrôle chaque

1. Michel Foucault, *L'ordre du discours*, Paris, Gallimard, 1971, p. 58-59.
2. Là où, sous l'influence conjuguée du modèle de l'anthropologie, de la longue durée à la Braudel et de l'histoire des mentalités à la Mandrou, l'histoire tend à devenir « immobile » en donnant au sens des continuités, qu'elles soient économiques ou mentales, le primat sur les ruptures de surface, il faut réaliser que cette « histoire des masses » à faible déclinaison « est une histoire passive. La longue durée chère à la Nouvelle Histoire est une longue durée dépolitisée », comme le dit François Chesneaux : « La longue durée est politique ; elle n'est donc continue qu'en apparence, puisqu'elle débouche toujours sur le discontinu, sur les mutations profondes et les secousses brutales. La substance même de ces mutations et de ces secousses est faite de tous les phénomènes de "longue durée", tout autant que de la crise qui se noue brusquement » (François Chesneaux, *Du passé faisons table rase ? À propos de l'histoire et des historiens*, Paris, François Maspero, 1976, p. 129 et 130).

fois le ressort du discours historique. Sans passé, pas d'histoire, mais sans histoire, pas de passé. Tel est le double sens de la production et de la dette de l'historien : « La dédicace, plus ou moins discrète (il faut maintenir la fiction du passé pour que le jeu savant de l'histoire ait "lieu"), affecte au discours son statut d'être *endetté* par rapport au pouvoir qui, hier était celui du prince, et aujourd'hui, par délégation, celui de l'institution scientifique d'État ou de son éponyme, le patron. Cet "envoi" désigne la place autorisante, le référent d'une force organisée, à l'intérieur et en fonction de laquelle l'analyse a place. Mais le *récit* lui-même, corps de la fiction, marque aussi, par les méthodes employées et par le contenu traité, d'une part une *distance* par rapport à cette dette, et d'autre part les deux points d'appui qui permettent cet écart : un *travail* technique et un *intérêt* public. »[1] La dette envers l'institution prend donc la forme d'une reconnaissance d'un pouvoir autoritaire plutôt que celle d'une dette autorisante, et impose à l'historien, non une participation à cette dette, mais une tentative de s'en distancier, de « travailler » l'institution par son propre travail.

Cependant, si Michel de Certeau reconnaît parfaitement cette logique de la dette, de l'institution, du travail, de la production et de la mort qui ordonne la figure et la pratique de l'historien, il entend trouver dans la valeur-travail, dans le travail « productif » de quoi penser l'histoire, le discours de l'histoire, mais aussi sa valeur propre, son intérêt intrinsèque. Ce qui le force brusquement à coller au texte, historiquement déterminé, de l'économie classique (Marx ici, mais Smith avant lui) en validant la référence au travail productif et en évoquant la possibilité d'y penser le discours dont il avoue, qu'à strictement parler le langage de l'économie politique, on ne devrait l'exprimer qu'en termes de « travail improductif » : « Il m'a semblé qu'il était possible de transposer ici ce que Marx appelle le "travail productif"» [...]. Que le discours entre plutôt, chez Marx, dans la catégorie de ce que génère le "travail improductif" n'empêche pas d'envisager la *possibilité* de traiter en ces termes les questions posées à l'historiographie et par elle. »[2]

1. Michel de Certeau, *L'écriture de l'histoire,* p. 18.
2. *Ibid.,* p. 22.

Si la production est bien le principe de la recherche historienne, dans la mesure où elle « saisit tout document comme le symptôme de ce qui l'a produit »[1], alors il est « symptomatique » du discours même de Michel de Certeau de mesurer sa gêne conceptuelle à vouloir naviguer entre les concepts opposés de travail productif et improductif. On pourrait y lire l'impossibilité de sortir, même pour un aussi fin penseur, de la référence omniprésente à la production. Malgré donc ses distances prises avec la pratique aveugle de l'historiographie, Michel de Certeau ne pourrait faire autrement que de marquer sa dette – même oubliée – envers la production. À moins que, en essayant de tenir le « pari » d'un discours historique qui *relèverait* d'un travail productif, tout en avouant sa légitime appartenance au travail improductif, leur distinction (du coup conceptuelle et sociale) soit en quelque sorte *levée*. Il ne s'agirait donc pas, d'un geste hégélien, de *relever* l'opposition entre travail productif et travail improductif – pas question dès lors d'une intervention de la *médiation* –, l'enjeu tiendrait plutôt à l'*immédiateté* de la levée de l'opposition (comme on parle d'une « levée d'écrou » pour des prisonniers que l'on libère).

Il faudrait alors comprendre mieux la fonction de cette dette et la légitimité de son opposition à l'ordre de la production. Quelle est l'utilité de cet endettement ? Que désire-t-on payer ainsi ? En quoi la production de biens nouveaux parvient ou ne parvient pas à en racheter l'ancienne énergie ?

1. *Ibid.*, p. 19. On peut rappeler que le premier titre annoncé par Michel de Certeau était *La production de l'histoire*.

# Notice 1

## *Sur l'effet*

« Si tu trouves ton oreille, mords-la. »
Proverbe arabe.

Avant de répondre à ces questions, il vaut la peine de s'attarder sur une petite fable. Le temps de l'immédiateté est d'autant plus volontiers révoqué par les historiens modernes qu'il semble, au fond, sans compétences spécifiques pour dire et comprendre ce qu'il est. Les médiations historiographiques ont seules le pouvoir de rendre intelligible ce qui s'est passé et de produire ainsi des interprétations ou des explications. Leur récit après coup permet de rendre compte des événements qui, sur le moment, s'échappent à eux-mêmes. On pourrait sans doute s'interroger sur les nécessaires médiations du *récit,* comme l'ont fait plusieurs penseurs (de Hayden White à Paul Ricœur), mais je voudrais plutôt insister ici sur les liens entre pouvoir (y compris politique), séduction (défi et don, d'où le lien encore à la dette) et narration, afin de mieux saisir un élément crucial du dispositif historiographique aussi bien que littéraire : non la causalité, mais l'*effet.*

« Le pouvoir des fables » est une curieuse fable[1]. Elle s'offre, spécu-

1. La Fontaine, *Œuvres complètes. Fables et contes,* Paris, Gallimard, 1991, Bibliothèque de la Pléiade, VIII, 4, p. 295-297. Une judicieuse analyse en est donnée par Louis Marin dans *Le récit est un piège,* Paris, Minuit, 1978, p. 17-34. Mon commentaire le suivra pour beaucoup, même si nos voies parfois divergent sur des points importants. Il me semble que les deux analyses sont complémentaires : là où Louis Marin met l'accent sur le pouvoir du désir de savoir, j'insiste sur la relation entre le pouvoir de l'effet et les effets de pouvoir.

laire, comme une fable sur les fables, mais surtout elle est fable de circonstance, prise dans un ici et maintenant, et dédiée à un personnage déterminé (à M. de Barillon) – pratiques plutôt inhabituelles pour ce discours souvent allégorique, ce discours de la morale et du général qu'est la fable. Et la question ne porte pas tant sur le savoir ou la signification des fables, que sur leur pouvoir, sur leur effet pragmatique, sur leur destinée ; bref, sur leur lecture. Au minimum lecture du dédicataire – mais la question est justement de ce minimum : quand bien même la fable s'offre comme un don singulier, une destination précise, elle est pourtant invinciblement publique. Autrement dit, elle doit avoir un effet sur son dédicataire autant que sur un lecteur quelconque. Mais quel effet ? Et de quel ordre ? De toutes les façons, le dédicataire, à se trouver désigné par son nom dans la dédicace ou par son titre et sa situation dans le cours de la fable, se voit pris comme un élément textuel : il fait partie du discours qui lui est dédié, il y est représenté, et il ne saurait s'en dédire. D'autant que le dédicataire en question est ambassadeur à Londres – représentant donc du roi de la représentation, Louis XIV[1] –, aux fins d'amener les Anglais à maintenir leur neutralité dans la guerre qui oppose la France à la Hollande, voire à continuer leurs bons offices de médiateurs pour que soit enfin signé un traité de paix (le futur traité de Nimègue). Voici donc une actualité brûlante. Comment donner au sentiment ineffaçable du temps présent le sens d'une valeur intemporelle ? Lisons la fable.

> La qualité d'Ambassadeur
> Peut-elle s'abaisser à des contes vulgaires ?
> Vous puis-je offrir mes vers et leurs grâces légères ?
> S'ils osent quelquefois prendre un air de grandeur,
> Seront-ils point traités par vous de téméraires ?
> Vous avez bien d'autres affaires
> À démêler que les débats

1. On sait que cette guerre, commencée en 1672, a sans doute de multiples raisons économiques (dues en particulier à la présence croissante des armateurs et des marchands hollandais sur les marchés européens) et un statut politique et religieux (comment tolérer l'essor d'une République, calviniste qui plus est ?), mais aussi une défense de l'honneur du roi dont l'image a été bafouée par maints pamphlets et déclarations agressives des Hollandais.

Du Lapin et de la Belette
Lisez-les, ne les lisez pas ;
Mais empêchez qu'on ne nous mette
Toute l'Europe sur les bras.
Que de mille endroits de la terre
Il nous vienne des ennemis,
J'y consens ; mais que l'Angleterre
Veuille que nos deux rois se lassent d'être amis,
J'ai peine à digérer la chose.
N'est-il point encor temps que Louis se repose ?
Quel autre Hercule enfin ne se trouverait las
De combattre cette hydre ? Et faut-il qu'il oppose
Une nouvelle tête aux efforts de son bras ?
Si votre esprit plein de souplesse,
Par éloquence et par adresse,
Peut adoucir les cœurs, et détourner ce coup,
Je vous sacrifierai cent moutons ; c'est beaucoup
Pour un habitant du Parnasse.
Cependant faîtes-moi la grâce
De prendre en don ce peu d'encens.
Prenez en gré mes vœux ardents,
Et le récit en vers qu'ici je vous dédie.
Son sujet vous convient ; je n'en dirai pas plus :
Sur les éloges que l'envie
Doit avouer qui vous sont dus,
Vous ne voulez pas qu'on appuie.

Dans Athènes autrefois, peuple vain et léger,
Un Orateur, voyant sa patrie en danger,
Courut à la tribune ; et d'un art tyrannique,
Voulant forcer les cœurs dans une république,
Il parla fortement sur le commun salut.
On ne l'écoutait pas : l'orateur recourut
À ces figures violentes
Qui savent exciter les âmes les plus lentes.
Il fit parler les morts, tonna, dit ce qu'il put.
Le vent emporta tout ; personne ne s'émut.
L'animal aux têtes frivoles,
Étant fait à ces traits, ne daignait l'écouter ;
Tous regardaient ailleurs ; il en vit s'arrêter
À des combats d'enfant, et point à ses paroles.

Que fit le harangueur ? Il prit un autre tour.
Cérès, commença-t-il, faisait voyage un jour
Avec l'Anguille et l'Hirondelle ;
Un fleuve les arrête ; et l'Anguille en nageant,
Comme l'Hirondelle en volant,
Le traversa bientôt. « L'assemblée à l'instant
Cria tout d'une voix : « Et Cérès, que fit-elle ?
— Ce qu'elle fit ? Un prompt courroux
L'anima d'abord contre vous.
Quoi ! de contes d'enfants son peuple s'embarrasse !
Et du péril qui le menace
Lui seul entre les Grecs il néglige l'effet !
Que ne demandez-vous ce que Philippe fait ? «
À ce reproche l'assemblée,
Par l'apologue réveillée,
Se donne entière à l'orateur :
Un trait de fable en eut l'honneur.
Nous sommes tous d'Athène en ce point ; et moi-même
Au moment que je fais cette moralité,
Si *Peau d'âne* m'était conté,
J'y prendrais un plaisir extrême
Le monde est vieux, dit-on, je le crois ; cependant
Il le faut amuser encor comme un enfant.

La fable, après son titre et sa dédicace, commence de façon bien provocante pour son lecteur dédicataire, puisqu'elle interroge la légitimité du don au moment où il est en réalité déjà fait. Louis Marin a bien montré le pouvoir temporel de la fable. Le piège commence dès les premiers vers, voire dès la dédicace, voire dès le titre : oser annoncer le pouvoir des fables dans une fable dédiée à un représentant du pouvoir politique, et ce dans une question relevant apparemment du seul pouvoir politique (comment négocier un traité), apparaît, au sens strict, comme un défi. Défi que le dédicataire doit relever (il y va de son pouvoir), et qu'il ne peut que relever, dans la mesure où il est déjà en train de lire la fable à lui dédiée, et qu'il y apparaît lui-même comme déjà textualisé. Le pouvoir des fables commence par la fable de son pouvoir performatif : ce que je dis, je le fais ; ce que je dédie, déjà se lit.

Et pourtant je donne, moi auteur, toute l'apparence de me dédire de ce que je dédie ; j'interroge ma légitimité à discourir alors que le piège temporel du discours a déjà fonctionné. Déplacement que signale la contraction (l'abaissement ?) sonore d'*ambassadeur* dans *abaisser* et l'amplification rythmique de l'octosyllabe à l'alexandrin : simultanéité d'une contraction et d'une dilatation qui énonce l'inverse de ce qui se dit au moment même où cela est dit. « Vous puis-je offrir mes vers et leurs grâces légères ? » Pardi ! C'est bien déjà ce qui est fait. Je lis, moi dédicataire, en ce qui m'est offert, si l'on peut légitimement m'offrir ce qu'on m'a effectivement offert. Discours double à l'instar de la répétition du verbe pouvoir : « Peut-elle s'abaisser », « Vous puis-je offrir » ; non seulement possibilité, mais surtout légitimité quant au fait même du pouvoir. Si l'ambassadeur détient le pouvoir, en a-t-il suffisamment pour accepter ces vers ? Si le poète est sans pouvoir, comment peut-il faire un don au pouvoir ? Défi du sans-pouvoir que le pouvoir est tenu de prendre en compte sauf à se dénier dès l'abord toute puissance. Défi du bas au haut qu'il est impossible de prendre de haut, qu'il faut au contraire prendre en compte car le bas a pouvoir de s'élever : « S'ils osent quelquefois prendre un air de grandeur / Seront-ils point traités par vous de téméraires ? » Vers extrêmement retors indiquant la possibilité d'un passage des « grâces légères » à un « air de grandeur » (jusque dans les sonorités), mais surtout déplaçant la qualité vers le seul air de cette qualité, autrement dit vers son apparence, vers son effet ; or, le problème est justement celui d'un bon calcul des effets. À commencer par l'effet phonique, le son *air* se retrouvant non seulement à la rime, mais aussi disséminé, voire inversé, à l'intérieur des vers (vers, air, traités), la performance du « prendre » étant déjà présente dans « grandeur ». En outre s'il y a extension sonore du « traités » dans « téméraires », que les vers soient *traités* par l'ambassadeur de quelconque façon l'engage déjà à ce que veut le fabuliste : avoir un traité avec l'Angleterre. C'est dans la matérialité du langage que s'ente la performance des effets de la fable, et dans le sentiment présent de l'écriture, la valeur et la puissance génériques des signes.

Suivent trois vers, retour *apparent* à l'octosyllabe, mais dont le rythme syntaxique compose encore des alexandrins : « Vous avez bien d'autres affaires / À démêler... que les débats / du lapin et de la belette. » Déjà fable sur les fables, voici qu'une autre fable, une fable du pouvoir, s'introduit dans « Le pouvoir des fables ». Que raconte-t-elle ? L'opposition du lapin et de la belette, leur recours à un juge impartial, le chat, qui, sous prétexte de les accorder, les croque tous deux ; morale du pouvoir : « Ceci ressemble fort aux débats qu'ont parfois / Les petits Souverains se rapportant aux Rois. »[1] Mise en abyme ? Là est la question. Il faudrait que se retrouve le triangle politique « lapin, belette et chat » régulièrement réparti. Attendons ce que nous réserve la suite.

L'allusion aussitôt faite, intervient une succession d'impératifs doublement étonnants : d'abord, en ce que le poète se permette de donner des ordres à l'homme du pouvoir, ensuite en ce que ces impératifs soient annihilés par leur caractère tautologique : « Lisez-les, ne les lisez pas. » Un ordre qui recouvre tous les cas possibles n'est plus un ordre, il n'a pas valeur impérative. Mais là encore le temps fonctionne comme piège : le malheureux ambassadeur est pris de vitesse, déjà par le performatif de la dédicace qui l'oblige à lire ce qu'on semble lui dénier lors même qu'on le lui donne, maintenant par ces impératifs illusoires qui le forcent à faire dans tous les cas de figure ce que le texte prescrit et qu'il est de toute façon *en train de lire.*

Cependant ces ordres qui n'en sont pas permettent à l'impératif du vers suivant de se déployer en toute rigueur, et, sans doute, en pleine quiétude : « Mais empêchez qu'on ne nous mette / Toute l'Europe sur les bras. » Là se trouve l'injonction que lance le poète au représentant du roi comme s'il occupait lui-même l'auguste siège du pouvoir ; ce que dit bien le rejet royal du *j'y consens* : « Que de mille endroits de la terre / Il nous vienne des ennemis, / J'y consens ; mais que l'Angleterre / Veuille que nos deux rois se lassent d'être amis, / J'ai peine à digérer la chose. » L'autorité ainsi énoncée semble à son tour balancée par le populaire de la locution finale ; le Je est à chaque fois présent, mais selon deux rôles différents, tantôt majesté du pouvoir, tantôt conte vulgaire ; comme si ceci faisait passer cela (le faisait « digérer »), et que le fait du fabuliste fût de pouvoir occuper tous les lieux indifféremment, y compris celui-là même qui paraît lui échapper le plus, celui du pouvoir.

1. Voir La Fontaine, « Le chat, la belette et le petit lapin », *Fables,* VII, XV.

Quelle est donc la menace contre laquelle l'ambassadeur est mis en garde ? « N'est-il point encore temps que Louis se repose ? / Quel autre Hercule enfin ne se trouverait las / De combattre cette hydre ? Et faut-il qu'il oppose / Une nouvelle tête aux efforts de son bras ? » Quatre alexandrins scandés d'interrogatives à l'instar des premiers vers (2-5), mais là où se trouvaient en question la légitimité des vers, leur possible don à un représentant du pouvoir et leur relatif coup de force à usurper des airs de grandeur, c'est maintenant la légitimité du pouvoir politique qui est mise en doute, dans sa violence et surtout dans l'impossibilité qu'il y a à pouvoir arrêter cette violence. Double défi au pouvoir : celui du trop de force, celui du trop de légèreté ; comment les arrêter, les stabiliser, les mettre en repos. Problème donc de leurs temporalités, trop fluentes pour les mains malhabiles du pouvoir.

La solution que propose la fable est de s'en remettre à cette fluence : pour combattre l'écoulement invincible de la violence, il faut l'invincible écoulement de la légèreté. La force du pouvoir ne saurait arrêter ce qu'elle déchaîne elle-même : « Si votre esprit plein de souplesse, / Par éloquence et par adresse, / Peut adoucir les cœurs et détourner ce coup. » La légèreté sonore des sifflantes prend le dessus sur le trébuchement aux vers précédents des dentales et des liquides ( « autre Hercule », « trouverait », « combattre cette hydre », « tête » ) ; les qualités du discours (éloquence) et du mouvement des corps (souplesse, adresse) remplacent les substantifs figés dans la répétition (tête, bras). La violence n'est pas forcée, elle fait seulement l'objet d'un détournement – art du détour dont la fable s'offre comme le sûr paradigme, elle qui prétend parler de ceci en discourant de cela, qui annonce un général en exhibant un particulier, qui fait entendre des animaux pour mieux montrer des hommes. Le détour est bien sûr une force, mais une force de la non-violence, un pouvoir qui consiste à éviter la puissance – le pouvoir du vulgaire, de l'air, de la grâce. La violence est toujours présente. L'art consiste à l'écarter, tel un miroir qui, de son angle de réflexion, renvoie ici ce qui vient de là. Le modèle s'en trouve dans le sacré : si votre esprit peut détourner ce coup, « Je vous sacrifierai cent moutons : c'est beaucoup / Pour un habitant du Parnasse ». Paradigme du détour, voilà le sacrifice aux dieux d'animaux innocents. Détour du paradigme, je vous engage au détournement, si vous vous y engagez, je vous en donnerai l'exemple du sacré. Le futur a succédé à l'impératif, mais il n'en est pas moins prescriptif dans la mesure où il promet un don, l'exemplarité même du don : un sacrifice d'animaux comme aux dieux antiques, un sacrifice de biens importants pour le pauvre et léger poète. Mais don parodique, don d'un *autre temps* (celui du Parnasse) qui indique seulement l'exemplarité et du don et du détour. Au futur je nomme dans le passé ce qui fonctionne maintenant : écheveau temporel du principe de l'écart en lequel M. de Barillon apparaît bien coincé.

La leçon est d'autant plus claire que le poète joue ici du représentant contre son représenté, de la souplesse de l'ambassadeur contre la force violente du roi : il lui sacrifiera ses moutons, comme à un dieu, si le pouvoir du détour l'emporte sur le retour de la violence (le divin n'est plus du seul ressort royal, il est lui-même détourné vers son simple représentant).

Mais le fabuliste est généreux : en plus des moutons promis, voici déjà cette fable-ci que le dédicataire consomme depuis un petit moment et dont on annonce de nouveau la donation comme *par avance,* histoire de l'enferrer encore un peu plus dans la nécessité de sa réception : « Cependant faites-moi la grâce / De prendre en don ce peu d'encens. » Il fallait à l'ambassadeur l'art de la souplesse, voici qu'on exige de lui de faire dans la grâce : qu'il accepte le poème – qu'a-t-il fait d'autre depuis qu'il le lit ? – et le voici tenu d'œuvrer déjà dans l'élément de la légèreté et du détour. Le « cependant » joue à la fois de son statut d'opposition logique et de conjonction temporelle : le sacrifice promis viendra plus tard, mais *pendant ce temps,* lisez donc cet hommage que je vous fais (lors même que le titre de ma fable semble plutôt un hommage rendu à ma propre pratique !). Suit un impératif modalisé, c'est-à-dire assoupli, par le terme de « grâce » : faites-moi la grâce de travailler dans la grâce, d'oser prendre ce don, comme mes vers osent quelquefois prendre un air de grandeur. Les termes se répètent, à l'instar du don. Les sonorités les suivent, symétriques : « **D**e pren**d**r(e) en **d**on ce peu **d'**encens. » Prendre en compte le don, c'est pouvoir compter sur la légèreté et la grâce du détour minime, sur ce « peu (néanmoins) dansant ».

D'où le contrat impératif rendu par la nouvelle reprise du verbe « prendre » conjugué et encore modalisé : « Prenez en gré mes vœux ardents / Et le récit en vers qu'ici je vous dédie. » Celui qui reçoit un don doit le prendre, celui qui accepte les vers accepte les vœux, tel est le marché – et dans le minimum de temps, dans l'instantanéité de la performance.

Le piège se referme d'autant plus aisément que le don en question se donne comme adéquat à son dédicataire – mais adéquat en quoi ? le suspens est maintenu, si la grâce n'était déjà le lieu du partage : « Son sujet vous convient ; je n'en dirai pas plus : / Sur les éloges que l'envie / Doit avouer qui vous sont dus, / Vous ne voulez pas qu'on appuie. » De nouveau la légèreté est à l'honneur, plus encore elle est commune au poète qui dit peu (le minimum) et à l'ambassadeur qui l'exige.

C'est alors qu'enfin commence la fable proprement dite. Les trente-trois premiers vers tenaient dans cette longue et retorse dédicace. Le récit fera les trente et un suivants. (Drôle de fable qui commence en son milieu.) La coupure est nettement marquée d'un blanc, d'un changement de temps (nous voici au passé) et d'un rythme plus empressé : « Dans Athène autrefois, peuple vain et léger, / Un Orateur, voyant sa patrie en danger, / Courut à la Tribune. » Le peuple est léger comme les vers, l'Orateur court à la tribune comme l'ambassadeur à Londres ; mais que se passe-t-il ? Loin d'annoncer au dédicataire son heureuse réussite, la fable lui fait le tableau d'un superbe échec : « ... et d'un art tyrannique, / Voulant forcer les cœurs dans une république, / Il parla fortement sur le commun salut. On ne l'écoutait pas. » La faute vient d'une inadéquation des régimes politiques : en république, la tyrannie n'est pas de mise (tout comme le tort de l'Angleterre provient de ce que sa monarchie constitutionnelle empêche les rois de s'accorder comme ils l'entendent) – il y a donc là un mauvais calcul des effets, une ignorance des différences au sein de l'économie politique du discours. L'orateur croit à la force et il s'aperçoit de la vanité de cette force : son pouvoir est impuissant. Ce n'est pas faute pourtant d'user de tous les artifices rhétoriques : son savoir d'orateur n'est pas en cause, seulement son efficience : « ... L'orateur recourut / À ces figures violentes / Qui savent exciter les âmes les plus lentes ; / Il fit parler les morts, tonna, dit ce qu'il put. / Le vent emporta tout ; personne ne s'émut. » Le détour rhétorique est aussi violence, mais l'hypotypose de l'orateur ne fonctionne que dans la juste circonstance – témoin l'hypotypose rythmique de l'énonciation qui, elle, marche à merveille. Tout est certes question d'accélération, mais l'acquisition de la vitesse ne dépend pas forcément d'une causalité puissante ; violenter les âmes les plus lentes est parfois une erreur tactique ; c'est aller trop vite pour elles. La force elle-même doit faire partie du calcul des effets.

« L'animal aux têtes frivoles, / Étant fait à ces traits, ne daignait l'écouter ; / Tous regardaient ailleurs ; il en vit s'arrêter / À des combats d'enfant, et point à ses paroles. » Le peuple est une autre hydre, un autre danger qu'il faut séduire comme l'hydre de la guerre, qu'il faut savoir détourner à temps, par un surplus d'imagination, par un effet inattendu. La violence séduit, mais peut séduire par ses airs ou ses effets. S'arrêter aux combats d'enfants, c'est se laisser fasciner par la violence jouée, et jouée non par des hommes, mais par ces frêles et frivoles enfants. Détourner cette nouvelle hydre, la séduire tient en un tour. Tour qui consiste en une fable, évidemment. Fable sur le pouvoir des fables, la fable se met à raconter une autre fable. Celle de Cérès, de l'anguille et de l'hirondelle. Le contact est enfin établi en un raccourci saisissant ( « L'assemblée à l'instant / Cria tout d'une voix » ), le courant passe de l'orateur à ses concitoyens, leur vitesse de déplacement est synchrone, le peuple est désormais apte à subir l'accélération soudaine du propos : « Ce qu'elle fit ? Un prompt courroux / L'anima d'abord contre vous. Quoi ! de contes d'enfants son peuple s'embarrasse ! / Et du péril qui le menace / Lui seul entre les Grecs il néglige l'effet ! / Que ne demandez-vous ce que Philippe fait ? » L'orateur laisse son récit suspendu, il ne répond pas à l'énoncé au sein de sa fable, mais dans le monde des cités grecques. Le peuple tout entier s'était projeté dans l'univers triangulaire de la fable, le voici ramené à celui de l'existence ordinaire. La fable a servi seulement par son effet d'attention, par sa fonction phatique. On conçoit le tour habile de l'orateur et du fabuliste, et leur pouvoir : *calculer l'effet d'une fable en racontant la fable d'un effet.* Car le peuple a un grave tort dans sa frivolité constitutive, il ne sait pas voir la menace, il en néglige, littéralement, l'effet. Ce dont l'orateur vient justement de profiter. Il prouve par l'effet de sa fable suspendue que l'assemblée ne sait pas reconnaître les effets comme effets, c'est-à-dire comme conséquences, comme finalités pragmatiques. L'orateur a compris à merveille le principe simple des discours, à savoir qu'*un effet fait de l'effet.*

Le peuple n'a plus qu'à se donner à celui qui lui a fait don d'un si bel enseignement par l'exemple, à l'instar de l'ambassadeur, destinataire de la fable, à la leçon du fabuliste. Un « trait de fable » – c'est-à-dire un effet brillant, une flèche violente et soudaine, une rature de la fable par la fable, un trait tiré avant la dernière opération d'un calcul –, en eut l'honneur, digne donc de la haute qualité d'un ambassadeur. La boucle est bouclée, et le lacet bien refermé sur le représentant du pouvoir.

Le dédicataire peut pourtant chercher dans le savoir la possibilité de s'extirper du piège, en en tirant profit. En bon structuraliste, il a bien vu la systématicité des triangles. Il doit y avoir là quelque signification assurément. Il suffit de trouver leur principe de correspondance. Où sont les triangles ? On peut en discerner cinq : A. l'ambassadeur, le roi de France, le roi d'Angleterre ; B. le chat, la belette, le lapin ; C. l'orateur, Philippe, les Athéniens ; D. Cérès, l'anguille, l'hirondelle ; et peut-être même E. le fabuliste, l'ambassadeur et la fable (voire le lecteur public). Or, l'ambassadeur ne tarde guère, comme le montre bien Louis Marin, à s'apercevoir que la superposition stricte n'est jamais possible. Dans chaque pliage, une déhiscence, un écart rompent l'exactitude de la correspondance : fin du savoir droit, fin du structuralisme. C'est qu'il est impossible de calculer rigoureusement les rapports entre ces figurations : ils ne forment que des effets de symétrie. Et c'est au calcul économique (non structural) de cet effet que l'ambassadeur doit se plier.

Quelle leçon ou quelle morale peut-on tirer de la fable ? Quel savoir nous donne-t-elle ? Mais il n'était pas question de savoir, le titre le disait ; on ne parle que du pouvoir. Le piège n'est pourtant pas ici puissance psychologique ou subtilité rhétorique, exercice retors d'une puissance. L'entrelacs ne laisse pas de pouvoir transcendant, il se fait à même le discours. Si le dédicataire est pris, le donateur l'est tout autant. Le pouvoir est celui des fables, non du fabuliste : « Nous sommes tous d'Athène en ce point ; et moi-même / Au moment que je fais cette moralité, / Si *Peau d'âne* m'était conté, / J'y prendrais un plaisir extrême. » La fable a pu écarter de ses fonctions sérieuses le représentant du pouvoir, elle peut aussi bien écarter le fabuliste de sa fonction moralisatrice ; elle ne tolère pas la rectitude du savoir puisqu'elle ne fait que montrer l'écart et vivre d'être pouvoir de l'écart ; cette vie qui s'exhibe porte un nom : séduction (*se-ducere* : conduire à l'écart).

La séduction, pour amener un plaisir extrême, est ce qui joue d'effets minimaux bien calculés. À commencer par le temps, qu'il soit celui de l'instantanéité du performatif ou du suspens, qu'il soit celui du futur ou du passé, du conditionnel ou de l'impératif plus ou moins modalisé. C'est que tout s'y rencontre sous le temps de la performance qui s'y avère performance de la temporalité. Le pouvoir de la fable est d'être l'événement des événements : « Le monde est vieux, dit-on, je le crois ; cependant / Il le faut amuser encor comme un enfant. » Le savoir est celui de la *doxa,* le fabuliste n'y est pas supérieur, au contraire son pouvoir s'y ente, il se doit d'y croire. Mais sa position le conduit à l'écart – règle de la séduction : pour séduire, il faut être séduit. « Cependant » : simultanéité temporelle, opposition formelle ; dans le temps même de la *doxa,* il faut assouplir les liens, déconnecter les relations, sortir de la compétence du savoir et produire du léger, un minimum dansant, montrer dans un pas de deux la lettre du pouvoir, ses figures ou ses rythmes. L'enfant est celui qui n'est pas encore figé dans des compétences ; il est celui qui fait l'expérience de ces multiples connexions à l'aune d'un mouvement, d'une *émotion* : son plaisir extrême.

Le pouvoir des fables, pour être hors de toute légitimité, n'en est pas moins d'une effectivité radicale : il vient en avant de la légitimité et pourtant, simultanément, il en fignole les ressorts calculés et savants au nom de la seule apparence. C'est en cela que le récit, l'activité fabulatrice, est un défi au pouvoir : défi de pouvoir savoir ce que le léger pourrait lui enseigner, défi qui conduit la puissance à l'impuissance. Car le défi est violent (il est même cruel), mais il est séduction, souplesse, adresse et non force. La fable oblige son lecteur à la lire ; elle usurpe du temps et nous le redonne, enchanté. Elle montre que le pouvoir de la séduction est plus efficace, ici, que celui de la force. Séduction des Athéniens par l'orateur, de l'ambassadeur par le fabuliste, du fabuliste par le conte vulgaire : les personnes ne sont jamais que les intersections, les conjonctions ponctuellement stables des arabesques multiples de la séduction.

L'arithmétique de la fable ne manque pas de piquant. Nous avons moins qu'une fable, en fait une *moitié de fable,* mais en même temps, plus qu'une fable, au minimum *quatre fables* (le chat, le lapin et la belette ; l'orateur et les Athéniens ; Cérès, l'anguille et l'hirondelle ; Peau d'âne). Le calcul des effets de séduction peut ainsi nous conduire en un écart mathématique où la moitié vaut le quadruple. La séduction est un jeu du double :

> Défi ou séduction, c'est toujours rendre l'autre fou, mais d'un vertige respectif, fous de l'absence vertigineuse qui les réunit, et d'un engloutissement respectif. Telle est l'inéluctabilité du défi, et pour quoi on ne peut pas ne pas y répondre. C'est qu'il inaugure une sorte de relation folle, bien différente de celle de la communication et de l'échange : relation duelle passant par des signes insensés, mais liés par une règle fondamentale et par son observance secrète. Le défi met fin à tout contrat, à tout échange réglé par la loi (loi de nature ou loi de la valeur) et il y substitue un pacte hautement conventionnel, hautement ritualisé, l'obligation incessante de répondre et de surenchérir, dominée par une règle du jeu fondamentale, et scandée selon son rythme à elle[1].

Tout se passe comme si les pratiques artistiques instauraient une telle relation et la dédicace, ici, fonctionne comme paradigme d'une relation de lecture. La fable ne marche pas au contrat, mais bien au défi – l'impossible qui persuade plutôt que le possible qui ne convainc pas[2]. Jamais nous ne suspendons contractuellement notre jugement de réalité (si tel était le cas, on ne saurait expliquer pourquoi certaines fois le con-

1. Jean Baudrillard, *De la séduction,* Paris, Galilée, 1979, p. 113-114.
2. Cf. Aristote, *Poétique,* éd. et trad. par R. Dupont-Roc et J. Lallot, Paris, Le Seuil, 1980, 1461 *b* 11.

trat ne marche pas, pourquoi le jugement de réalité referait surface, rendant l'*épochè* poreuse)[1] ; c'est en dépit de ce jugement maintenu que nous mettons l'écrivain au défi de nous séduire, lorsque l'écrivain lui-même nous a défiés par l'exhibition de son œuvre. Le contrat est une signature, le défi est toujours un appel.

Mais, comme le note Jean Baudrillard, il est une différence légère entre défi et séduction : le premier consiste à « amener l'autre sur le terrain de votre force, qui sera aussi la sienne, en vue d'une surenchère illimitée », alors que la seconde consiste à « amener l'autre sur le terrain de votre défaillance, qui sera aussi la sienne »[2]. Car, c'est par notre fragilité, par notre légèreté que nous séduisons, plutôt que par notre force. La soudaine et puissante séduction de la fable vient de sa plus extrême défaillance. Sans compétence spécifique (au moins en ce qui concerne la poésie mondaine d'un La Fontaine) pour dire le vrai, la réalité du monde ou le savoir de la vie, elle se donne et séduit.

La fable semble donc participer d'un double mouvement : elle ne séduit l'autre (destinataire et lecteur) qu'en arguant de son absence de puissance, elle n'exerce son pouvoir performatif qu'en exhibant son absence de compétence, ultime paradoxe de la ruse. Ainsi que l'avance Ross Chambers à propos des textes narratifs :

> À côté de leur pouvoir de séduction, ils ont nécessairement un pouvoir analytique qui démonte les éléments de leurs « charmes », de leur « magie » [...] *Nec tecum, nec sine te* – telle est la loi paradoxale du pouvoir narratif en ce qui concerne l'autoréflexivité de sa situation [...] : c'est un pouvoir dépendant pour sa force du pouvoir de se défaire soi-même[3].

Chambers ne fait du pouvoir analytique qu'une simple déconstruction de l'appareil séducteur. Or, la fable ne se déconstruit pas, elle s'affirme ; elle ne démonte pas son pouvoir de séduction par son pouvoir

1. Sur ce point, toutes les théories du pacte de lecture, de la coopération entre émetteur et récepteur, de la suspension du jugement ou des forces illocutoires semblent éminemment faillibles.

2. Jean Baudrillard, *De la séduction*, p. 114.

3. Ross Chambers, *Story and Situation : Narrative Seduction and the Power of Fiction*, introd. de W. Godzich, Minneapolis, University of Minnesota Press, 1984, p. 221 (ma traduction).

d'auto-analyse, elle affiche sa capacité d'analyse du monde *qui n'est autre* que sa capacité à séduire. Le paradoxe n'est pas où le situe Chambers. Celui-ci pousse l'opposition entre analyse et séduction jusque sur le terrain de l'opposition soi/autre : l'analyse est autoréflexion, la séduction est tournée vers les autres. Ce serait une fois de plus, pour la fiction, sacrifier son ouverture au monde, son pouvoir de référence. Il ne fait pourtant aucun doute que La Fontaine entend bien user de ce pouvoir lorsqu'il entreprend d'écrire une fable sur le pouvoir des fables à un représentant du pouvoir royal. L'auto-analyse n'est pas ici séparable de l'analyse historique et sociale ou de l'analyse pragmatique. Le pouvoir de séduire ne dépend pas de son pouvoir à se défaire soi-même, la séduction *est* ce pouvoir de décomposition, non seulement de soi mais encore des modes de communication humains historiquement et sociologiquement déterminés. La fiction se traverse et traverse tous les idiomes d'un égal regard analytique. Le paradoxe est en deçà : que la fiction qui est sans compétence ne puisse qu'exhiber son absence de compétence ne fait pas problème, mais qu'elle séduise par ce caractère purement performatif et surtout qu'elle affirme ainsi, sur nous, son pouvoir aussi bien séducteur qu'analytique, voilà parfois ce qui est inquiétant. Le pouvoir de la fable est d'être pure performance, d'être pure performance est justement ce qui nous séduit et qui nous permet de voyager à même les limites des multiples compétences, à même les frontières d'une culture. Comme le souligne Mikhaïl Bakhtine, « il ne faut pas imaginer le domaine culturel comme une entité spatiale ayant des frontières et un territoire intérieur. Il n'a aucun territoire, il est entièrement situé sur des frontières qui passent partout, traversant chacun de ses aspects »[1]. Les compétences sont ce qui tombent entre les frontières, des dépôts de savoir, des sédiments de technique. L'activité fabulatrice file à la suite de la culture, redonnant une soudaine mobilité, une légèreté inhabituelle aux savoirs spécialisés ; elle actualise le paradoxe du proverbe arabe inscrit en exergue de cette notice : elle parvient, par une médiation inattendue, à trouver son oreille parce qu'elle mord *immédiatement* à même la culture.

1. Mikhaïl Bakhtine, *Esthétique et théorie du roman,* trad. Daria Olivier, Paris, Gallimard, 1987, p. 40.

C'est en quoi cette activité pose problème à l'historien : que faire de cette absence de compétences spécifiques qui, néanmoins, séduit et attire des lecteurs au-delà du cercle étroit de son époque ? Comment la culture d'un moment touche-t-elle encore des personnes devenues étrangères au contexte de sa création ? Comment semblable médiation s'articule-t-elle à une improbable immédiateté ? Quelle dette semblons-nous payer à nouveau lorsqu'une œuvre du passé parvient à susciter notre intérêt ?

# Chapitre III

## Temps de la dette et temporalité de la production

Après cette fable et ses morales, repartons du bref récit d'une mort : les derniers instants de Socrate, dans la mesure où ils ouvrent justement sur la sagesse des dettes et sur un questionnement des effets.

« " — Criton, nous sommes le débiteur d'Asclépios pour un coq ; eh bien ! payez ma dette, pensez-y. – Bon ! ce sera fait, dit Criton. Mais vois si tu n'as rien d'autre à dire." La question de Criton resta sans réponse. Au bout d'un petit moment, Socrate eut pourtant un sursaut. L'homme alors le découvrit : son regard était fixe. Voyant cela, Criton lui ferma la bouche et les yeux. »[1]

Serties dans une émouvante absence de pathos, telles furent les dernières paroles de Socrate, plutôt énigmatiques pour un tel amateur de clarté. Les savants ont bien sûr soigneusement cherché quel vœu avait bien pu faire Socrate pour suggérer semblable offrande, mais Léon Robin, avec grand bon sens, indique une signification symbolique évidente : « Socrate sent que son âme est enfin guérie du mal d'être unie à un corps ; sa gratitude va donc au Dieu qui rétablit la santé, Asclépios. »[2] Après ce grand discours sur l'immortalité de l'âme

1. Platon, *Phédon,* trad. Léon Robin, Paris, Les Belles Lettres, 1965, 118 *a*.

2. Léon Robin, *in* Platon, *Phédon,* p. 102, n. 3. On pourrait certes voir, dans ce dialogue platonicien, l'affirmation tacite qu'il faut à la fois remercier Asclépios de guérir le corps en l'abandonnant à la mort et Platon lui-même de guérir nos âmes par l'exemple et les discours de Socrate sur l'immortalité de l'esprit. Une épigramme funé-

qu'est le *Phédon,* il semblerait assez logique, en effet, que de considérer la mort comme une nouvelle et plus parfaite santé. Mais on connaît le caractère retors de Socrate, ainsi que l'amitié bienveillante qu'il portait à ses compagnons en philosophie. Ne pourrait-on alors sonder cet ultime souhait au lieu de le laisser aller, comme sur son erre, vers les quais du symbole ou du référent ?

L'objet de la dette est peut-être moins crucial que le mouvement de la dette lui-même. Il importe moins, en effet, de connaître ce qu'il faut rendre en même temps que la vie, que de pouvoir reconnaître le fait même qu'il s'agisse d'une dette. S'il y a une certaine « joie de mourir » chez Socrate, c'est dans cette possibilité, à lui ainsi *donnée,* de reconnaître sa dette envers les dieux. Plus encore, faire payer sa dette *par ses amis* contribue à la fois à les inclure *immédiatement* dans cette reconnaissance de la dette, comme un ultime enseignement sur la valeur fondatrice des dettes, et à leur éviter tout sentiment d'endettement envers lui-même, Socrate, leur vieux maître et compagnon, puisqu'il leur abandonne le bonheur de régler ses dettes, autrement dit de servir de *médiateurs* entre lui et les dieux.

## L'INSTITUTION DES DETTES

Qu'est-ce donc que cette médiation et pourquoi passer par l'institution généreuse d'un Dieu, qu'il se nomme Asclépios ou autre ? Pour le comprendre, il faut saisir ce qui fonde l'institution elle-même.

raire de Diogène Laërce pourrait le laisser imaginer : « Phébus engendra pour les mortels Asclépios et Platon, l'un pour sauver les âmes, l'autre pour sauver les corps » (*Épigrammes funéraires,* in *Anthologie grecque,* éd. Pierre Waltz, trad. A.-M. Desrousseaux, A. Dain, P. Camelot, E. Des Places, Paris, Les Belles Lettres, 1938, t. IV, livre VII, épigramme 109, p. 102). Georges Dumézil s'élève, pourtant, contre cette interprétation qui tend à nier la vie et à la rabattre sur la maladie. À juste titre, il relève le caractère collectif de la dette et souligne, par ailleurs, le fait que la maladie est plutôt la fausse pensée ou l'opinion erronée, tandis que la santé est la juste pensée, la saine opinion (« *... Le moyne noir en gris dedans Varenne* », *Sotie nostradamique,* Paris, Gallimard, 1984, p. 129-170). (Je remercie Peter Burger de m'avoir signalé cette référence.)

Dans la partie intitulée « Divagations d'un inactuel » du *Crépuscule des idoles,* Nietzsche écrit ceci : « *Critique de la modernité.* Nos institutions ne valent plus rien : là-dessus tout le monde est d'accord. Pourtant cela ne tient pas à elles, mais à *nous.* Une fois que nous avons perdu tous les instincts dont naissent les institutions, les institutions nous échappent à leur tour, parce que *nous* ne sommes plus dignes d'elles. [...] L'Occident tout entier a perdu ces instincts d'où naît un *avenir* : rien qui aille plus à rebours de son "esprit moderne". On vit au jour le jour, on vit très vite, on vit de manière très irresponsable : c'est précisément cela qu'on appelle "liberté". Ce qui *fait* que les institutions sont des institutions, on le méprise, on le déteste, on le repousse : on se croit menacé d'une nouvelle servitude dès que le mot "autorité" est prononcé à haute voix. »[1] On a trop vite fait de rejeter les institutions dans l'enfer de la contrainte, sous prétexte qu'elles nous empêcheraient d'être libres et nous maintiendraient sous leur emprise. Il faut critiquer, non le devenir des institutions, mais bien leur caractère « devenu », quand elles n'offrent justement plus de *devenir.* C'est comme s'il existait un réflexe libertaire qui voit, dans toute institutionnalisation, un mal germer, un blocage dans l'invention du quotidien, un arrêt dans l'incessant renouveau du vivant. Nietzsche nous invite à contrôler pareil réflexe : il repose sur une conception erronée de ce que porte une institution – et en même temps si nécessaire, probablement si vitale pour notre modernité. En renversant la croyance triviale qui institue que les institutions ne valent rien parce qu'elles ne seraient plus dignes de nous, c'est-à-dire de notre liberté, Nietzsche nous rappelle comment nous avons en fait *oublié la dette que nous avions envers les institutions.*

La valeur des institutions provient non seulement du pouvoir qui leur est dévolu, mais surtout de la dette qu'elles imposent aux individus qui les composent. Cette dette est le lien fondamental entre individu et institution. Une fois celle-ci oubliée, il ne reste que le pouvoir par où l'institution bientôt nous échappe et nous oppresse. Plus exactement, ce ne sont pas les institutions qui imposent une dette, ce sont les indivi-

1. Friedrich Nietzsche, *Crépuscule des idoles ou Comment philosopher à coups de marteau,* trad. Jean-Claude Hemery, Paris, Gallimard, 1974 [1888], p. 126, § 39.

dus qui, dans et par l'invention d'une institution, la constituent comme instance d'endettement. *En inventant une institution, nous nous donnons une dette.*

Prenons un exemple, l'exemple par excellence d'une origine des institutions en même temps que d'une institution de l'origine, et restons avec Nietzsche puisqu'il en donne un récit – qui est aussi une logique de la création des dieux : « Au sein de la tribu primitive – il s'agit des tout premiers temps – chaque génération vivante se reconnaît à l'égard de la précédente et notamment de la première, fondatrice de la tribu, une obligation juridique [...]. Alors prévaut la conviction que la tribu ne *subsiste* que grâce aux sacrifices et aux travaux des ancêtres – et que l'on doit *s'acquitter* envers eux par des sacrifices et des travaux : on reconnaît donc une *dette [Schuld]* qui même ne fait que croître, du fait que ces ancêtres, dans leur survivance comme puissants esprits, ne cessent d'accorder, de par leur force, de nouveaux avantages et de nouvelles avances à leur descendance [...]. Selon cette logique spéciale, la *peur* de l'ancêtre et de sa puissance, la conscience d'une dette envers lui s'accroît nécessairement dans la mesure où s'accroît la puissance de la race elle-même [...]. Imaginons cette logique grossière poussée à l'extrême : animée d'une peur croissante, l'imagination devra finir par donner aux ancêtres des races *les plus puissantes* des proportions gigantesques et par les repousser dans les ténèbres d'une dimension divine, inquiétante et inconcevable : l'ancêtre finit par prendre le visage d'un *dieu.* »[1]

Le mécanisme de l'institution des dieux recourt donc à cette double opération du *pouvoir* et de la *dette*. En allouant aux ancêtres un pouvoir qu'ils ne possédaient certes pas eux-mêmes, la tribu cherche à mettre à l'extérieur d'elle-même l'origine et la légitimation du pouvoir. Telle est bien la nécessité de la dette : elle permet de mettre hors de portée des membres de la tribu toute remise en cause de l'organisation sociale. En se donnant une dette, en s'inventant une dette envers une altérité de plus en plus radicale (ancêtres, esprits puissants, dieux enfin), on

1. Friedrich Nietzsche, *Généalogie de la morale,* trad. Isabelle Hildenbrund et Jean Gratien, Paris, Gallimard, p. 99-101, II, § 19.

*oublie* que l'on était à l'origine de tout le processus et du pouvoir. La conséquence est simple : on évite ainsi la tentation de produire un autre ordonnancement du social. La logique du processus est impeccable : en se *donnant une dette* envers une *altérité* radicale que l'on a inventée, on s'ôte la possibilité de *produire* une quelconque *altération* du mode d'organisation sociale du sein même de la tribu.

## PRODUCTION ET EXDUCTION

Comme le remarque Wlad Godzich : « Le récit de Nietzsche rend évident que les dieux sont un produit de la société et il devient alors possible de parler d'une production sociale de cette altérité, même si la forme qu'elle prend est non une pro- mais une ex-duction. »[1] Godzich poursuit en opposant la production collective des frontières entre altérité et société dans les sociétés à base religieuse, et la production sociale, non plus collective mais médiatisée par l'État, de ces mêmes frontières au sein des sociétés modernes. Là n'est pas mon propos et je préfère simplement insister sur cette très pertinente intuition qui fait revenir Godzich sur son énoncé : le fait que cette production collective prenne en fait la forme d'une ex-duction. Car par là aussi passe la différence entre société traditionnelle et société moderne : ici la légitimité repose sur une ex-duction, là sur une pro-duction ; ici la tribu reçoit du dehors son ordre social, là la société produit de l'intérieur d'elle-même ce qu'elle doit être. Comme on l'imagine sans peine, cela engage deux relations fort différentes à la dette[2].

1. « Nietzsche's account makes clear that the gods are the products of the society, and one can therefore speak of the social production of this otherness even though the form it takes is not a pro- but an ex-duction » (Wlad Godzich, « Afterword », *in* Samuel Weber, *Institution and Interpretation,* Minneapolis, Minnesota Press, 1987, p. 161 (ma traduction)).

2. Maurice Godelier écrit une remarquable analyse de ce processus lorsqu'il reprend le grand travail de Mauss sur le don. Il montre que la pratique du don, par-delà les liens sociaux qu'elle façonne, fonde aussi la relation entre les dieux et les hommes et légitime les origines de la société, en faisant en sorte que les humains qui créent leurs

Dans une société régie par ex-duction, recevant du dehors sa loi, la dette opère à l'intérieur et de l'intérieur de la société : plus le pouvoir s'accroît, plus la dette grandit, mais aussi plus la dette est grande, plus le pouvoir augmente. Au contraire, dans une société ordonnée par une pro-duction, inventant donc ce qu'elle est du dedans d'elle-même au lieu de le recevoir, la dette en vient à opérer à l'extérieur de la société, ou, plus précisément, elle en figure l'extériorité. Plus on oublie la dette, plus le pouvoir est grand.

Tel est ce qui fait, pour Nietzsche, que nous ne sommes plus dignes de nos institutions, que nous ne les *valons* plus : la dette envers les institutions a été oubliée et il ne nous est resté que la farce macabre du pouvoir, non plus la dette autorisante, mais le pouvoir autoritaire. D'où aussi, soit dit en passant, une certaine fascination pour le modèle du pouvoir autoritaire, dans la mesure où il semble capable de faire l'économie de la dette, c'est-à-dire de s'en passer. Cependant la dette ne cesse de resurgir aussitôt que le pouvoir autoritaire s'appuie sur une instance légitimatrice, que ce soit la patrie, la nation, la race ou l'histoire. Mais alors la dette n'est plus ce qui permet une harmonie sociale en mettant à l'extérieur de la tribu, hors de portée du pouvoir immédiat des êtres, la légitimation du groupe et de sa puissance, la dette, dans ces circonstances, est ce qui engage l'altérité au sein même de la société.

ordres sociaux apparaissent, par principe, moins acteurs qu'*agis* : « Tout se passe comme si *la société* humaine ne pouvait exister sans faire disparaître de la conscience la *présence active* de l'homme *à l'origine* de lui-même [...], quelque chose existe dans la société qui fait partie de l'être social des membres qui la composent et a besoin d'*opacité* pour se produire et se reproduire. Ce serait donc fondamentalement pour des raisons sociales que le social se dérobe à lui-même, s'opacifie, se sacralise » (*L'énigme du don,* Paris, Fayard, 1996, p. 240-241). L'analyse fondée sur une anthropologie des sociétés « traditionnelles », malgré les prudences justifiées ici ou les comparaisons avec les sociétés modernes là, ne permet pourtant pas de comprendre exactement ce qui arrive dans des formations sociales qui trouvent justement leur légitimation dans la *transparence* de leurs origines (transparence, bien sûr, revendiquée, construite, manipulée : l'histoire a longtemps servi à cela) et dans l'aveu, la gloire même de leur autoproduction. Le statut de l'autorégulation de l'économie capitaliste qui échappe au contrôle de ses acteurs ne fonctionne pas sur le même régime que la sacralité des dieux et des ancêtres. Parler donc de « la société » risque ici de nous empêcher d'analyser *notre* société et ses propres régimes d'opacité.

Nietzsche attire l'attention sur le fait que, dans son schéma de l'origine des dieux, c'est en définitive la peur (et non la piété ou la reconnaissance) qui conduit à leur invention : la peur du monstrueux dont on a fait l'extériorité sociale par excellence. Désormais, dans les sociétés modernes, la peur de l'autre circule *dans* les relations sociales. Et cette peur, n'opérant plus en conjonction avec le sentiment de la dette, en est réduite à s'appuyer parfois sur la seule autorité du pouvoir et de la force. D'où les tentatives, dans les économies politiques modernes (encore qu'il n'y ait, à strictement parler, d'économie politique que moderne), pour penser un contrat social, afin de limiter (en la légitimant) la puissance des plus forts sur les plus faibles : on ne commence à saisir pareille nécessité qu'à partir du moment où la peur s'inscrit à l'intérieur des relations sociales, plutôt que de projeter sa crainte au dehors de la tribu. Il faut attendre le principe de souveraineté (qui est à la fois le principe moderne du politique et le principe de la modernité politique) pour sentir la peur de l'autre entamer et constituer la relation à la communauté.

On connaît, bien sûr, par cœur la formule de Hobbes pour dire cette fragilité essentielle de l'être humain – fragilité sur laquelle il faut insister, car la philosophie de Hobbes oriente moins vers une pragmatique de la force que vers une politique de la fragilité : ce qui caractérise l'homme est que le plus faible a toujours loisir de tuer le plus fort ! –, cette formule est cependant associée à son contraire (comme on l'oublie parfois) : « Et certainement il est également vrai et qu'un homme est un dieu pour un autre homme et qu'un homme est aussi un loup pour un autre homme. L'un dans la comparaison des citoyens les uns avec les autres ; et l'autre dans la considération des Républiques. »[1] Cette égalité des formules sous-tend leur réciprocité : parce que les hommes sont désormais comparables et qu'ils ne sont plus déterminés que par eux-mêmes, hors de tout héritage, hors de toute puissance extérieure, ils peuvent devenir des dieux les uns pour les autres ; mais c'est aussi parce qu'ils sont comparables et qu'ils peuvent devenir des dieux qu'ils peuvent devenir des loups, dès qu'ils trouvent moins de

1. Thomas Hobbes, *Du citoyen,* trad. Sorbière, Paris, Garnier-Flammarion, 1982, p. 83.

jouissance dans la charité que dans le pouvoir, dans la dignité du bienfait que dans l'expérience de la force. Comme l'indique Reinhart Koselleck : « Ce n'était pas seulement la volonté de puissance qui attisait la guerre civile mais encore, et là est le pas décisif qu'a fait Hobbes, la référence à une conscience qui n'a pas d'appui extérieur. »[1]

C'est de cette peur longuement attisée par les guerres de religion doublées de guerres civiles que sort le principe de souveraineté. Énoncé pour la première fois par Jean Bodin – « Republique est un droit gouvernement de plusieurs mesnages, et de ce qui leur est commun, avec puissance souveraine »[2] – le principe de souveraineté définit l'État, non seulement comme gouvernement juste, mais aussi comme producteur de droit (c'est-à-dire aussi de force, car le juste ne s'énonce plus en fonction d'une Idée de justice reçue de Dieu, des anciens ou de la nature, le juste est ce que produit le souverain parce qu'il a la force légitime pour l'énoncer). L'État devient garant de paix sociale, dès lors qu'il prend en charge la peur de chacun en faisant peur à tous. « Dieu et la nature ne sont plus les références fondatrices de la loi et de l'autorité : dieu est chassé du monde humain, non que les hommes en récusent l'existence, mais parce que son existence même (ou sa non-existence) est indifférente à la liberté des hommes. Quant à la nature, elle change de signification et, d'origine harmonique et mère bienfaisante, elle devient chez les modernes pure étendue géométrique – *res extensa* mathématisable et objet de conquête. La nature est chose et c'est de cette nature [...] qu'il tirera les moyens de son existence par le travail, en sorte que la tâche du souverain (État) sera de rendre possible le travail en rendant la paix possible. »[3]

1. Reinhart Koselleck, *Le règne de la critique,* trad. Hans Hildenbrand, Paris, Minuit, 1979 [1959], p. 24. Les deux formules sont d'origine antique, mais elles ne sont pas liées comme chez Hobbes, ou avant lui chez Érasme et Montaigne : l'une ramène l'homme à un dieu lorsqu'il témoigne d'une relation de protection, de bienfaisance, ou, plus généralement, d'amitié ; l'autre rabaisse l'homme à la sauvagerie et à la cruauté lorsqu'il a perdu sa dignité d'être humain, c'est-à-dire lorsqu'il n'est justement plus un animal politique.

2. Jean Bodin, *Les six livres de la République,* Paris, Fayard, 1986 [1576], reprint de l'édition de 1593, livre I, p. 27.

3. Gérard Mairet, *Le principe de souveraineté : histoires et fondements du pouvoir moderne,* Paris, Gallimard, 1997, p. 12-13.

## TRAVAIL PLUTÔT QUE LOISIR

C'est ainsi que la valorisation sociale de l'oisiveté et la dévalorisation réciproque du travail (le travail n'était « digne » que des esclaves ou des personnes soumises aux nécessités de l'existence) se sont en quelque sorte retournées et croisées peu à peu, jusqu'à occuper des positions rigoureusement inverses : chez John Locke, l'identité de l'homme ne tient plus seulement à sa raison, mais aussi à sa capacité de travail (*animal laborans* autant qu'*homo rationalis*), et, bientôt, chez Adam Smith, le travail occupe la place centrale de son économie politique. Le travail n'est pas même une valeur parmi d'autres, il est devenu *la mesure* de la valeur, la valeur qui rend équivalentes des valeurs jusque-là incommensurables. Si les positions sociales respectives du travail et de l'oisiveté se sont ainsi lentement inversées, cela ne tient pas seulement au développement du capitalisme, à la charge de l'État ou à la puissance grandissante d'une morale intériorisée sous forme d'un travail sur soi, mais aussi au déplacement dans la considération de la dette. Tant que l'on reconnaît, en effet, une instance extérieure à la société comme instance de légitimation de la communauté, comme l'origine de tout ce qui a été *produit,* de la matérialité des choses à celle des signes, la notion de « production » elle-même est située à l'extérieur de la tribu : tout ce que font les hommes consiste à *recevoir,* recevoir signes et choses. De là une valorisation essentielle de l'oisiveté. L'oisiveté n'est pas la paresse, mais l'état de réception, de disponibilité aux signes et aux productions divines.

Les études des anthropologues ont montré que les sociétés que l'on appelait « sauvages » et que l'on a longtemps conçu comme des sociétés de pénurie et de manque (justifiant de façon laborieusement circulaire leur faible développement technique par leur quête incessante de nourritures et leur quête immédiate de nourritures par l'absence de médiation technologique), ces sociétés sont en fait les véritables « sociétés de loisir », des sociétés où l'on méprise profondément le travail, des sociétés assurément d'abondance[1]. Abondance, non pour accumuler, mais pour manger à sa faim et dépenser grandement le reste dans les fêtes, autrement dit dans la reconnaissance de la dette. Acquérir plus que nécessaire est essentiel pour montrer sa puissance, dépenser plus qu'il ne faudrait est vital pour reconnaître la dette. Pierre Clastres avait prétendu que l'on avait là, non des sociétés sans État comme on l'avait jusqu'alors pensé, mais bien des sociétés *contre* l'État (c'est-à-dire refusant la division sociale qu'implique tout État) – il ajoutait (ce qui a été moins remarqué) : des sociétés non sans production, mais proprement *contre* la production[2].

Lorsque les individus investissent la légitimité sociale à l'intérieur de la communauté, plutôt qu'en son dehors, alors il devient nécessaire d'y fonder aussi la source de cette légitimité : ce sera l'homme, à la fois par sa raison et par son travail. Pareil travail ne cherche pas seulement à domestiquer la nature, à la transformer en objet de production, plus fondamentalement encore, c'est l'homme lui-même qu'il faut domestiquer, arraisonner, auquel il faut faire rendre raison (comme on dit aussi qu'il faut faire « rendre gorge » à quelqu'un) : la dette est réinscrite à l'intérieur même de la raison et du travail de l'homme[3].

1. Voir surtout Marshall Sahlins, *Âge de pierre, âge d'abondance,* Paris, Gallimard, 1976.

2. Pierre Clastres, *La société contre l'État,* Paris, Minuit, 1974, p. 170 : « les sociétés primitives sont des sociétés sans économie *par refus de l'économie.* »

3. On peut rappeler le principe des principes de l'ordre moderne des savoirs : le *principium reddendae rationis* que Leibniz est le premier à énoncer. Mais aussi, du point de vue économique, l'habitude prise de rédiger des livres de comptes, d'abord appelés, en italien, des *Ricordanza,* des mémoires (à la fois masculin et féminin pluriel), puis, de façon fort significative, des « livres de raison ». Dans son *Dictionnaire universel* (1690), Furetière en fournit la définition suivante : « Livre de raison est un livre dans lequel un bon mesnager ou un marchand escrit tout ce qu'il reçoit et despense pour se rendre compte et raison à luy mesme de toutes ses affaires. » Il est donc devenu indispensable de se rendre compte de ce que l'on fait, mais aussi de se rendre compte de son moi et de se rendre des comptes à soi-même : réaliser ce que l'on est, pour mieux réaliser ce que l'on vaut. La raison, devenue affaire individuelle, est ce que l'on se rend à soi-même, ce qu'on est appelé à se rendre pour mieux en affirmer, au bout du compte, la souveraine possession : c'est une dette envers soi dont les livres de raison rendent compte en même temps que du profit dont le « moi » doit bénéficier (voire dont il figure la plus-value). Et c'est peut-être dans ce court-circuit, ou dans cet aller-retour entre dette et profit que se « réalise » la puissance de la raison, la puissance de son appel à être rendue, de même que la puissance de l'individu à s'en voir investi et à la posséder. Mais s'il y a aller-retour entre dette et profit, la dette n'est jamais reconnue comme telle pour autant.

Le syntagme « rendre la raison » ne s'emploie pas sur le modèle de « rendre un cadeau » ou « rendre la monnaie », plutôt sur celui de « rendre la justice ». Rendre raison suppose, comme y insiste Leibniz, le fait qu'il y a toujours quelqu'un qui *peut* la rendre. La dette implicite envers la raison s'est muée en pouvoir – ou, plus précisément, tout tient à une accentuation : la dette reste présente (sur le mode de l'oubli, de l'effacement) et tout le poids passe du côté du pouvoir à rendre raison. L'avantage ? cela permet enfin d'entendre « rendre raison » comme une *production*. D'un point de vue judiciaire, « rendre la justice » suppose en effet moins une exigence qui me vienne du dehors et qui m'appelle à être juste, que l'idée qu'il y a des jugements à produire pour décider qui a raison ou qui a tort, et que ces jugements ne seront justes que s'ils sont produits par les personnes compétentes pour les porter. De même « rendre raison » met moins l'accent sur la dette qu'elle implique envers une altérité, un Autre qui nous appellerait à rendre raison, du dehors de nous-mêmes, que sur la possession qu'en bout de compte assure la raison : possession à la fois du moi qui a le pouvoir de rendre raison de toute proposition vraie, et possession de la raison elle-même qui qualifie le sujet capable de rendre compte de la raison.

Cependant cette dette est désormais ce qui nous oblige à produire, et avant toute chose, à nous produire nous-mêmes sur la scène de la raison. D'où le nouvel intérêt que l'on porte à l'éducation. En particulier à partir de la fin du XVIIIe siècle, et en liaison avec l'idéalisme allemand, on le voit au principe selon lequel éduquer consiste avant tout à « apprendre à apprendre », comme s'il s'agissait simplement de faire « fructifier » un capital rationnel toujours déjà présent, et refuser toute réception (que l'on juge forcément passive) de traditions héritées du passé.

### L'EXEMPLE DE L'ÉCONOMIE POLITIQUE : LE TRAVAIL IMPRODUCTIF

Un autre témoignage se trouve dans la tentative de circonscrire le « produit de la dette » dans une discipline nouvelle – ou plutôt de donner à la production un lieu théorique, l'économie politique, et de thématiser la dette dans un autre espace qui, lui aussi, naît au même moment, l'esthétique[1]. Les deux disciplines ont bien un objet commun, toutes deux parlent de la *valeur*. L'économie politique en traite à l'aune de la production et du travail, alors que l'esthétique, au moins jusqu'à Kant, est surtout une « esthétique de la réception ». On doit reconnaître pourtant que la notion de production ne va pas tarder à envahir le champ de l'esthétique. Or, la pensée économique qui gravite autour de cette notion de production s'avère incapable de thématiser les questions du don, de la dette ou de la dépense, tout ce qui valorise l'oisiveté, sinon sous une forme paradoxale – et un paradoxe qui passe à peu près inaperçu, celui de « travail improductif » !

Ainsi du texte fondateur de l'économie politique classique, *The Wealth of Nations* d'Adam Smith[2]. Y sont distingués deux sortes de travail, l'un productif, l'autre improductif : le premier est capable de stocker, de mettre en réserve une trace de temps, le temps du travail lui-même, imprimé sur l'objet, qui le transfigure en marchandise : la valeur vient de ce que le temps s'y trouve bloqué, mis de côté, arrêté ; à l'inverse, le second est une pure dépense de temps, une consommation immédiate, la disparition instantanée de l'instant du travail. La dépense n'est pensable que négativement, comme l'envers du travail productif, ce travail qui assure justement la richesse des nations. Le code naissant de l'économie politique apparaît déjà si puissant, en son articulation avec le concept de production, qu'on n'aperçoit même pas le paradoxe d'un travail « improductif », d'un travail qui ne fait rien, sous prétexte qu'il ne laisse pas forcément de traces matérielles derrière lui.

Ce caractère idéologique se perçoit encore mieux dans une autre opposition qui vient redoubler celle des deux formes de travail, celle de l'épargne et de la prodigalité, ou encore de la frugalité et de l'oisiveté. L'épargne est, à l'instar du travail productif, un stockage de temps, une

1. Sur les liens entre esthétique du sublime et dette, voir l'ouvrage de Peter de Bolla, *The Discourse of the Sublime,* London, Blackwell, 1989.

2. Adam Smith, *An Inquiry into the Nature and Causes of the Wealth of Nations,* ed. E. Cannan, University of Chicago Press, 1976.

trace de temps inscrite sur le corps des choses et que l'on garde pieusement, c'est la conservation d'un fragment de temps qui est susceptible de se conserver lui-même dans le temps et d'assurer ainsi la conservation de l'espèce. Le propos de Smith n'est pas trivialement économique, il a pour ambition de déterminer les conditions d'un « vivre-ensemble » harmonieux dans la durée de l'histoire. On ne peut alors que remarquer combien le vocabulaire religieux vient imprégner tout ce discours[1]. Ainsi le terme de « perpetual fund » désigne généralement les fonds laissés par testament pour des messes chantées pour le repos des âmes, mais surtout c'est ici avec la qualification de la dépense comme *perversion* de la frugalité des ancêtres, de cette *pieuse fondation* dilapidée dans l'oisiveté, qu'on a un retournement total du lexique et des valorisations des sociétés traditionnelles : la pieuse fondation ne recouvre plus la dette nécessaire envers les dieux ou les ancêtres, la dépense et l'oisiveté dans lesquelles il fallait se maintenir ; elle est désormais fonction de l'épargne et de la conservation du temps.

Il reste bien une dette envers les ancêtres, cependant loin de conduire à dépenser pour eux, par respect pour eux et en leur honneur, mais aussi par crainte de leur puissance, il s'agit au contraire de produire et d'accumuler. Non plus de donner des présents aux instances sacrées du passé, mais de produire du présent et de le faire ainsi passer dans l'ordre des signes et des marchandises, conserver le présent dans le futur. C'est pourquoi Adam Smith part en guerre contre la dilapidation du présent : « Pour ce qui est de la profusion, le principe qui engage à dépenser est la pression pour la réjouissance présente, qui, quoique parfois violente et bien difficile à restreindre, n'est en général

1. « Parsimony, and not industry, is the immediate cause of the increase of capital [...]. Whatever industry might acquire, if parsimony did not save and store up, the capital would never be greater. By what a frugal man saves, he not only affords maintenance to an additional number of productive hands, [...] he establishes as it were a perpetual fund for the maintenance of an equal number in all times to come. [...] The prodigal perverts it in this manner. By not confining his expence within his income, he encroaches upon his capital. Like him who perverts the revenues of some pious foundation to profane purposes, he pays the wages of idleness with those funds which the frugality of his forefathers had, as it were, conservated to the maintenance of industry » (II, 3, 16-19).

que momentanée et occasionnelle. Mais le principe qui nous engage à épargner est le désir d'améliorer notre condition, un désir qui, quoique généralement calme et sans passion, naît avec nous dans l'utérus et ne nous quitte que dans la tombe. »[1] À la dépense s'oppose donc l'épargne, comme au divertissement et à l'enjouement, à la jouissance du moment présent s'oppose le désir d'améliorer sa condition, ou encore comme la passion violente et difficile à contrôler au désir calme et dépassionné, un désir éminemment raisonnable. Mais le plus remarquable tient au redoublement des oppositions temporelles où l'intérêt pour un certain mode temporel est dupliqué par la temporalité spécifique de cet intérêt : la passion pour le moment présent ne saurait être elle-même que momentanée et occasionnelle, tandis que le désir d'améliorer sa condition, et donc de stocker du temps, relève lui-même d'une continuité temporelle qui entraîne tout individu de sa naissance à sa mort.

Or, c'est justement ce redoublement qui va permettre de valoriser le désir d'épargner par rapport à la passion de dépenser (outre bien sûr les valeurs opposées des couples passion/sans passion, violent/calme), dans la mesure où il est rattaché à un argument statistique : « Quoique le principe de dépense l'emportât presque en tout homme en certaines occasions, et chez certains en presque toutes les occasions, cependant dans la plus grande partie des hommes, en prenant la totalité de leur vie comme moyenne, le principe de frugalité semble non seulement prédominer, mais prédominer très largement. »[2] L'épargne, impliquant un exercice de continuité et de durée, s'avère donc dominer la pure intensité passionnelle de l'instant qui ne peut offrir que sa discontinuité et sa fragmentation. L'épargne, en tant que conservation du temps et de

1. « With regard to profusion, the principle which prompts to expence, is the pression for present enjoyment, which though sometimes violent and very difficult to be restrained, is in general only momentary and occasional. But the principle which prompts to save, is the desire of bettering our condition, a desire which, though generally calm and dispassionate, comes with us from the womb, and never leaves us till we go into the grave » (II, 3, 27) (ma traduction).

2. « Though the principle of expence, therefore, prevails in almost all men upon some occasions, and in some men upon almost all occasions, yet in the greater part of men, taking the whole course of their life at an average, the principle of frugality seems not only to predominate, but to predominate very greatly » (II, 3, 27) (ma traduction).

l'espèce, apparaît comme un principe de vie, alors que la passion de l'instant ne joue qu'à l'instar d'un principe de perte de soi et, au bout du compte, de mort. Ce qui condamne l'instant, la pure occasion, c'est qu'ils n'ont pas d'avenir. Aussitôt éclos, ils disparaissent sans laisser de trace, aspirés qu'ils sont par la violence du présent. Non seulement ils impliquent une absence d'avenir, mais encore une perte du passé, puisque les fonds perpétuels des ancêtres s'y évanouissent aussi vite. À l'inverse, l'épargne conserve le passé et se conserve dans l'avenir. Plus encore, elle est une ouverture de l'avenir, dans la mesure où elle permet une amélioration générale des conditions.

## L'EXEMPLE DE LA GRÈCE ANCIENNE : LE LOISIR ET LE DON

Pour nous, il est devenu évident que production et épargne sont les valeurs à l'aune desquelles nous mesurons tout le reste. Mais une semblable condamnation de la dépense et de l'oisiveté, même préparée par toute une série d'inflexions historiques, n'en demeure pas moins frappante et contraire à ce que nous savons des sociétés antiques ou des sociétés traditionnelles en général. Il vaut la peine de mettre en scène cette discontinuité majeure, ainsi que le réclamait Marc Bloch dans un souci d' « anthropologie comparée » : « La comparaison, aux mains des ethnographes, nous restitue par une espèce de choc mental, cette sensation de la différence [...] qui est la condition indispensable de toute saine intelligence du passé. »[1]

Ainsi le grec ancien ne possède aucun terme correspondant à notre « travail » (au sens d'activité productrice). *Ponos* désigne en fait toutes les activités réclamant un effort, et pas seulement le labeur du travail-

1. Marc Bloch, article de la *Revue de synthèse,* 1928, cité par Frédéric Barbier, « Postface » à Lucien Febvre, Henri-Jean Martin, *L'apparition du livre,* Paris, Albin Michel, 1999, p. 584, n. 75.

leur. L'*ergon* peut se rapporter aux travaux des champs (dans l'expression au pluriel *ta erga*), mais il renvoie toujours au fait, pour chaque chose, d'être le produit de sa vertu propre, le développement de son *arete.* Quant au *poiein,* il désigne surtout la fabrication artisanale, technique, en s'opposant au *prattein,* qui ne consiste jamais à produire quelque chose, mais uniquement à « dérouler une activité pour elle-même », en être l'usager et non le producteur. C'est pourquoi Jean-Pierre Vernant souligne que « l'idéal de l'homme libre, de l'homme actif [celui qui est dans la *praxis*], est d'être universellement usager, jamais producteur. Et le vrai problème de l'action, au moins pour les rapports de l'homme avec la nature, est celui du "bon usage" des choses, non de leur transformation par le travail »[1]. Si l'être humain ne peut au sens strict posséder le temps, il n'en saurait être que l'usager. Or, pour Adam Smith, si le temps est épargnable et stockable par le travail humain, c'est justement que l'homme sait le dominer. C'est en ce sens que l'oisiveté devient condamnable puisqu'elle repose sur le principe d'une immaîtrise du temps : tout l'illusionnisme de l'art de l'oisiveté réside dans le fait de savoir nous mettre *dans* le temps, certes pas d'enfermer du temps dans des objets. Au contraire, « à l'ordre de valeurs que constituent la contemplation, la vie libérale et oisive, le domaine du naturel, la culture grecque oppose, comme autant de termes négatifs, les catégories dépréciées du pratique, de l'utilitaire, du travail servile et de l'artificiel »[2].

C'est ce que l'on voit exemplairement chez Aristote lorsqu'il valorise, dans l'*Éthique à Nicomaque,* le « magnifique » aux dépens non seulement de l'homme libéral (prêt à donner et à dépenser), mais surtout du parcimonieux (qui est aussi bien l'avare, celui qui refuse de donner, que le pillard ou le joueur, ceux qui n'ont en vue que l'appât du gain). Il ne s'agit pourtant pas d'être prodigue n'importe comment et envers n'importe qui. Le magnifique est certes celui qui est capable de donner

1. Jean-Pierre Vernant, « Aspects psychologiques du travail dans la Grèce antique », dans Jean-Pierre Vernant, Pierre Vidal-Naquet, *Travail et esclavage en Grèce ancienne,* Paris, Éd. Complexe, 1988, p. 33.

2. Jean-Pierre Vernant, « Aspects psychologiques du travail dans la Grèce antique », p. 43.

énormément, il est surtout celui qui donne à bon escient : c'est un artiste en fait de dépense, celui qui reconnaît la dette de la société en son entier (qui la reconnaît au double sens de connaissance et d'acquittement). Le magnifique s'avère supérieur à l'homme libéral en ce qu'il a les moyens financiers de donner beaucoup plus que celui-ci, mais plus encore parce que cela lui permet de rendre les dettes de la communauté envers les dieux et les ancêtres : « Le magnifique en effet ne dépense pas pour lui-même, mais dans l'intérêt commun, et ses dons présentent quelque ressemblance avec les offrandes votives. »[1] Et, dans la dernière partie, quand Aristote s'interroge sur le meilleur état pour l'homme, c'est sans conteste la vie contemplative, c'est-à-dire une existence de *loisir* qu'il met au sommet des conditions sociales : « Cette activité paraîtra la seule à être aimée pour elle-même : elle ne produit *(ginetai),* en effet, rien en dehors de l'acte même de contempler *(theoresai),* alors que des activités pratiques nous retirons un avantage plus ou moins considérable à part de l'action elle-même. De plus le bonheur semble bien consister dans le loisir *(skhole)* : car nous ne nous adonnons à une vie active qu'en vue d'atteindre le loisir, et ne faisons la guerre qu'afin de vivre en paix. »[2]

Le loisir n'est pas important seulement parce qu'il autorise une disponibilité aux signes du monde et une attention à la venue du *kairos* ; il n'opère pas uniquement sur le mode d'un cadre temporel et social ; il permet d'appréhender la juste manière de régler ponctuellement les dettes envers ce qu'envoient les dieux, de saisir l'instant de leur don comme une dette, de réaliser que le loisir s'offre lui-même comme une dépense de temps, un refus de faire produire le temps. Le loisir est à la fois condition de possibilité de la prise en compte de la dette et reconnaissance implicite de la dette par la dépense de temps qu'il implique. Être dans le loisir, c'est entrer déjà dans le temps de la dette. Et admettre aussi que cette dette n'est *jamais pleinement remboursable* – ce pour quoi, justement, elle prend la forme d'une dilatation temporelle.

1. Aristote, *Éthique à Nicomaque,* trad. J. Tricot, Paris, Vrin, 1994, IV, 5, 1123 *a* 5.
2. *Ibid.,* X, 7, 1177 *b* 1-5.

## TEMPS DU TRAVAIL, TEMPS DU LOISIR

Au moment où l'on pense que le temps est maîtrisable, appropriable, la relation à la dette change considérablement. Durant le Moyen Âge, le travail reste certes dévalorisé par rapport au loisir de la vie noble ou monastique et l'usure est systématiquement condamnée en ce qu'elle implique une appropriation illégitime du temps qui n'appartient qu'à Dieu[1]. Pourtant, peu à peu, travail, production, profit usuraire s'imposent comme des activités de valeur sous la force du développement agricole, des échanges marchands et d'une structure féodale qui déplace le statut des travailleurs et du servage, sous la force aussi de la religion chrétienne qui, en remodelant les rapports entre ciel et terre à partir de la réforme grégorienne, provoque un nouvel intérêt spirituel pour les choses terrestres. C'est ainsi que, si l'on a connu depuis longtemps des critiques du « mauvais loisir » (visant non la dépense, mais la dissipation du temps : dans la mendicité par exemple), on trouve dans certains textes de mystiques du XIVe siècle toute une condamnation, en termes typiquement mercantiles, de la « perte de temps » dans le loisir, et la mise en place d'une comptabilité spirituelle du temps.

Dès l'aube de la Renaissance, le temps a « changé de mains » pour ainsi dire : il n'est plus la possession de Dieu, mais celle de l'homme. Comme l'affirme Alberti dans son *Libri della Famiglia,* « il y a trois choses que l'homme peut dire lui appartenir en propre : la fortune, le corps et le temps »[2]. Par ailleurs l'horloge, qui prend de plus en plus de place à partir du XIVe siècle, est devenu l'emblème par excellence de l'humaniste : celui qui sait régler son temps. Le renversement est tel qu'au XVIIIe siècle, Dieu, sera conçu justement sous cette figure éminente du contrôle humain sur le temps : Dieu devient un grand horloger, le champion de la machinerie temporelle. Cela ne signifie pourtant pas que le loisir dispa-

1. Voir Robert Fossier, *Le travail au Moyen Âge,* Paris, Hachette, 2000.
2. Voir Jacques Le Goff, *Pour un autre Moyen Âge,* Paris, Gallimard, 1977.

raisse rapidement du réseau des valeurs sociales, mais de réaménagement en déplacement, il perd peu à peu sa position suprême. Il faut désormais l'établir sous forme de loi : ainsi la dérogeance apparaît-elle à la fin du Moyen Âge comme un moyen de maintenir un statut social du loisir. Ou encore, chez les commerçants italiens s'instaure l'habitude de diviser en deux l'emploi du temps : le matin, les affaires, l'après-midi, les loisirs – emploi qui persiste dans les relations mondaines : c'est ainsi qu'on ne saurait, sauf à être son amant, visiter une dame le matin.

Ce n'est guère avant le XVIII^e siècle que le loisir occupe une position franchement dévalorisée et que travail et production prennent sa place sur le devant de la scène sociale. Il est significatif que Jean-Jacques Rousseau, dans une note de bas de page de son *Essai sur l'origine des langues,* récupère le paradoxe aristotélicien de la guerre poursuivie pour mieux vivre en paix, comme la vie active pour mieux accéder au loisir, avec une modification qui en déplace radicalement la portée : « Il est inconcevable à quel point l'homme est naturellement paresseux. On dirait qu'il ne vit que pour dormir, végéter, rester immobile ; à peine peut-il se résoudre à se donner les mouvements nécessaires pour s'empêcher de mourir de faim. Rien ne maintient tant les sauvages dans l'amour de leur état que cette délicieuse indolence. Les passions qui rendent l'homme inquiet, prévoyant, actif, ne naissent que dans la société. Ne rien faire est la première et la plus forte passion de l'homme après celle de se conserver. Si l'on y regardait bien, l'on verrait que, même parmi nous, c'est pour parvenir au repos que chacun travaille ; c'est encore la paresse qui nous rend laborieux. »[1] Le repos de la contemplation s'est mué en paresse de l'existence improductive. C'est qu'il s'agit désormais, avant tout, de ne plus « perdre son temps » en le soumettant à des calculs rationnels s'exprimant en valeur-travail. Tel est le nouvel équivalent général des pratiques humaines, ce qui autorise et légitime le code de l'économie politique[2].

1. Rousseau, *Essai sur l'origine des langues,* Paris, Bibliothèque du Graphe, 1969, p. 521.

2. Pas seulement d'ailleurs l'économie politique puisque le concept de travail trouve justement sa formulation en physique autour de 1800. Voir sur ce point François Vatin, *Le travail : économie et physique, 1780-1830,* Paris, PUF, 1993.

## TEMPS ET DETTE

Ce bouleversement du rapport au temps déplace aussi la relation à la dette. Dans l'ancien rapport aux dieux ou aux ancêtres, on était *dans* le temps – et même si ce temps n'était pas le même que l'âge d'or des dieux, il y trouvait son origine. Sans doute, la distance des dieux aux hommes restait grande, mais le temps des hommes se fondait dans celui des dieux dans la mesure où c'étaient les dieux qui *donnaient* le temps (ce qui leur allouait aussi la possibilité de s'y introduire au besoin, ici ou là, demain ou hier). Avec ce réaménagement du temps et la désimbrication du ciel et de la terre, des dieux et des hommes, le temps devient une possession humaine, mais la dette ne peut plus être soumise au même poids du passé. La *pesanteur* du passé qui, dans une société traditionnelle, permet de maintenir les hommes dans un champ magnétique homogène, apparaît en fait de plus en plus *pesante*.

Le passé n'est plus ce qui fonde l'unité des personnes, ce qui les rassemble dans une communauté d'expériences et d'apprentissages, il est maintenant vécu comme un obstacle au sain développement de l'individu et de la société. On ne reconnaît plus une dette envers le passé, on cherche à investir dans l'avenir. Il devient dès lors essentiel, dans ce mouvement qui prend la figure récente du « processus » et qui s'appuie avant tout sur une dynamique du nouveau, d'oublier la dette envers le passé[1]. « Connaître le passé est une manière de s'en

1. Sur cette importance accordée au « processus », Hannah Arendt note que « les théoriciens politiques à partir du XVIIe siècle furent en présence d'un processus inouï d'accroissement de richesse, de propriété, d'acquisition. En essayant d'expliquer cette augmentation constante, ils remarquèrent naturellement le phénomène du processus progressif, de sorte que [...] le concept de processus devint le concept clef de l'époque et de ses sciences, historiques et naturelles. Dès le début, on se représenta ce processus, puisqu'il paraissait sans fin, comme un processus naturel et plus spécialement sous l'aspect du processus vital. [...] De toutes les activités humaines seul le travail (ni l'action ni l'œuvre) ne prend jamais fin, et avance automatiquement d'accord avec la vie » (*Condition de l'homme moderne,* trad. Georges Fradier, Presses Pocket, 1983 [1958], p. 152).

libérer »[1], affirmait Raymond Aron, mais on peut supposer que cette remarque est d'autant plus juste qu'elle s'adosse à un mouvement historique qui s'est *d'abord* dépris du passé et, du coup, a métamorphosé cet Autrefois envers lequel chacun se sentait endetté en objet de connaissance. La dette se trouve alors déplacée et prise en charge par une nouvelle discipline, l'esthétique, dans la mesure où il s'agit de thématiser la question de la valeur en la maintenant dans l'orbe du loisir ; cependant il est aussi un autre lieu discursif, un autre territoire disciplinaire, portant un nom vénérable, mais dont les procédures et les opérations de légitimation vont subir une mutation d'importance au cours des XVIIIe-XIX[e] siècles, et qui va servir à reconfigurer la dette envers le passé : l'histoire.

1. Raymond Aron, *Dimensions de la conscience historique,* Paris, Plon, 1985 [1964], p. 87.

# Notice 2

## *Sur l'héritage*

Une des figures sociales les plus classiques de la dette est l'héritage. Si le modèle de la famille a été si souvent invoqué pour phantasmer les origines de la société (ou si les relations de parenté ont tant occupé les anthropologues), c'est aussi qu'il donne une structuration visible à l'invisible dette envers les ancêtres. Ce que je suis ne vient pas de moi seul, mais c'est bien à moi de répondre à tout ce qui m'a été légué : le lignage, la protection, l'affection, la langue, les jeux, les fables, les soins ou l'avenir. En faisant de l'individu l'instance nécessaire d'une invention de soi, les sociétés modernes ont à l'évidence donné un autre tour à cet endettement constitutif. Il est alors intéressant de saisir comment les ressorts de contes traditionnels peuvent encore dire la rencontre problématique avec cet autre sens de la dette.

Dans deux des *Contes d'Amadou Koumba* de Birago Diop[1], l'un intitulé « Vérité et mensonge » et l'autre « L'héritage », sont mis en jeu toute une série de relations sociales, en particulier les rituels de l'hospitalité, les lois de l'héritage et les nécessités du mariage. En jouant sur les représentations et en mettant en scène les procédures mêmes du discours (symbolisation, relation au vrai et au faux, performativité), ces deux contes montrent comment on peut à la fois décrire certains effets de crise à l'intérieur des règles communes d'existence et transformer, par l'humour, une inquiétude sociale en leçon exemplaire.

1. Birago Diop, *Contes d'Amadou Koumba,* Paris, Présence africaine, 1961.

Le premier de ces contes oppose, de façon très classique, les pouvoirs respectifs de la vérité et du mensonge. Alors que la sagesse proverbiale affirme la valeur de la vérité et le peu d'estime où l'on tient le mensonge, le conte en montre le revers – ou la mauvaise lecture. À dire par exemple que vérité et mensonge sont « comme la nuit et le jour » et que « le bon Dieu aime la vérité », on appréhende certes l'opposition même qui les lie, mais le conte exhibe le fait que la puissance sociale du mensonge est peut-être rigoureusement inverse de l'échelle divine des valeurs. Au moment où, en effet, Fène-le-Mensonge et Deug-la-Vérité doivent voyager ensemble, celui-là avoue qu'il lui vaut mieux s'effacer et la laisser parler aux gens de rencontre, puisque tous les hommes, à l'instar de Dieu, doivent la préférer à lui, mais l'expérience ne tarde pas à montrer le contraire. À deux reprises, face à des conduites irrespectueuses des lois traditionnelles de l'hospitalité et de la chefferie, Deug-la-Vérité ne manque pas de dire crûment ce qu'il en est et se trouve à chaque fois chassé de ces villages où ils espéraient se reposer et se restaurer. Fène-le-Mensonge comprend alors la situation et dit à Deug-la-Vérité « si tu plais au bon Dieu, les hommes ne t'apprécient pas outre mesure ». D'où un renversement de la tactique, c'est désormais la Vérité qui doit se taire et le Mensonge parler partout où ils passent.

C'est ainsi qu'ils arrivent dans un village dont le roi vient de perdre son épouse et aspire à la rejoindre. Dès que Fène apprend cela, il fait dire au roi que, lui, sait comment « ressusciter des personnes mortes même depuis longtemps ». Vérité et Mensonge sont aussitôt logés et nourris abondamment. Quand il s'agit de passer à l'acte, Fène exige d'abord du roi la moitié de ses biens pour faire revenir son épouse disparue, puis il fait ériger une case sur le tombeau pour ses opérations magiques. On pourrait penser qu'il s'agit maintenant de sortir du piège, dans lequel Fène s'est lui-même installé, en avouant la vérité, au besoin expliquée par quelques maléfices – mais, de façon toute logique, Fène-le-Mensonge ne peut jamais dire la vérité. C'est par un principe de surenchère que la croyance est produite : plus énormes sont les mensonges que Fène invente, plus on le croit et on souscrit à ce qu'il exige. Mais ce qui m'intéresse ici est le lien tissé entre vérité, mensonge et mémoire. Car l'astuce de Fène est de prétendre que, s'il a bien ramené l'épouse du roi de sa tombe, l'ancien roi, son père, s'est aussitôt accroché à ses pieds et lui a promis tous les biens de son fils s'il le tirait de là aussi, et le grand-père a saisi les pieds de son fils et a promis les biens du petit-fils et du fils, et ainsi de suite, de sorte que, du coup, tous les ancêtres du roi sont là, formant une chaîne indéfectible, et aspirant tous à sortir de la mort, au prix des possessions de leurs descendants. C'est évidemment cher payé pour une épouse, même aimée, d'autant qu'il ne s'agit pas seulement des biens, mais aussi des relations anciennes entre le père et le fils : il « avait toujours eu peur du roi défunt dont il avait, aidé des notables, précipité la mort ». La solution que propose Fène est alors de laisser épouse – et donc ancêtres – là où ils sont, en échange de la même somme qu'il devait toucher pour la faire revenir. Et le roi s'empresse d'accepter.

On voit par là qu'un des enjeux du conte est la dévalorisation dans la société des hommes, non seulement de la vérité, mais aussi de la mémoire – et du respect des traditions qui l'accompagne. Tout ce qui constituait les liens organiques d'une communauté traditionnelle : respect des anciens, lois de l'hospitalité, devoir de générosité, semble désormais battu en brèche. Loin de se résoudre donc à une simple opposition de la vérité et du mensonge, c'est, de façon significative, toute la mémoire collective qui est en jeu et surtout le statut de cette mémoire dans une société qui ne semble plus souscrire aux principes de la transmission de la tradition. L'image de cette chaîne d'ancêtres menaçant de surgir du fonds des temps et de ruiner le roi vivant indique bien la pesanteur du lien ancestral. Si la tradition et le poids des anciens étaient ce qui donnait identité et stabilité aux individus au sein de la communauté, ils apparaissent désormais inutiles et encombrants face aux nouvelles réalités économiques et sociales. L'ironie du conte étant bien sûr, qu'une fois que l'on a ainsi renoncé aux valeurs traditionnelles et à la vérité qui leur était liée, c'est par le mensonge si bien reçu que l'on est trompé et floué. Comme le souligne Franca Marcato : « Mensonge [...], non seulement ne contrevient pas à la tradition, mais assume le rôle du vengeur par rapport au roi et aux notables qui avaient accéléré la mort du vieux roi et violé les lois les plus anciennes et les plus sacrées. »[1]

La tradition n'est autre chose que la transmission – et ce qui est nié, rejeté par le jeune roi, que ce soit en éliminant le roi son père ou en refusant le retour, la présence effective, auprès de lui, de ses ancêtres, c'est justement la nécessité sociale de la transmission. Un autre conte de Diop, « L'héritage », porte à l'évidence sur ce même problème. Au moment de sa mort, le père indique à ses trois fils trois outres en guise d'héritage. Quand ils les ouvrent, ils trouvent dans l'une des bouts de corde, dans la seconde de l'or et dans la dernière du sable. Comme ils ne comprennent pas le sens de cet héritage, ils font appel à leurs anciens qui les renvoient à ceux du village d'à côté, et ainsi de suite, jusqu'à ce que le plus vieux de la région mentionne le nom de Kém Tanne, l'homme qui savait tout, dont il avait entendu parler, tout jeune, par la grand-mère de sa grand-mère. Le conte met ainsi en scène la succession harmonieuse des âges et le principe même de la transmission du savoir, tout en en soulignant l'essentielle fragilité : nul ne connaît plus le nom de Kém Tanne que le plus vieux de tous les vieux. Voici donc les trois frères lancés à la recherche de Kém Tanne.

En chemin ils font diverses rencontres surprenantes qu'ils ne parviennent pas à s'expliquer : « M'Bam Hal (le phacochère) vêtu d'un grand boubou rouge, coiffé d'un bonnet blanc à deux pointes, chaussé de babouches jaunes et dévidant un chapelet dont chaque grain était plus gros qu'une noix de cola » ; « Diakhalor-le-Bouc, bavant et chevrotant, qui luttait une souche de tamarinier à moitié engloutie par une termitière » ; dans des paturages maigres, un taureau gras, dont le « corps était couvert d'abcès qui suppuraient » ; dans une prairie apparemment fertile, mais dont les herbes ressemblaient à de la cendre et dont l'eau était amère, une vache « si maigre que l'on voyait à travers son ventre » ; dans un désert de sable, une vache grasse auprès d'une petite touffe d'herbe et d'une flaque d'eau dont les chevaux des frères purent se rassasier sans les épuiser ; une biche à trois pattes qu'ils ne

1. Birago Diop, *I racconti di Amadou Koumba,* trad., note e postfazione di Franca Marcato Falzoni, Bologna, Pàtron Éd., 1979, p. 185 (ma traduction).

purent jamais rattraper. Après quoi ils arrivent enfin au village de Kém Tanne qu'ils découvrent sous les traits étonnants d'un jeune enfant. Par quoi l'on saisit combien Kém Tanne est une allégorie de la tradition, ce sur quoi le temps ne saurait avoir de prise, ce qui, plus ancien que le plus ancien est néanmoins aussi jeune qu'un jeune enfant. La tradition n'est pas hors temps, mais emplit le temps d'une plénitude exemplaire : « La tradition, c'est l'a-temps, ou l'achronie, non pas une négation du temps ou son absence, mais son épaisseur. »[1] Les individus sont donc plongés dans la tradition, comme ils sont immergés dans le temps – et la tradition, bien ingérée, est ce qui donne à l'intériorité des êtres le sens d'une identité et d'une continuité qu'ils ne sauraient assumer ou produire seuls.

Tel est bien ce que le conte montre par le récit lui-même : les rencontres étonnantes des trois frères posent, en effet, dans leur symbolique, ce même problème de continuité et d'intériorité. Mais il faut l'interprétation de Kém Tanne pour le discerner, car la tradition nécessite toujours des intermédiaires et des médiateurs, puisque la tradition n'est rien en dehors de sa transmission (sauf à être morte et à devenir objet du passé). À l'inverse du mauvais roi qui refuse, dans « Vérité et mensonge », de voir revenir à la vie ses ancêtres, Kém Tanne célèbre l'euphorie temporelle de la tradition par le soutien des ancêtres (*euphorie* au sens littéral du terme : ce qui porte bien) : « Vos aïeux et les aïeux de vos aïeux ont passé par ici, conduisant votre père et sa charge de bonnes actions que le soleil ramassait chaque jour au cours de sa belle vie. »

Ce n'est pas un hasard si ces deux contes, où est thématisée la question de la tradition, épousent la forme du voyage. À se confondre avec le processus de transmission, la tradition se révèle n'être autre chose qu'un voyage, un parcours toujours initiatique, où le rythme même de la transmission et de la marche des événements est collé à la révélation de sa vérité. Mais cette révélation dépend bien sûr d'une voix, d'une médiation autorisée qui sait interpréter le mystère des rencontres et des événe-

1. F. Lumwanu, cité par Simon Agbéko Amegbleame, « La littérature orale comme mode de connaissance et méthode d'investigation », *Présence africaine,* 1986, n° 139, p. 45.

ments quotidiens. Kém Tanne explique donc ce que revêtaient les étranges phénomènes observés lors de leur voyage. Le phacochère habillé et disant son chapelet est comme un roi déchu qui, en se faisant marabout, cherche à conserver sa splendeur passée : « Sa dévotion n'est qu'extérieure. » Le bouc qui lutte avec une souche est ainsi qu'un jeune homme qui a épousé une femme plus âgée : leur union est stérile. Le taureau gras dans le désert avec des abcès sur tout le corps est « l'homme au grand cœur, l'homme de bien, l'homme d'honneur » qui « conserve égal son caractère en dépit des méchancetés ». La vache maigre au milieu d'une riche prairie est comme la méchante femme qui ne donne rien de ses richesses et qui gâche tout ce qu'elle touche. À l'inverse, la vache grasse près d'un peu d'herbe et d'eau est « la femme au grand cœur, la bonne épouse, la mère généreuse » qui se satisfait de peu et « donne sa part à qui franchit le seuil de sa maison ». Enfin, la biche à trois pattes que l'on ne peut atteindre, c'est « le monde, c'est la vie [...] imparfaite, fugitive et inexorable. Rien ne l'arrête, rien ne l'atteint ».

Si l'on considère l'ensemble des interprétations, on s'aperçoit que toutes convergent en deux points : l'opposition intérieur/extérieur et la question de la durée. Phacochère et bouc ne s'occupent que de l'extérieur et abandonnent leur intériorité à la stérilité la plus évidente, la vache maigre qui entend retenir au-dedans tout ce qui doit être partagé renie la nécessaire extériorité de la vie sociale. Au contraire, le taureau ne se préoccupe pas de son apparence, mais, par son bon cœur, assure l'harmonie entre intérieur et extérieur, et la vache maigre, en dépit de son aspect repoussant, parvient à donner beaucoup aux autres. Quant à la vie représentée par la biche, elle est à la fois en nous et hors de nous.

Par ailleurs, c'est à chaque fois la question de la durée qui apparaît, puisque le phacochère-roi déchu qui se transforme en marabout cherche avant tout une abusive continuité de sa gloire ancienne. Le bouc-jeune homme ne prend pas garde au fait que sa femme âgée ne permettra pas au lignage de continuer. La vache grasse, à tout garder pour elle, ne peut non plus assurer la continuité de l'existence. Quant au taureau et à la vache maigre, ils se « conservent égaux » (même si l'on observe que la femme, à la différence de l'homme, est qualifiée par ses liens familiaux : « l'homme au grand cœur, l'homme de bien, l'homme d'honneur », d'un côté, « la femme au grand cœur, la bonne épouse, la mère généreuse », de l'autre). La biche, enfin, montre bien cette intarissable continuité de l'existence que nous poursuivons sans cesse et ne pouvons jamais saisir.

À un niveau plus général, cette insistance sur la relation intérieur-extérieur et sur l'opposition continu-discontinu marque encore une fois le rapport à la tradition, car c'est bien la tradition qui enseigne comment gérer et ordonner les relations entre intériorité et extériorité, autant que la nécessité sociale d'assurer la continuité et, pour ainsi dire, le *legato* des existences. De façon plus partielle et plus sourde, il s'agit encore une fois, comme dans *Vérité et mensonge,* de voir la fragilité et la puissance de la tradition. Phacochère, bouc ou vache trop grasse – roi déchu, jeune homme insoucieux de l'avenir du lignage et femme avare, témoignent tous d'une potentielle négation de la tradition, tandis que les autres personnages de rencontre indiquent, chacun à leur manière, comment établir une harmonie entre identité personnelle et devoir du groupe, entre autorité intérieure et échange avec l'extérieur.

Alors peut enfin être expliqué le mystérieux héritage des trois fils. Le sable est l'image des terres léguées, les bouts de corde, ce par quoi les troupeaux étaient attachés, et l'or ne renvoie qu'à lui-même – mais, plus essentiellement, au lieu d'avoir répartir entre chacun ces trois ordres de richesse, le père les a distribués en bloc, afin de les forcer à partager : « Que feras-tu de l'or qui ne se mange pas ? Que désireras-tu que tu ne trouves dans la case de ton père si tes frères veulent partager avec toi leur héritage ? » Les outres n'étaient en fait, elles-mêmes, que des signes, « les images des vrais biens ». Ce qu'elles contenaient n'étaient pas seulement ce qui était légué matériellement, mais surtout ce qu'il fallait découvrir au bout d'un voyage initiatique dans l'espace et le temps de la tradition – là où l'on apprend ce que partager veut dire, et donc ce qui constitue une communauté[1].

1. « La littérature orale est pour l'individu un facteur d'intégration au groupe social. Elle lui confère un parfait équilibre en lui fournissant l'occasion de résoudre les divers problèmes qui peuvent se poser à lui : problèmes moral, religieux, métaphysique » (Simon Agbéko Amegbleame, « La littérature orale comme mode de connaissance et méthode d'investigation », p. 48).

Faut-il ajouter que les outres, à ne contenir que l'image des vrais biens et la nécessité de leur répartition, indiquent encore une fois que la frontière entre intérieur et extérieur doit devenir suffisamment poreuse pour permettre les échanges qui font la vie sociale ? Là où l'interrogation portait, au début, sur l'étrange contenu des outres, le questionnement tient désormais à savoir comment enchevêtrer ces contenus, mis au-dehors d'eux-mêmes, dans les échanges de la vie quotidienne. De la même façon que les outres sont les images des vrais biens (ceux du partage et de la communauté), le conte, lui aussi, opère comme l'image des vrais bénéfices (ceux de la tradition et de la mémoire collective ainsi réactivées). Le parcours initiatique, le voyage vers la source du temps et de la tradition qui est mis en scène dans le conte est également mise en scène du conte lui-même comme ressourcement dans les lieux pérennes de la mémoire. L'héritage qui fait l'objet du conte est aussi ce qui anime le conte : la tradition n'est autre que la longue gestion, indéfiniment répétée, d'un héritage.

Le conte ne finit pourtant pas là – au moins dans sa version écrite. Car Birago Diop, de façon peu usuelle dans l'ensemble de ses contes, sent la nécessité de marquer le contexte moral et anecdotique de la réitération du conte : « Ceci me fut conté par Amadou-Koumba un soir que nous venions de rencontrer un jeune homme qui avait épousé une femme plus âgée que lui. » Il situe ainsi la source immédiate du conte, ce qui en a provoqué la venue : la rencontre du jeune homme a rappelé cet épisode du bouc luttant une souche tel qu'il est interprété par Kém Tanne. Par cette mise en cause du lignage, par cette possible stérilité familiale, c'est bien toute la communauté entendue comme dynamique temporelle de la tradition qui révèle sa fragilité et peut-être sa proche extinction. On voit au passage comment fonctionnent conte et mémoire : c'est d'un épisode du quotidien que le conte surgit, et la morale n'est jamais séparable de l'actualité de la mémoire, de même que les individus mis en scène sont toujours là pour mieux affirmer la puissance du collectif. « Dans ce cadre, rappelle Bassirou Dieng, le discours littéraire a pour objet l'itinéraire du groupe et non l'expérience individuelle. »[1]

1. Bassirou Dieng, « Du mode d'ancrage culturel des contes », *Annales de la Faculté des lettres et sciences humaines,* n° 20, 1990, p. 41.

Le propre de la tradition – et de la forme mémorielle que représente le conte –, c'est la répétition qu'elle engendre. Tel est exactement ce que Birago Diop souligne à l'orée de son premier conte : « Sortir de son propos – souvent à peine y être entré – pour mieux y revenir, tel faisait à l'accoutumée Amadou-Koumba, dont je rapporterai les dits et dont un jour sans doute je conterai les faits. Souvent, sur un mot de l'un de nous, il nous ramenait loin, bien loin dans le Temps. Souvent aussi, un homme qui passait, le geste d'une femme, faisaient surgir de sa mémoire des contes et les paroles de sagesse que le grand-père de son grand-père avait appris de son grand-père. »[1] La séduction des contes, mais aussi leur efficace sociale, tient à cette remontée dans l'ancestral du temps, dans la légitimation des pratiques quotidiennes qu'alloue la possibilité de trouver au-dehors de soi, au-delà de sa propre temporalité, la valeur des conduites et des gestes du quotidien. Ce n'est pas par hasard que les interprétations de Kém Tanne, de cette allégorie de la Tradition, jouent autant sur le continu-discontinu et sur le dedans-dehors, car ce que propose la tradition est justement de légitimer toute discontinuité des pratiques sociales sur le fond d'une continuité immanente à la communauté, mais assurée par la transcendance d'une tonalité immémoriale, d'une part, et d'autre part, de régir les relations individu-communauté selon un échange réglé entre le dedans et le dehors qui reproduit la nécessité de toute communauté traditionnelle, à savoir le fait que lois, coutumes et pratiques journalières sont issues d'un dehors inaccessible que l'on doit rituellement réitérer.

Cela est loin de signifier que toute innovation soit fatalement impossible. Il faut différencier fortement pratiques effectives et appareils de légitimation. Il suffit pour toute pratique novatrice de s'appuyer sur une source du passé, voire de se donner comme issue d'un passé immémorial, pour être validée, si la communauté accepte bien d'oublier la nouveauté de cette pratique. Les communautés traditionnelles doivent *paraître* immobiles – cela ne veut pas dire qu'elles le soient (de même que les sociétés modernes doivent *paraître* mobiles et innovatrices, sans

1. Birago Diop, *Contes d'Amadou Koumba,* p. 13.

qu'elles soient toujours effectivement à la hauteur de leurs prétentions). C'est en quoi les contes peuvent à la fois témoigner du plus lointain passé et thématiser des conduites nouvelles ou des problèmes récents.

Le prix à payer pour cet héritage du passé est un anonymat généralisé. La voix qui dit le conte n'est autre que la voix des temps immémoriaux, et cette voix ne saurait avoir de nom. Elle peut trouver une actualisation dans tel ou tel griot, mais ils ne sont jamais possesseurs des paroles qu'ils débitent. C'est pourquoi, ainsi que le fait remarquer Bernard Zadi, « nulle part dans le conte africain, nous ne décelons la moindre trace d'autobiographie. Toujours et toujours, l'artiste disparaît derrière la collectivité. [...] Le conte africain est sagesse. Il est également dans bien des cas, réflexion critique sur l'histoire du peuple et des rois. [...] Parce qu'il est étroitement lié à la vie quotidienne du peuple, parce que son but didactique est sans cesse affirmé, le conte africain a généralement comme moteur les contradictions inhérentes à la société africaine »[1]. La possibilité de thématiser certains problèmes nouveaux, au sein des communautés traditionnelles, vient de ce que l'on peut toujours trouver (et au besoin inventer) dans la sagesse du passé de quoi les penser. À la condition de dénier à soi-même l'origine de telles réflexions. Le conte doit toujours venir de plus loin que de soi. Tel est exactement ce que Birago Diop met en scène lorsqu'il affirme ne faire que transcrire des contes dits par Amadou-Koumba – mais c'est là, bien entendu, mise en scène. D'autant que le passage à l'écrit transforme profondément les circuits de production et de réception des contes. À l'immédiateté de la circulation rituelle des contes et de la présence immanente de la tradition, fait place une autre forme d'immédiateté, celle de l'écriture et la réalité d'une absence essentielle, celle de l'auteur : car ces deux nécessaires puissances d'immédiateté supposent tout une série divergente de médiations sociales.

Ce n'est pas dénier toute authenticité aux contes ainsi rapportés, mais souligner que cette authenticité repose sur des pratiques et des rituels de légitimation étrangers aux communautés traditionnelles. Dans

1. Bernard Zadi, « Traits distinctifs du conte africain », *Revue de littérature et d'esthétique négro-africaines*, Abidjan, Nouvelles Éditions africaines, 1979, p. 20-21.

ces contes, la tradition est toujours présente, mais comme mise en scène. Comme l'indique Senghor : « Birago Diop ne prétend pas faire œuvre originale ; il se veut disciple du griot Amadou, fils de Koumba, dont il se contenterait de traduire les *dits*. Mais, on le devine, c'est par modestie. Car Birago Diop ne se contente pas du mot à mot. Il a vécu comme seuls savent le faire les auditeurs négro-africains, les récits du griot ; il les a repensés et écrits en artiste nègre et français en même temps, se souvenant que *traduttore traditore.* »[1] Cette trahison est une composante essentielle du processus de la littérature dite orale, et le conte sur Vérité et Mensonge en constitue une remarquable parabole. Dans un monde où la vérité n'est plus immédiatement liée aux pratiques traditionnelles, où elle n'est plus aimée des hommes comme elle l'est encore de Dieu, le mensonge de l'écriture de la voix – jusque dans cette référence bien européenne au *traduttore traditore...* – est l'ultime vengeance d'un monde dépris de son ancienne fidélité à la mémoire.

Tout faire traditionnel semble donc bien indexé sur les legs, les dons et les partages, bref, sur des transmissions. Et les problèmes des modalités et des styles de transmission traditionnelle font encore partie des réaménagements incessants de la voix de la tradition. Les indispensables productions de la vie sociale transitent nécessairement par les héritages, y compris lorsque les legs deviennent opaques : le travail le plus important n'est pas celui que l'on exerce sur soi-même pour mieux s'engager sur la scène de la société, c'est le travail d'interprétation des phénomènes que l'on reçoit. L'inquiétude perpétuelle, dans les sociétés traditionnelles, porte donc sur la temporalité des phénomènes et la crainte que l'histoire ne se *défasse* comme un héritage incompréhensible. À l'inverse, les sociétés modernes sont anxieuses de devoir *faire* l'histoire de crainte de voir ses membres ne plus comprendre leur place dans le monde.

1. Leopold Sédar Senghor, « Les nouveaux contes d'Amadou Koumba », *Présence africaine*, n° 17-18, février-mai 1958, p. 208.

# Chapitre IV

## L'occasion et le plaisir

### LES DEUX FABRIQUES DU TEMPS

« “Mieux vaut agir que ne rien faire”, voilà encore un de ces principes chargés à balle qui risquent de porter le coup de grâce à toute culture supérieure, à toute suprématie du goût. Cette frénésie de travail sonne le glas de toute forme ; pis, elle enterre le sentiment même de cette forme, le sens mélodique du mouvement. [...] Car la vie, devenue chasse au gain, oblige l'esprit à s'épuiser sans trêve au jeu de dissimuler, de duper ou de prévenir l'adversaire ; la véritable vertu consiste maintenant à faire une chose plus vite qu'un autre. [...] Chaque jour le travail accapare davantage la bonne conscience à son profit. [...] Eh bien, autrefois, c'était le contraire : c'était le travail qui donnait des remords. Un homme bien né *cachait* le sien, si la misère le contraignait à en faire un. L'esclave travaillait, accablé par le sentiment de faire quelque chose de méprisable : “faire” à lui seul l'était déjà. “Il n'est de noblesse et d'honneur que dans le loisir et la guerre” : ainsi parlait le préjugé des anciens. »[1] Tout en laissant de côté le « préjugé » nietzschéen selon lequel le travail s'opposerait au « goût » de la culture supérieure, alors

1. Friedrich Nietzsche, *Gai savoir,* trad. Alexandre Vialatte, Paris, Gallimard, 1950, § 329.

même que goût et culture sont bien les produits d'un identique mouvement historique et « résultent » du travail plus qu'ils ne s'y heurtent, ce qui m'intéresse ici, outre la très juste révolte de Nietzsche contre l'arrogance du travail et l'oubli de l'oisiveté, c'est la référence au « faire », au sens d'une fabrication et d'une production, dans la mesure où elle permet d'entendre le scepticisme nietzschéen à l'égard de l'historiographie.

De même que le temps semble impossible à arrêter, sinon sous la forme larmoyante d'un faux espoir romantique ( « ô temps suspends ton vol... » ), la production ne cesse de sonner son tocsin pour appeler à la guerre du temps toutes les énergies humaines. Mais ce tocsin (comme toujours) est aussi un glas : il enterre non seulement la forme, mais la mélodie du mouvement, car la forme n'est pas figée, elle est cette fixation fragile de ce qui bouge, cette puissance d'arrêt où il devient possible de *lire* une ligne mélodique sous le chatoiement ondoyant des notes que le temps dissout. La forme est ce qui reste du mouvement quand le mouvement a disparu : c'est une image-souvenir. L'insistance, au contraire, sur le travail fait découvrir le principe d'entropie comme le souci de l'information fait surgir le bruit. Au progrès indéfini correspond alors l'usure incessante : la production a ceci d'infernal qu'elle ne peut qu'impliquer impatiemment de la reproduction ou se dupliquer frénétiquement en pseudo-nouveauté, jamais engendrer de la forme, cette patience du temps qui passe. La marchandise stocke du temps de travail, l'image-souvenir forme une mélodie du temps.

À partir du moment (qui se distribue, en fait, en de multiples moments) où les hommes ont le sentiment qu'ils font leur propre histoire, à dater du jour (qui se disperse, en réalité, en d'irrepérables journées) où ils se produisent chacun dans la fabrique du social et en sociétés à actions à la bourse du politique – « mieux vaut agir que ne rien faire » –, ils travaillent à l'écriture de leur histoire, afin de soumettre le passé au savoir, le présent à la nouveauté et l'avenir à la prévision. De plus en plus, les savants remplacent les prophètes. Il ne s'agit pas en cela d'un simple déplacement d'accent : ici on recevait la valeur du passé, là on la produit dans l'avenir. C'est tout le dispositif temporel qui est bouleversé.

D'un côté, le passé d'où provient toute autorité, toute identité, tout sens doit sans cesse investir le présent, afin de le fourbir de valeur, au point de s'y évanouir en tant que chose passée – c'est pourquoi il est si facile aux sociétés traditionnelles d'*oublier* et de réinventer le passé utile au présent –, et il doit aussi se projeter dans le futur sous la forme de répétitions rituelles et de prophéties déchiffrées dans des déchirures du temps – c'est pourquoi il est si nécessaire à ces sociétés de se remémorer le passé indispensable au présent –, répétitions et déchirures qui ne s'opposent pas, car la répétition est elle-même principe de déchirure et la déchirure l'apanage de la répétition : le temps est la blessure infligée par les dieux aux corps des hommes.

De l'autre côté, le passé révolu doit être maîtrisé de présent en présent pour mieux en prévenir le retour – c'est pourquoi il est si difficile aux sociétés modernes d'*oublier,* car chaque moment du passé peut devenir, dans les mains de tel ou tel, instrument de propagande, de légitimation ou de conflit –, et c'est le présent qui doit se projeter dans l'avenir sous la figure indéfiniment découpée de la nouveauté, de la mode et du progrès – c'est pourquoi il est si nécessaire à ces sociétés d'historiciser chaque présent afin d'en comptabiliser les brusqueries et les incessantes révolutions –, progrès et découpes qui s'opposent, mais s'impliquent réciproquement, car le continuel découpage du temps le fragmente pathétiquement et le progrès indéfini de l'histoire l'unifie dramatiquement : le temps devient une continuelle discontinuité infligée par les hommes au corps social.

Là où le temps devenait sans cesse l'expérience du même, il n'apparaît, désormais, que dans l'altérité du passé (dont on est coupé à jamais), dans l'altérité du futur (que chaque révolution technique, sociale, politique rend insondable) et dans l'altérité du présent (qui nous échappe et creuse nos vies d'un néant que nous essayons désespérément tantôt d'escamoter, tantôt d'élever à une hauteur tragique, tantôt de dilapider dans le rire). Quand on pense le passé à jamais révolu, alors peut advenir le principe de révolution dite permanente. L'historiographie a pour charge de fabriquer un passé tolérable – étranger et tolérable. Un passé envers lequel on ne sente plus d'autre dette que ce discours des morts que l'on appelle « histoire ».

## L'IMMÉDIATETÉ ET LA MORT

Si l'on repense au phénomène de l'« ex-duction » : se donner à soi-même une dette envers une altérité radicale que l'on a inventée afin de s'empêcher de produire du nouveau à l'intérieur de la communauté sinon sous la forme d'une réception qui fait croître encore la dette, et ainsi de suite ; ou à celui de la « pro-duction » : intérioriser la dette comme une série de contraintes sociales sous la double forme d'un oubli et d'un pouvoir afin de pouvoir produire constamment du nouveau aussitôt rejeté dans le passé et oublié, et ainsi de suite ; on s'aperçoit que la portée de ces gestes demeure l'instauration de médiations. La dette est avant tout le *désir de la médiation* – autrement dit, et *dans les deux cas, l'oubli de l'immédiateté.* Mais l'immédiateté de quoi ? Non pas du don, comme on pourrait le croire en cherchant à opposer don et production, car le don ne fait que nous offrir l'immédiateté dans son mouvement, de même que le travail produit l'espace de la médiation. À noter, d'un côté, cette permanente mémoire des ancêtres qui fonde toutes les pratiques sociales et autorise la dette, et, de l'autre, cette constante inscription de l'histoire qui se légitime dans le passé pour mieux l'enterrer ; à relever, par ailleurs, la nécessaire dépense de temps dans l'oisiveté afin de mieux savoir en user, ou la toute aussi vitale épargne du temps dans le travail afin de mieux savoir en produire ; on saisit peut-être ce qui motive cet oubli, voire cette peur de l'immédiateté : l'immédiat est à chaque fois ce qui nous met face à la mort. Peut-être même n'est-il d'autre immédiateté que la mort.

Ôter, même partiellement, à l'histoire sa faculté de médiations ne saurait être évident. En s'établissant à partir d'une double altération temporelle (rendre le passé étranger au présent et rendre le passé étranger à lui-même), l'historiographie s'institue comme *médiation* du présent au passé, comme la meilleure manière de vraiment *rendre justice* aux citoyens du passé. Mais, dans ce double geste d'altération, l'histoire nous met aussi face à la mort, même si c'est pour mieux l'écarter.

Comme le résume Jacques Rancière, « l'âge de l'histoire a été celui où les historiens ont inventé un dispositif conceptuel et narratif propre à neutraliser l'excès de parole mais aussi à maîtriser la pulsion de mort inhérente à la croyance savante en histoire »[1]. L'histoire fait sienne l'immédiateté de l'avoir-lieu de la mort, de l'avoir-lieu comme mort, même si c'est pour le relever bien vite sous les figures variées de la chimère, du fantôme ou de la fable. L'histoire ne sert pas seulement à apprivoiser les morts, elle permet surtout de transfigurer la mort en une machine à produire du sens. Daniel Milo, en analysant la mise en place d'une catégorie usuelle du discours historique, le siècle, montre exemplairement comment celui-ci participe « modestement de cette alchimie métaphysique qui transforme la mort en un instrument de connaissance – de fabrication de sens »[2] !

Pourtant, à découvrir ainsi la mort en ce qu'elle offre d'immédiateté et d'évanouissement, l'histoire nous donne aussi la chance de saisir, ou mieux, d'user de l'immédiat. C'est en effet ici que la notion de *kairos* peut acquérir une dimension pratique, et non le seul effet savant d'un vestige du passé ou d'une curiosité archaïque.

## LE *KAIROS*

Pour les Grecs, l'oisiveté est valorisée parce qu'elle seule permet de demeurer attentif au temps, et d'en user ainsi à bon escient, d'en « saisir l'occasion » (quoique « saisir » soit déjà trop dire, supposant une maîtrise, une mainmise : plutôt laisser être l'occasion et se laisser être soi-même dans l'occasion, l'instant, le bon moment, le juste présent). Même pour l'artisan, « le temps de l'opération technique n'est pas une réalité stable, unifiée, homogène, sur quoi la connaissance aurait prise ; c'est un temps agi, le temps de l'opportunité à saisir, du *kairos,* ce point

1. Jacques Rancière, *Les mots de l'histoire,* p. 88.
2. Daniel Milo, *Trahir le temps,* p. 47.

où l'action humaine vient rencontrer un processus naturel qui se développe au rythme de sa durée propre »[1].

Désirant définir la justice, Platon en cherche l'apparition dans la naissance de la cité : en en rapportant la nécessaire origine, il y décèle les fondements du juste. La cité naît du besoin et de l'incapacité à se suffire à soi-même, d'où la division des métiers (plutôt que la division du travail, comme on le dit parfois *anachroniquement* : l'important, aux yeux de Platon, n'est pas de scinder l'unité de fabrication d'un objet afin d'en produire plus, mais d'attribuer à chacun un métier et un seul – c'est l'industrie du social qui est en jeu plutôt qu'une société des industries). Au minimum, il faut subvenir à la nourriture, au logement, au vêtement : voici l'agriculteur, le maçon, le tisserand ; auxquels on peut ajouter « un cordonnier ou quelque autre artisan pour les besoins du corps »[2]. Chacun aura sa tâche, dans la mesure où, d'abord, personne n'a les mêmes aptitudes pour tout faire : l'un est meilleur maçon, l'autre paysan plus prévoyant ; ensuite, on fabrique un meilleur produit si on y est tout spécialement exercé : celui qui veut tout faire fait tout mal ; enfin, c'est une question de temps : non que l'artisan voie son temps rempli des multiples tâches qu'implique le tissage, par exemple, de très nombreux vêtements, mais c'est qu'il doit être attentif au *juste* moment où le geste pourra faire apparaître la forme parfaite d'un objet : « L'ouvrage, je pense, n'attend pas le loisir *[skholen]* de l'ouvrier, mais c'est l'ouvrier qui, nécessairement, doit régler son temps sur l'ouvrage [...]. Par conséquent on produit toutes choses en plus grand nombre, mieux et plus facilement, lorsque chacun, selon ses aptitudes [*phusin,* sa nature] et dans le temps convenable *[kairo],* se livre à un seul travail, étant dispensé de tous les autres. »[3]

Ce n'est pas que les artisans n'ont pas de loisir tant ils doivent travailler, mais ils doivent emplir leur loisir de l'attention au *kairos* indispensable à ce qu'ils fabriquent. Xénophon en fourbira même, dans ses

1. Jean-Pierre Vernant, « Remarques sur les formes et les limites de la pensée technique chez les Grecs », *Mythe et pensée chez les Grecs,* II, p. 52.
2. Platon, *République,* trad. Émile Chambry, Paris, Les Belles Lettres, 1996, II, 369 *e.*
3. *Ibid.,* 370 *b-c.*

*Économiques,* sa disqualification des artisans : menant une vie d'intérieur, amollissant corps et âmes (les rendant donc *féminins*), ils sont « sans loisir *[askholias]* pour s'occuper de leurs amis et de la cité »[1]. Les artisans semblent, en fait, esclaves du *kairos,* en ce qu'ils restent dans l'ordre de la production d'objets. Alors que le sophiste ou le philosophe, dont l'enseignement concerne la *praxis,* l'éducation de la vie, se donnent au contraire comme les maîtres du *kairos,* ceux qui sauraient le reconnaître et en user. Ils ne *domineraient* pas le *kairos,* ils en figureraient les parfaits *usagers.* Telle est de toute façon la valeur de l'oisiveté : se tenir prêt au juste usage du *kairos.*

Participer à l'art du *kairos* n'est pas chose évidente pour nous, en raison de notre sens de la temporalité. Nous prenons trop souvent le temps sous l'apprêt d'un bon calcul des chances, un opportunisme où l'occasion suppose toujours un but étranger, plus important, en vue duquel l'occasion a été saisie, maîtrisée, rentabilisée. Dans cette conception « macchiavélienne » de l'opportunité, celle-ci ne fait office, en définitive, que de *médiation* dans un processus à plus longue échéance. Or le *kairos* grec certainement ne fut jamais cela, au moins pour la raison que l'insistance sur le « processus » est une injonction moderne[2]. Le *kairos* n'est pas un instant quelconque dans la suite indéfinie d'instants quelconques, tous homogènes et stables, qui forme notre sentiment de la temporalité ; c'est d'abord une valeur, que le juste usage des temps et des valeurs permet justement d'évaluer. Il participe donc d'une temporalité aux instants hétérogènes, non uniformes et instables. S'il est une faculté humaine qui peut l'appréhender, c'est la

1. Xénophon, *Économiques,* trad. Pierre Chantraine, Paris, Les Belles Lettres, 1971, IV, 3.

2. Hannah Arendt : « À la place du concept d'Être nous trouvons maintenant le concept de processus. Et tandis que c'est le propre de l'Être d'apparaître et ainsi de se dévoiler, c'est le propre du processus de demeurer invisible, de rester quelque chose dont on peut seulement inférer l'existence d'après la présence de certains phénomènes. Ce processus fut à l'origine celui de la fabrication qui "disparaît dans le produit", et il se fondait sur l'expérience de l'*homo faber,* qui savait qu'un processus de production précède nécessairement l'existence de tout objet » (*La condition de l'homme moderne,* p. 371). L'histoire n'est plus un des modes d'apparition du sens, elle devient un produit de l'évolution des sociétés dont il faut recomposer le processus invisible, la médiation cachée sous l'immédiateté brutale des faits.

*metis* : « Elle porte sur des réalités fluides, qui ne cessent jamais de se modifier et qui réunissent en elles, à chaque moment, des aspects contraires, des forces opposées. Pour saisir le *kairos* fugace, la *metis* devait se faire plus rapide que lui. Pour dominer une situation changeante et contrastée, elle doit se faire plus souple, plus ondoyante, plus polymorphe que l'écoulement du temps [...]. La victoire sur une réalité ondoyante, que ses métamorphoses continues rendent presque insaisissable, ne peut être obtenue que par un surcroît de mobilité, une puissance encore plus grande de transformation. »[1] Nietzsche critiquait l'homme moderne qui cherchait à aller plus vite qu'un autre ; on ne doit pourtant pas se tromper sur la vitesse recherchée du *kairos,* car il ne s'agit pas d'aller plus vite qu'un adversaire quelconque, mais que le temps lui-même : il ne faut pas battre un de nos éternels compétiteurs sur le terrain de la fabrication, il faut *épouser le temps* et, du coup, sauter avant lui dans le lit de noces.

Et cependant les problèmes naissent peut-être aussi de ces draps et de leur fabrication. L'emprise du *kairos* ne tient pas simplement à sa tournure temporelle. Même si l'étymologie en est restée longtemps douteuse, une intuition de R. B. Onians, étayée et modifiée par les recherches plus récentes de Monique Trédé et de Bernard Gallet, permet de repérer le lien entre *kairós* et *kaîros,* dont la différence d'accent avait jusqu'alors été prise pour le signe d'une origine distincte[2]. *Kaîros* désigne un élément du métier à tisser : d'un diamètre minime, il s'agirait d'une sorte de « tresse régulatrice », double cordelette (l'une pour la rangée des fils pairs, l'autre pour la rangée des fils impairs) formée d'une succession d'anneaux dans lesquels passe un petit nombre de fils variant avec le tissu à confectionner. Il y aurait ainsi, selon Bernard Gallet, quatre grandes fonctions du *kaîros* qui conduiraient aux divers usages figurés du *kairós* : 1 / du fil conducteur, qui maintient et

1. Marcel Detienne, Jean-Pierre Vernant, *Les ruses de l'intelligence. La métis des Grecs,* Paris, Flammarion, 1974, p. 28.

2. R. B. Onians, *The Origins of European Thought,* Cambridge, 1951, p. 343-349 ; Monique Trédé, *Kairos : l'à-propos et l'occasion. Le mot et la notion d'Homère à la fin du IV^e^ siècle avant J.-C.,* Paris, Klincksieck, 1992 ; Bernard Gallet, *Recherches sur kairos et l'ambiguïté dans la poésie de Pindare,* Bordeaux, Presses Universitaires de Bordeaux, 1990.

rend solidaires tous les autres fils, qui agit donc sur eux, on obtiendrait les sens de prise, de moyen, de contrôle stratégique ; 2 / du fil régulateur, qui ordonne les fils de la chaîne, on tirerait les sens de règle, de juste mesure, mais aussi de limite, de brièveté (puisqu'il a une longueur égale à la largeur du métier, tandis que les fils de chaîne ou de trame sont beaucoup plus longs), voire d'avantage (puisqu'on y gagne un tissu de confection impeccable) ; 3 / du fil entrelacé, qui vient rencontrer chacun des fils de la chaîne à angle droit, on aurait l'idée de conjoncture, de coïncidence, de moment propice et à nouveau d'avantage ; 4 / du fil séparateur, qui isole les deux nappes de fils pairs et de fils impairs, et, dans chacune des nappes, qui sépare les fils pour qu'ils ne s'emmêlent pas, proviendraient les idées de choix, de jugement et de décision, de ce qui tranche entre des solutions. La teneur temporelle et oisive du *kairós* prend toute son ampleur de l'expérience quotidienne du travail artisanal et de l'espace spécifique du métier à tisser.

On conçoit alors la référence omniprésente aux gestes artisanaux chez un philosophe même aussi peu démocrate que Platon : avec le *kairos,* l'homme est un artisan du temps. C'est, en particulier, le tisserand qui définit le paradigme du politique (*Politique,* 305 *e*). Pourtant, dans la cité platonicienne, les artisans sont rejetés en marge du pouvoir ou, dans la cité grecque et en particulier Athènes, leurs rôles politiques effectifs sont symboliquement dévalorisés. Position ambiguë qui fait de l'artisan le héros de la civilisation grecque, mais un « héros secret », comme le dit Pierre Vidal-Naquet[1]. Allons plus loin, et voyons apparaître un paradoxe encore plus improbable : la distinction ne touche pas seulement nobles et ouvriers, car chez les Grecs, tisser est usuellement une activité féminine. Difficile déjà de voir le politique ou le philosophique trouver leur paradigme dans des rôles d'artisan, peut-on vraiment croire à une légitimité extorquée aux femmes ? La seule réponse à peu près cohérente touche à l'ambivalence même du concept de *kairos* – tantôt paradigme éclairant, tantôt activité méprisée, tantôt stature de roi, tantôt familiarité de femme, tantôt conduite politique, tantôt

1. Pierre Vidal-Naquet, « Étude d'une ambiguïté : les artisans dans la cité grecque », *Travail et esclavage en Grèce ancienne,* p. 168.

groupe hors politique, de même que le *kairos* consiste à la fois à séparer et à unir, à réguler et à entrelacer, à planifier et à obéir à l'opportunité. Sans doute est-il indispensable de saisir que l'aventure du *kairos* ne commence qu'avec la réception heureuse des signes : la soumission ne se métamorphose en œuvre que dans l'*étroite rencontre entre la règle et l'événement*.

En cela réside le camaïeu exemplaire de l'artisan : de même que l'ouvrier obéit à la forme, le politicien-philosophe obéit au temps, car « l'ouvrage possède plus de perfection que l'ouvrier ; l'homme est plus petit que sa tâche. Ainsi dépassé par l'œuvre même qu'il fabrique, l'artisan ne commande pas à la nature, il se soumet aux exigences de la Forme. »[1] L'artisan est modèle d'obéissance : par excellence, il *reçoit*. C'est ce qui en fait, pour les Anciens, un exemple à suivre et à méditer. Qu'on ne lui reconnaisse guère le privilège d'une intelligence des phénomènes, d'une *phronesis* (la « prudence », vertu politique par excellence)[2] n'empêche pas qu'il demeure modèle muet ou passage secret de l'accès soudain au divin. L'Idée de communauté requiert que l'on mobilise ainsi le commun des mortels, puisque « le bon citoyen doit savoir et pouvoir obéir et commander, et l'excellence propre d'un citoyen c'est de connaître le gouvernement des hommes libres dans les deux sens »[3].

Lucien, dans un petit amusement philologique intitulé « À propos d'un lapsus en matière de salutation », fait de l'occasion malheureuse d'une faute qu'il a commise en utilisant l'expression archaïque « Sois en joie » plutôt que l'expression courante « Sois en bonne santé », l'opportunité d'un petit discours, en guise d'apologie, sur les occurrences et les divers emplois de ces manières de saluer[4]. Jouant sur les mots, il reconnaît qu'utiliser la formule « sois en joie » *(khairein)* n'était pas convenable *(kairos)*. Comme chez Platon, dans la petite histoire de la

1. Jean-Pierre Vernant, *Mythe et pensée chez les Grecs*, II, p. 56.
2. Cf. Aristote, *Les politiques*, trad. Pierre Pellegrin, Paris, GF-Flammarion, 1993, III, 4, 1277 *b* 29.
3. Aristote, *Les politiques*, III, 4, 1277 *b* 15.
4. Lucien, « A Slip of the Tongue in Greeting », *Works*, trad. K. Kilburn, Cambridge, Harvard University Press, Loeb Classical, 1959, t. VI, p. 173-189.

naissance de la cité, l'ouvrier ne doit pas quitter sa tâche, sous peine justement de rater le bon moment, l'opportunité du *kairos*. Obéir à la forme, comme obéir au philosophe-roi. En fait, sous le sens temporel, presque divin, de *la* convenance se glissent vite et facilement les signes humains, la géographie sociale *des* convenances.

Jacques Rancière le note : « La familiarité du dialecticien avec les ouvriers du textile a une fonction bien précise : lui faire reconnaître que, dans le métier du tisserand, la trame des gouvernés n'a pas la même importance que la chaîne des gouvernants. Ce n'est point par hasard que, parmi les arts fondamentaux, il a choisi celui du tisserand et de ses auxiliaires : arts du tressage qui combine les fils de l'ordre social, ou de la teinture qui donne la couleur juste à l'âme des guerriers. Mais plus encore arts de la distinction, du triage, de la sélection. [...] La comparaison des pratiques n'intervient donc que pour marquer le caractère incomparable des natures. »[1] Car quel est le défaut majeur de tout artisanat, au fond de toute *tekhne ?* Être déjà dans la contrefaçon de l'œuvre divine en se cantonnant à la fabrication du produit. Le loisir est décidément difficile à soutenir – ou cette difficulté fait partie de l'attirail de la distinction où elle fait figure d'épreuve pour trier les prétendants. Gilles Deleuze a remarqué depuis bien longtemps que la fameuse dialectique platonicienne qui divise et dénoue les fils entremêlés des définitions est, en fait, une sélection des lignages et une généalogie du pur et de l'impur[2].

De même que le goût du voyage repose souvent sur l'appétit du retour, le départ vers le moment glorieux du *kairos* suppose aussi son inscription dans la trame sociale, dans l'intrigue politique. À Ravenne, sur les tombeaux nombreux qui se présentent, il est un motif récurrent : deux paons dressés l'un contre l'autre, buvant dans un même

1. Jacques Rancière, *Le philosophe et ses pauvres,* Paris, Fayard, 1983, p. 34.

2. « Le platonisme est l'*Odyssée* philosophique ; la dialectique platonicienne n'est pas une dialectique de la contradiction ni de la contrariété, mais une dialectique de la rivalité *(amphisbetesis),* une dialectique des rivaux et des prétendants. L'essence de la division n'apparaît pas en largeur, dans la détermination des espèces d'un genre, mais en profondeur, dans la sélection de la lignée » (Gilles Deleuze, *Logique du sens,* Paris, Minuit, 1969, p. 293).

calice – « dans un entrelacs de l'esprit qui reprend et achève celui du marbre, ils signifient la mort et l'immortalité »[1]. Le *kairos,* on pourrait bien le voir comme une traduction de cet entrelacs où mort et immortalité sont tissées ensemble dans les plis mauves du marbre, une traduction dans l'espace social et politique de l'immortalité et de la mort – à moins que l'on ne puisse inverser la traversée du regard et chercher dans l'écriture si improbable de la mort et de l'immortalité la traduction, dans ces étranges universaux, du tramage social et des couleurs parfois vives, souvent fades, du politique.

En suivant le mouvement de traduction des langues, on aperçoit, en effet, l'instinct de mort qui avance son visage dans l'ombre de l'heureux moment : « Tempus actionis opportunum Graece eukairia, Latine occasio appellatur »[2], le temps de l'action opportune se dit en grec *eukairia* et en latin *occasio.* L'*occasio* vient du participe passé du verbe *occido* qui signifie 1. tomber à terre, 2. tomber, succomber, périr (au figuré) être perdu, 3. (pour les astres) tomber, se coucher (au figuré) la vie à son déclin. L'occasion est ce qui tombe et se trouve sur le point de périr ; là encore, le *kairos,* nous ramène à la mort : l'immédiateté de l'occasion, c'est l'opportunité de la mort, du seuil qui nous échappe, du sarcophage que nous sentons pousser en nous comme une dernière floraison.

Comme la mort, il n'est pas au service d'un projet qui le dépasserait – même si l'on peut en user et permettre ainsi la réalisation d'un objet ou le succès d'une épreuve –, puisque la simple reconnaissance du *kairos* devrait offrir déjà la pleine saveur du succès. Le *kairos* apparaît d'autant plus comme une valeur qu'il se donne dans une impeccable totalité : il n'a aucun besoin du reste du temps. C'est bien en ce sens que se noue son lien au plaisir, en ce que le plaisir implique, lui aussi, un rapport particulier à l'épanouissement du temps.

1. Yves Bonnefoy, « Les tombeaux de Ravenne », *L'improbable et autres essais,* Paris, Gallimard, 1992, p. 18.

2. Cicéron, *Les devoirs,* trad. Maurice Testard, Paris, Les Belles Lettres, 1965, XL, 142.

## LA TEMPORALITÉ DU PLAISIR

Dans l'*Éthique à Nicomaque,* Aristote pense ainsi le plaisir ou la joie : « tout mouvement a pour propriétés vitesse ou lenteur [...]. Or au plaisir n'appartiennent ni l'une ni l'autre de ces sortes de mouvements. Il est assurément possible d'être *amené* vers le plaisir [*esthenai :* aoriste exprimant mouvement, *kinesis,* ou genèse, *genesis*] plus ou moins rapidement, comme aussi de se mettre en colère, mais on ne peut pas *être* dans l'état de plaisir *[edesthai]* rapidement, pas même par rapport à une autre personne, alors que nous pouvons marcher, croître, et ainsi de suite, plus ou moins rapidement. [...] En quel sens le plaisir serait-il un devenir ? »[1] Le plaisir ne saurait donc être caractérisé en termes de vitesses ni de situations parallèles à d'autres actes ou à d'autre corps : le plaisir est seul, enclos en lui-même. Non qu'il ne puisse s'échanger, mais il demeure toujours égal à lui-même, sans gradation ni croissance ou décroissance. C'est pourquoi il ne relève pas du mouvement : ni au repos ni mobile, il n'est le résultat d'aucun *processus.* Sans doute le fait d'entrer dans le plaisir requiert-il un saut, mais au moment où le saut se fait, le plaisir est là, parfait, impétueux et clos – une tempête dans un verre d'eau.

« On admet d'ordinaire que l'acte de vision est parfait à n'importe quel moment de sa durée (car il n'a besoin d'aucun complément qui surviendrait plus tard et achèverait sa forme). Or telle semble bien être aussi la nature du plaisir : il est, en effet, un tout, et on ne saurait à aucun moment appréhender un plaisir dont la prolongation dans le temps conduirait la forme à sa perfection. C'est la raison pour laquelle il n'est pas non plus un mouvement. Tout mouvement, en effet, se déroule dans le temps, et en vue d'une certaine fin, comme par exemple dans le processus de construction d'une maison [...]. Du plai-

1. Aristote, *Éthique à Nicomaque,* 1173 *a* 35.

sir, au contraire, la forme est parfaite à n'importe quel moment. On voit ainsi que plaisir et mouvement ne sauraient être que différents l'un de l'autre, et que le plaisir est au nombre de ces choses qui sont des touts parfaits. Cette conclusion pourrait aussi résulter du fait qu'il est impossible de se mouvoir autrement que dans le temps, alors qu'il est possible de ressentir le plaisir indépendamment du temps, car ce qui a lieu dans l'instant est un tout complet. »[1] Le plaisir, comme tout acte, a bien *lieu* dans le temps, mais dans un rapport particulier au temps : il n'est pas discontinu, fragmentable, nombrable ; à l'instar de la vue, il forme un tout parfait, achevé en tout moment de sa durée. Le plaisir a lieu *dans* le temps et *hors du mouvement* du temps. Il n'ouvre pas pour autant à l'éternité, forme de négation du temps, puisqu'il peut cesser à tout moment (non pas s'affaiblir doucement, paraître moins véloce dans la sensation qu'il nous donne, mais disparaître brusquement de la vue). L'expérience amoureuse est bien celle-là. Quand Swann un matin considère Odette, ne la trouvant pas moins jolie que la veille, ni moins désirable ni moins fugitive, voilà qu'il a le sentiment d'émerger d'une bulle de plaisir et de peine, ne pouvant plus que constater qu'il avait connu « le grand amour de sa vie pour une femme qui n'était pas [son] type » – ce genre de regard ne peut être porté que si la perspective a totalement changé et le plaisir définitivement disparu.

Le plaisir, ou la joie, s'oppose au processus. Il requiert complétude, totalité et surtout *immédiateté*. On ne peut rien lui ajouter, on ne peut en faire un empilage de médiations. Il n'existe donc jamais de dialectique du plaisir, seulement une monadologie de la joie. La joie vient de cette plénitude, cette totalité soudain offerte, sans que le temps, qu'il apparaisse sous le masque avare de l'épargne ou sous celui, prodigue, de la dépense, ait jamais prise sur elle – mais aussi c'est l'immédiateté elle-même qui fait la joie. La joie n'est pas hors du temps, elle ne lui est pas extérieure, et elle n'y est pas prise non plus. Elle n'appartient ni à l'éternité, dans la mesure où elle peut cesser, ni au temps, dans la mesure où elle n'est pas segmentable en unités de durée. La joie, au moment où

1. *Ibid.*, 1174 *a* 15 - *b* 5.

elle illumine l'ombre portée des êtres et des choses, ne réclame aucun travail, ni productif ni improductif (ce qui ne signifie pas qu'il ne puisse y avoir de travail effectué afin de se préparer à sa venue, de même que le sophiste comme l'artisan s'exercent à l'advenue du *kairos*). Pas de recherche au sens d'une production, pas d'enseignement en charge de sa reproduction. Nul ne peut servir de médiation à la joie, sauf à l'ignorer. En rechercher et en guetter l'apparition, là est la seule manière de tourner la quête de savoir et son enseignement.

Si la joie, en son immédiateté, n'est ni éternelle ni temporelle, elle ne peut donc être qu'*immortelle.* L'immortalité n'est, à l'évidence, pas une affaire de durée, mais un sentiment de l'immédiateté ; il ne s'agit pas d'être présent jusqu'à la fin des temps et au-delà ; il ne s'agit pas non plus d'être voué à la fugacité du temps qu'on s'imagine maîtriser en le mesurant ; l'immortalité tient tout entière en chaque instant où la figure messianique de la joie apparaît. Ni dans le repliage soumis du présent sur le passé, ni dans le dépliage laborieux du passé et du présent, mais dans la mince pliure des temps par où le muscle contracté du passé se dilate dans le présent.

On pourrait penser que nous arrivons là à une conclusion rigoureusement inverse de celle qui nous avait conduits, auparavant, de l'immédiateté à la mort. Inverse, certes ; pas contradictoire. C'est bien parce qu'il n'est d'immédiateté que de la mort, que la joie, comme sentiment de l'immédiat, nous apporte l'immortalité. Mort et joie sont les deux faces d'une monnaie avec laquelle nous payons nos dettes, les deux têtes dressées, entrelacées dans la soif d'une même ivresse, des paons de Ravenne. Si, de la fin d'un artiste du *kairos* comme Socrate, il nous est possible d'apprendre quelque chose, ce ne peut être que cette « joie de mourir » dont il fait preuve. Tout le *Phédon* est un discours, devant la mort, de l'immortalité de l'âme. Les mythes auxquels Socrate recoure ne lui font pas illusion : il ne faudrait pas avoir son bon sens pour y croire littéralement (ce ne sont que des médiations de l'immédiateté). Mais ils témoignent de la *présence* de l'immortalité en celui qui prend le *risque* d'y reconnaître la vertu de son âme : « Ce risque [*kindunos :* le danger, le péril] est beau en effet, et dans des croyances de cette sorte il y a comme une incantation [*epado,* c'est accompagner par un chant, mais aussi user de charmes !] qu'il faut se faire à soi-même. »[1] La joie est l'incantation de l'immortalité, ce par où la mort chante. Même si, pour Socrate, l'harmonie en est plus belle une fois passé le lac Achérousias et libéré de la geôle du corps, cette musique, avant de mourir, est déjà nôtre.

Certes nous ne vivons que dans un univers de médiations soigneusement construites par nous-mêmes, comme pour mieux donner à l'immédiateté sa plus fascinante figure, à moins que ce ne soit pour raffermir encore notre peur à son égard – mais n'est-ce pas le même geste ? C'est encore et toujours par la médiation du discours, qu'il soit dialogue platonicien ou historiographie, que la joie de mourir peut nous apparaître : les textes d'un passé qui nous est devenu radicalement étranger sont, sur ce point, aussi instructifs que les productions les plus contemporaines.

Les ruses de la médiation sont infinies pour prétendre à ce qu'elle n'est pas. À nous de parvenir à mettre la main sur la mort plutôt que sur le mort : « – Eh bien !, dit Criton, quels ordres nous donnes-tu, Socrate, à ceux-ci ou à moi, soit au sujet de tes enfants, soit pour tout autre affaire ? De notre part, cette tâche serait, par amour pour toi, notre tâche principale ! – Justement, Criton, je ne cesse pas d'en parler, répondit-il, et il n'y a rien de neuf à en dire ! Voici : ayez, vous, le souci de vous-mêmes, et de votre part alors toute tâche sera une tâche faite par amour, et pour moi, et pour ce qui est mien, et pour vous-mêmes, n'eussiez-vous à présent pas pris d'engagement ! [...] – Nous mettrons, c'est entendu, tout notre cœur, dit Criton, à nous conduire ainsi. Mais tes funérailles, comment y procéderons-nous ? – Comme il vous plaira, répondit-il ; à condition bien sûr que vous mettiez la main sur moi et que je ne vous échappe pas ! Là-dessus, il se mit à rire doucement. »[2]

1. Platon, *Phédon,* 114 *d.*
2. *Ibid.,* 115 *b-c.*

# Notice 3

## *Sur l'image*

> « Ils ont des yeux pour ne pas voir », comme le dit l'Évangile. Pour ne pas voir quoi ? – justement que les choses les regardent.
>
> Lacan, *Séminaire XI.*

Une image est certainement une construction de l'esprit – pour ainsi dire, « une vue de l'esprit ». Encore faut-il avoir *reçu* assez pour savoir comment la construire. L'acte de perception ne suit pas simplement les circuits nerveux du corps, mais aussi les chemins catégoriels tracés par l'habitude et l'apprentissage. Tous ces savoirs se trouvent *immédiatement* convoqués dans la médiation qui fait d'une perception une image. Comment se représenter cet immédiat ? Prenons pour cas de figure le cas d'un récit qui met en scène simultanément les opérations invisibles de l'immédiateté et leurs mimétiques représentations.

D'un certain point de vue, chaque récit cherche à ouvrager sa lecture, à construire un lecteur modèle. Non un lecteur distant, sceptique, critique, mais un lecteur offert à la séduction du récit. C'est ce qui arrive au début du XIIIe livre des *Aventures de Télémaque*. Philoctète ayant fini de raconter son histoire, le narrateur nous en décrit l'effet sur le jeune Télémaque qui n'est pas seulement un héros de plus en plus exemplaire, mais s'avère aussi être un auditeur modèle : « Pendant que Philoctète avait raconté ainsi ses aventures, Télémaque avait demeuré comme suspendu et immobile. Ses yeux étaient attachés sur ce grand homme qui parlait. Toutes les passions différentes qui avaient agité Hercule, Philoctète, Ulysse, Néoptolème, paraissaient tour à tour sur le visage naïf de Télémaque, à mesure qu'elles étaient représentées dans la suite de cette narration. [...] Quand Philoctète dépeignit l'embarras de Néoptolème, qui ne savait point dissimuler, Télémaque parut dans le même embarras, et dans ce moment on l'aurait pris pour Néoptolème. »[1] Dédoublement de la représentation qui rapporte, sur le mode du récit, des événements passés et les rejoue immédiatement sur l'écran naïf du visage de Télémaque. Naïveté qui est ici marque d'innocence et donc d'authenticité.

La *médiation* de la représentation narrative est frappée du sceau de l'authentique à passer *immédiatement* sur le visage de Télémaque. Mimétisme qui n'est ni camouflage, ni travesti, ni intimidation (pour reprendre les catégories de Caillois dans son texte *Méduse et compagnie*), mais mise en scène de l'effet propre de la *mimesis*. Ce n'est pas un hasard si l'exemple par excellence que donne Fénelon de cet effet touche à la question de la dissimulation. Télémaque redouble Néoptolème dans son incapacité à dissimuler – mais il fait plus, puisque, ce faisant, il ne parvient pas non plus à *dissimuler* l'effet de la *mimesis* sur lui. De même que, dans le conte de Borges, le texte de Ménard s'avère supérieur à celui de Cervantès dans la mesure où il en est l'exacte reprise, Télémaque devient un Néoptolème à la puissance deux en ne pouvant dissimuler l'incapacité néoptolémienne à dissimuler. Mais continuons. Pareil effet se mesure, bien sûr, à celui qu'il fait sur les spectateurs : le narrateur ne peut dissimuler que « *on* l'aurait pris pour Néoptolème », mais qui est ce « on » sinon, aussi, le narrateur lui-même ? De là à ce que le lecteur (nous-même) devienne un Néoptolème à la puissance quatre, ce n'est plus qu'une question de degré. Car l'art de la *mimesis* est justement de faire passer une différence de nature (ontologique, pour dire le mot, entre personnages fictifs et personnes réelles) pour une différence de degré. Ou encore, de nous entraîner dans un redoublement dont on veut écarter de la vue l'écart justement qui le compose, à savoir de la représentation de l'immédiateté à l'immédiateté de la représentation.

1. Fénelon, *Les avantures de Télémaque,* éd. Jacques Le Brun, Paris, Gallimard, 1995, p. 274.

De ce redoublement, il est une figure classique de la rhétorique : l'*ekphrasis,* par où il faut « mettre devant les yeux », *donner à voir* l'image pourtant absente, faire oublier la médiation de la représentation dans un superbe effet d'immédiateté. Il me semble que ce n'est guère un hasard si l'on trouve précisément dans ce livre XIII, la célèbre *ekphrasis* du bouclier de Télémaque, elle-même reprise du bouclier d'Achille dans l'*Iliade.* Tout se passe comme si cette description liminaire des effets de la représentation servait de clef musicale à la mélodie de l'*ekphrasis.*

Mais avant d'y venir, on peut apprécier combien la reprise est articulée : de même qu'Achille s'était retiré dans sa tente après son conflit avec Agamemnon à propos d'une prise de guerre (la belle Briséis), Télémaque va faire retraite dans la sienne à la suite d'un conflit avec d'autres combattants de Lacédémone (Phalante et Hippias) au sujet de prisonniers cette fois (pas de beauté fatale pour Télémaque !) – mais les motifs de retraite sont inverses : celui-là est jaloux de sa gloire, celui-ci honteux de son orgueil. Loin de chanter la colère d'Achille, Fénelon entend déprendre de ses passions son bon lecteur. Le treizième livre a en effet ceci de fondamental, dans l'architecture narrative, que Télémaque, au-delà des preuves de sa force, de son courage et de sa sagesse, doit maintenant montrer sa capacité à « se faire aimer de tous »[1], trouvant dès lors, au-delà des leçons politiques et de l'apprentissage de la maîtrise de soi, ce qui seul peut les motiver ultimement, la transmission de l'essence, aux yeux de Fénelon, de la théologie chrétienne, le pur amour.

Mais en dépit de ses qualités, c'est ce à quoi Télémaque ne parvient justement pas, pour la bonne raison qu' « il ne savait point donner. Ainsi, avec un cœur noble et porté au bien, il ne paraissait ni obligeant, ni sensible à l'amitié, ni libéral, ni reconnaissant des soins qu'on prenait pour lui, ni attentif à distinguer le mérite. Il suivait son goût sans réflexion »[2]. Donner comme se faire aimer ne lui viennent pas immédiatement, il y faut la médiation de la réflexion. Cette réflexion, c'est aussi dans le miroir du bouclier qu'il la faut chercher.

1. *Ibid.,* p. 274.
2. *Ibid.,* p. 274-275.

C'est là que l'entrelacs de la médiation et de l'immédiateté va trouver un *lieu* – lieu par excellence topique. Mais *topos* qui dénote une très forte instabilité du fait justement de cet entrelacs paradoxal. Le bouclier a ceci de troublant, en effet, que le spectacle qu'il offre sur ses faces est brouillé par deux éléments : ceux qui le voient s'y reflètent puisque c'est aussi un miroir, mais ce miroir jette des feux comparables au soleil : « Ces armes étaient polies comme une glace, et brillantes comme les rayons du soleil. » Quand on s'aperçoit que les tableaux représentés sur le bouclier sont multiples, un certain scepticisme naît quant au dispositif de représentation. Pour le dire à la manière du raisonnement nihiliste de Gorgias : sur ce bouclier, trop d'images pour être à même de les distinguer ; quand même on pourrait les distinguer, il est trop poli pour que la réflexion du spectateur n'en gêne la vue ; quand même il ne la gênerait pas, il éblouit trop pour qu'on puisse le regarder. Au bout du compte, ce bouclier qui doit donner à voir est invisible.

On pourrait se dire qu'il s'agit là, pour une fois, d'une certaine maladresse de Fénelon, dans sa reprise de l'*ekphrasis* topique du bouclier – si l'on ne percevait une gêne contemporaine à en traiter. Faydit dans sa *Telemacomanie* se complait certes à montrer l'illisibilité des références à la mythologie et à l'histoire antique[1], mais c'est l'ensemble du dispositif ekphrastique qui ne tarde pas à tomber sous

1. Faydit, *La Telemacomanie ou La Censure & la Critique du roman intitulé, les Avantures de Telemaque, fils d'Ulysse,* Eleuterople, Pierre Philalethe, 1700 : « C'est l'ordinaire d'Homere, pour faire paroître sa science dans la Muthologie, & dans l'Histoire, de faire graver sur les armes & sur les boucliers de ses Heros l'Histoire de leurs ancêtres, ou celle des Dieux qu'ils honoraient le plus, & des Hommes illustres qu'ils estimoient davantage, afin que la vûë de leurs plus memorables actions étant toûjours devant leurs yeux, pût les animer dans le combat a imiter leur valeur & leur prudente conduite. L'Auteur du Roman de Telemaque a voulu faire la même chose, car en revêtant son jeune Heros des armes, dont Minerve lui avoit fait un riche present, il ne manque pas d'étaler à cette occasion tout ce qu'il sçait de l'ancienne Histoire Grecque des temps fabuleux, en suposant que Minerve l'avoit gravé sur les armes de Telemaque. Mais [...] l'Auteur du Telemaque en faisant parler dans son Roman & écrire Minerve, qui est la Sagesse des Payens, sortie de la tête de Jupiter, & l'Image tenebreuse de la veritable sagesse substantielle que Dieu engendre de son entendement, il ne lui a fait dire & écrire sur les armes de Telemaque que des faussetez contraires à la verité de l'Histoire » (p. 245-246).

le coup de la critique, lorsque Homère devient le nouveau terrain d'affrontement entre Anciens et Modernes.

Ainsi Houdar de La Mothe affirme-t-il, dans la préface à sa « traduction » de l'*Iliade* : « J'avouë donc que le bouclier d'Achille m'a paru défectueux par plus d'un endroit ; les objets que Vulcain y représente n'ont aucun rapport au Poëme, & ils ne conviennent ni à Achille, ni à Thetis qui le demande, ni à Vulcain même qui en est l'ouvrier ; les objets y sont tellement multipliez, qu'à peine imagine-t-on que le bouclier les pût contenir distinctement ; les figures représentées agissent & changent de situation, comme si elles étoient vivantes, ce qui fait un prodige puérile. »[1]

Mais c'est surtout l'abbé Terrasson qui produit la critique la plus radicale :

> J'attaque d'abord cette multitude effroyable d'objets sur un champ toûjours très-borné, quelque dimension qu'on donne au bouclier d'Achille. Car il y avoit là de quoy remplir la galerie d'un Palais, sans en omettre le plat-fonds. [Second argument] En regardant le bouclier comme un seul tableau, les objets y sont étrangement dépareillez : car des batailles, des jugemens & des danses ne s'accordent guéres, & rompent l'unité d'action ou de sujet aussi importante dans les tableaux que dans les poëmes : mais voici le capital. [Troisième argument] Où est-ce que Vulcain suppose l'œil du spectateur ? on sçait qu'en un même champ de tableau, on ne peut représenter qu'autant d'objets que le spectateur immobile en pourroit découvrir du point de vue où on le suppose : parceque tout tableau doit estre considéré comme une glace, sur laquelle on auroit tracé les contours, & imprimé les couleurs des objets réels qu'on verroit à travers. Or si le spectateur est sur la terre, selon le choix ordinaire & naturel du point de vûë d'un tableau, vous ne me ferez point croire qu'il puisse voir du même coup d'œil, & à travers une même glace deux Villes Grecques, Athenes & Eleusine, & l'Ocean qui environne nôtre Hemisphere. [...] [Dernier argument] On n'y voit aucune attention à une des premieres regles de la Peinture, qui est de ne prendre qu'un seul moment de l'action representée[2].

À ces critiques répondront Jean Hardouin qui tente, contre La Mothe, de montrer que le sujet du bouclier n'est autre que le « tableau

1. Houdar de La Mothe, *L'Iliade. Poëme. Avec un Discours sur Homere,* Paris, Grégoire Dupuis, 1714, p. CLXV.

2. Abbé Terrasson, *Dissertation critique sur l'Iliade d'Homere,* Paris, François Fournier, 1715, p. 249-252 et 260.

de la Grèce, ou l'histoire du pays d'Achille & des Grecs de l'armée »[1], et surtout Jean Boivin, bibliothécaire du roi, qui essaye de calculer exactement les dimensions du bouclier et d'en faire faire une représentation par un peintre, Vleughels[2]. On voit cependant que la critique du bouclier d'Achille – qui touche tout autant celui de Télémaque –, à laquelle ne répondent pas ses apologistes, porte sur les nouveaux principes picturaux, d'une part, perspective avec sa nécessité d'un point géométral à partir duquel contempler le tableau, d'autre part, capture d'un instant exemplaire. Si la représentation du bouclier pose problème, c'est donc eu égard au nouveau dispositif de la représentation picturale.

Marguerite Haillant, dans sa récente édition du *Télémaque,* a pourtant fait l'hypothèse que l'*ekphrasis* du bouclier, et en particulier la première partie sur l'histoire de Minerve, s'est alimentée à la série de tableaux peints par Houasse pour le Trianon. Il me semble néanmoins qu'elle pousse trop loin son hypothèse, dans la mesure où elle renvoie allusivement à de nombreux tableaux de la série, alors que les dates de composition en contrarient fortement la possibilité. Sur les treize tableaux prévus, seuls dix furent réalisés ; sur ces dix, seulement cinq furent installés avant que Fénelon ne soit exilé dans son diocèse en août 1697 ; et de ces cinq, seuls deux voient leurs thèmes repris manifestement dans le bouclier de Télémaque : ceux, posés en 1696, traitant

1. Jean Hardouin, *Apologie d'Homere, où l'on explique le veritable dessein de son ILIADE, & de sa Theomythologie,* Paris, Imprimerie royale, 1716.

2. Jean Boivin, *Apologie d'Homere et bouclier d'Achille,* Paris, François Jouenne, 1715 : « Dès le second vers de la description, il est dit que Vulcain jette autour du Bouclier un cercle brillant [...]. Il falloit donc que le Bouclier d'Achille fût rond. [...] Pour déterminer la grandeur d'un Bouclier parfaitement rond, il suffit d'en déterminer le diametre. Je ne donne que quatre pieds de diametre au Bouclier d'Achille. Une plus grande étenduë auroit été trop embarrassante ; & l'on ne peut pas comprendre, que l'homme qui l'auroit euë devant soy, eût jamais pû, s'aider ni de l'épée, ni de la pique, ni d'aucune autre arme offensive. Ce n'est pas trop non plus que quatre pieds de diametre pour couvrir la poitrine & les bras d'un homme extrémement grand, tel qu'étoit Achille. On objecte que ce Bouclier renferme douze tableaux, que chaque tableau présente aux yeux un nombre infini d'objets, & qu'il faut necessairement proportionner les tableaux à la multiplicité des figures qui y sont contenuës. Je réponds qu'en ne donnant que quatre pieds de diametre au Bouclier, les douze tableaux ne laisseront pas d'avoir chacun dix à onze poûces de base. C'en sera assez pour y représenter sans confusion tout ce qui est exprimé par Homere dans les descriptions les plus étenduës & les plus circonstanciées » (p. 283-84).

de Minerve sur le Parnasse et de la dispute avec Neptune[1]. Encore maints détails ne sont-ils pas identiques et témoignent du fait que, quand bien même ces tableaux auraient pu inspirer Fénelon, son *ekphrasis* n'en est pas une exacte description.

La difficulté à décrire le bouclier de Télémaque ne vient donc pas simplement de la projection – nécessairement imparfaite – de l'espace de l'œuvre d'art sur la temporalité du discours, du changement de ce qui *coexiste* dans la présence de l'œuvre à ce qui devient *consécutif* dans sa représentation, puisque cette présence est, elle aussi, affaire de médiation selon les règles, techniques, de la perspective et, rhétoriques, de la penture d'histoire. On le voit sans peine lorsque Lessing – quelques décennies plus tard, et encore à propos du bouclier d'Achille – se contente de muer la critique de Terrasson en valeur éminente de la poésie :

> Tout à fait inférieur de ce côté, obligé de peindre ce sujet avec des paroles, que peut faire le poète s'il ne veut pas échouer complètement, sinon user des privilèges qui lui sont propres ? Et quels sont ces privilèges ? La liberté de s'étendre aussi bien sur ce qui a précédé que sur ce qui va suivre l'instant représenté et la possibilité de nous faire voir ainsi, non seulement ce que nous fait voir l'artiste, mais aussi ce que ce dernier ne peut que nous faire deviner. Ce n'est que par cette liberté, par cette possibilité, que le poète se rapproche de l'artiste. [...] La véritable manière de reproduire par des paroles un tableau matériel, c'est de lier avec les objets réellement visibles ce qu'ils font supposer et de ne pas se renfermer dans les bornes de l'art, qui permettent bien au poète de raconter la donnée d'un tableau, mais non de représenter le tableau lui-même[2].

Que l'espace pictural se glisse dans le temps du récit, voilà donc l'objectif. Mais à s'en tenir là, on ne met en scène qu'un hiatus, après

1. Sur ce point, voir Antoine Schnapper, *Tableaux pour le Trianon de marbre, 1688-1714,* Paris, La Haye, Mouton, 1967. L'exécution des dix tableaux de Houasse sur l'histoire de Minerve, commandés en 1688, s'échelonne de 1689 à 1706 : 1. naissance de Minerve ; 2. Minerve enseigne la sculpture aux Rhodiens ; 3. Minerve vieille et Arachné, posé le 9 juillet 1693 (disparu dans un incendie en 1922) ; 4. Minerve sur le Parnasse, posé le 7 mai 1696 ; 5. Minerve dispute avec Neptune, 7 mai 1696 ; 6. Minerve aveugle Tirésias, posé en 1698 ; 7. Minerve donne son bouclier à Persée, 1698 ; 8. Minerve change les cheveux de Méduse en serpents, 1698 (perdu) ; 9. Minerve frappe Arachné, date sans doute de 1706 ; 10. Minerve fait rafraîchir ses chevaux, 1706.

2. Lessing, *Laocoon,* trad. Courtin, Paris, Hermann, 1990 [1766], p. 139.

tout, bien évident entre espace et temps. La difficulté tient plus radicalement à la temporalité elle-même : comment stopper la médiation du langage et l'infini legato du temps dans l'immédiateté et l'instantané d'un mouvement à jamais suspendu ? Dans la tradition topique de l'*ekphrasis* du bouclier, Hésiode (ou le pseudo-Hésiode) se plaît à noter, pathétiquement, combien ces conducteurs de char qu'il vient de décrire livrent une lutte incessante sans jamais pouvoir franchir la ligne d'arrivée. On se souvient de Zénon et de ses paradoxes : ici aussi la flèche de l'immédiateté n'en finit pas d'aller vers la cible. L'*ekphrasis* est une manière de s'enfoncer dans la temporalité, au point de s'y effacer.

Car c'est justement de point dont il est question. L'*ekphrasis* est la soigneuse composition de ce point du temps, ce *punctum,* qui n'est pas point de vue, mais, selon l'heureuse expression de Lacan, « point de regard ». C'est par là qu'une furieuse immédiateté peut ne plus se dissimuler dans le travail de la médiation : quand la vue se fait regard. On peut certes *voir* que Fénelon multiplie paradoxalement les côtés du bouclier : « Il semble d'ailleurs que ce bouclier ait plus de deux côtés, c'est un bouclier divin ! À moins que Fénelon n'en soit pas à une négligence près ! Car dès qu'il introduit la déesse, il parle de l'autre côté du bouclier vraisemblablement, puis il écrit encore deux fois "d'un autre côté". »[1] À y bien *regarder,* ces avanies de la représentation spatiale disent surtout l'*oubli* nécessaire à la représentation de l'immédiateté : non seulement dans son point de fuite, mais surtout en son point d'orgue. La perspective force en effet ce paradoxe qui veut que le visible du tableau s'ordonne à partir et selon l'invisibilité actuelle du point focal : en lui c'est le vide de l'infini qui est visé dans la composition finie du tableau. Comme le rappelle Jean-Luc Marion : « Le vide de la perspective n'ajoute rien au visible réel, puisqu'il le met en scène. »[2] Ce vide est jus-

1. Marguerite Haillant, *Culture et imagination dans les œuvres de Fénelon « ad usum Delphini »,* Paris, Les Belles Lettres, 1983, p. 184. Dans la première version, centrée sur l'histoire d'Œdipe et non de Minerve, le partage est net : « Dessus etoit gravée la fameuse histoire du siege de Thebes » ; « D'un autre côté le Bouclier representoit Ceres... » (Fénelon, *Avantures de Telemaque,* La Haye, A. Moetjens, 1701, p. 293 et 296).

2. Jean-Luc Marion, *La croisée du visible,* Paris, PUF, 1996, p. 13.

tement ce qui aiguise le regard dans l'*ekphrasis* fénelonienne, ce qui autorise l'oubli à faire son œuvre. L'oubli n'est pas le revers de la mémoire, il en figure son *achèvement*.

La tradition, qui ordonne gestes et discours, rôles et pratiques, symboles et héritages, ne fait pas simplement que répéter pieusement d'identiques scènes : elle permet au sujet de s'oublier lui-même en le gorgeant de mémoire. C'est dans l'oubli à soi que se dessine la plus authentique présence (s'il en faut une). Comme le rappelle Fernand Hallyn : « C'est bien *toute* la représentation qui est concernée par l'exigence de "présence". [...] Il importe donc de voir que le discours qui affirme la présence est lui-même informé par une tradition ; qu'il ne résulte pas seulement (de l'illusion) d'une présence de la chose, mais aussi d'une présence de la rhétorique. »[1] La présence est affaire d'immédiateté, mais cette immédiateté se construit dans la temporalité spécifique de l'immémorial. C'est justement ce mode de présence qui vacille et balbutie tout au long du XVIIIe siècle. Une nouvelle méditation sur l'espace et le temps prend peu à peu le relais de la tradition et de la rhétorique – entre autres sous la figure du sublime[2].

Fénelon, alors même qu'il prolonge le topos de l'*ekphrasis* du bouclier, en montre la difficulté – plus encore que l'usure. C'est aussi qu'il tente de l'inscrire dans une contextualisation autre que l'ancienne rhétorique, à savoir la foi chrétienne[3]. Dans son *Traité de l'existence de Dieu,*

1. Fernand Hallyn, « "Ut pictura poesis" : la correspondance dans les études interdisciplinaires », *Les méthodes du discours critique dans les études seiziémistes,* éd. G. Mathieu-Castellani, Paris, SEDES, 1987, p. 42-43.

2. On sait que Kant critique le *cogito* cartésien pour avoir oublié le temps : en replaçant la relation à soi dans l'intuition pure du temps, Kant fêle du coup le sujet par la forme vide du temps (Deleuze) – et c'est bien de cette expérience qu'émerge le sublime pour Kant. Mais là où le sublime impose une expérience psychologique, l'*ekphrasis* réclame une présence de la rhétorique.

3. « L'*ekphrasis* est un fragment anthologique, transférable d'un discours à un autre : c'est une description réglée de lieux, de personnages (origine des *topoï* du Moyen Âge). Ainsi apparaît une nouvelle unité syntagmatique, le *morceau* : moins étendu que les parties traditionnelles du discours, plus grand que la période ; cette unité (paysage, portrait) quitte le discours oratoire (juridique, politique) et s'intègre facilement dans la narration, dans le continu romanesque : une fois de plus, la rhétorique "mord" sur le littéraire » (Barthes, « L'ancienne rhétorique : aide-mémoire », repris dans *Œuvres complètes,* Paris, Le Seuil, 1994, vol. II, p. 913). Il n'y a pas ici simple

Fénelon, anticipant Kant, prend à rebrousse-poil le *cogito* cartésien : « Que suis-je ? [...] un je ne sais quoi qui finit dans l'instant même où il commence ; en sorte que je ne puis jamais un seul moment me trouver moi-même fixe et présent à moi-même pour dire simplement : *je suis.* Ainsi ma durée n'est qu'une défaillance perpétuelle. »[1] Mais à la forme vide, à l'intuition pure du temps kantiennes s'opposent la plénitude formelle et l'amour pur de Dieu. Cet amour est une « vue sans vue », pour reprendre un mot célèbre de Mme Guyon dans une de ses lettres à Fénelon. Or, la reprise de l'*ekphrasis* du bouclier tient justement à en saisir l'invisibilité essentielle. La représentation de l'immédiateté recherchée par l'*ekphrasis* devient immédiateté de la représentation dans l'amour pur.

L'*ekphrasis* sert d'embrayeuse dans l'initiation, non de Télémaque, puisque personne ne lui raconte ce qu'il peut voir lui-même directement, mais bien du lecteur (*ad usum Delphini,* au départ ; *ad usum christiani,* plus généralement). Mais à condition de saisir que l'*ekphrasis* opère grâce à la clef du début et à la démonstration – proprement narrative cette fois – que Télémaque s'est bien encore une fois modelé sur la représentation de la paix et de l'amour invoqués par le bouclier[2]. Lecteur modèle, Télémaque nous en donne une immédiate représentation – c'est à nous de nous en représenter l'immédiat effet, à nous d'adhérer, obliquement, à l'amour pur de Dieu (autrement dit « ce que l'amour renferme de plus divin, je veux dire le transport, l'oubli de soi »)[3] –, car c'est par là, pour Fénelon, que l'on peut, tout en contemplant le temps d'un seul regard, en effacer son propre visage.

Il est ainsi possible de jouer de l'immédiateté dans des contextes différents et selon des enjeux variables. De même qu'il a existé d'in-

déplacement de l'argumentatif vers le narratif, mais surtout reprise d'un exercice topique pour définir un lieu commun chrétien (lieu commun à la fois au sens rhétorique de *topos* et de *communitas,* voir chap. VIII).

1. Fénelon, *Œuvres,* éd. A. Martin, Paris, 1878, I, p. 109.

2. Pour un bouclier de guerrier, les images pastorales abondent (en particulier, celles tirées d'Isaïe), et, si Minerve remplace l'Œdipe de la version primitive, c'est aussi qu'elle permet de souligner la valeur éminente de la sagesse et de la paix.

3. Fénelon, *Opuscules spirituels,* XXIII.

nombrables manières d'user de médiations tout au long de l'histoire, on ne saurait ramener l'immédiat à un unique usage. Mais peut-on au moins comprendre l'écriture de l'histoire comme une quête des médiations à l'œuvre et comme une médiation du passé ? Ou bien l'historiographie a-t-elle là aussi partie liée avec l'immédiateté autant qu'avec les médiations ?

# Chapitre V

## Les deux immédiats

À maintes reprises pour l'histoire, ici dans une structure, là dans un événement, la vertu de l'immédiateté est apparue. Mais de quelle immédiateté parle-t-on ? En quoi fonder sur ce qui ressemble à la plus têtue des naïvetés un souci de l'exactitude et de la complexité ? Comment attribuer à l'effet transcendant du présent un ancrage dans le temps, dans l'espace social, dans l'histoire ? N'est-ce pas tomber dans la plus équivoque et la plus abusive valorisation de la présence, dont, pourtant, certaine philosophie nous a appris à nous méfier, que de souscrire aveuglément au frémissement sensible de l'immédiat ? Il apparaît évident qu'une telle manière de coller aux événements doit empêcher d'en prendre la mesure. Là où la connaissance et la maîtrise, de conserve, requièrent de la distance, l'immédiateté impose une proximité insoutenable : « La narration vraie suppose l'analyse ; l'histoire n'est pas l'immédiateté. »[1] Voilà une remarque qui sonne juste et semble incontestable.

### L'HISTOIRE IMMÉDIATE

Et pourtant. Ne pourrait-on rappeler que ceux dont on a fait les Pères des historiens, Hérodote et Thucydide, entendaient écrire

1. Paul Veyne, « L'histoire conceptualisante », p. 107.

l'histoire des temps présents, tout au plus du passé le plus proche ? Et cela est tout aussi vrai de Xénophon, de Polybe, de Cicéron, de Tacite[1]. Encore au Moyen Âge, un Otton de Freising qui rédige, cependant, une histoire du monde des origines à son temps (il finit en 1146), la compose en fonction du présent et trouve dans la mémoire de ses contemporains ou dans la sienne de quoi prolonger le fil du passé jusqu'au moment d'écriture : ce n'est pas simplement le passé qui vient s'échouer et se dissiper sur la grève du présent, mais bien le présent qui tire à lui et rend actuel tout le passé (tout le passé *mémorable*)[2].

Encore au XVI^e^ siècle, lorsque La Popelinière travaille à sa grande œuvre *L'histoire des histoires, avec une Idée de l'histoire accomplie,* il a terminé une histoire des guerres de religion (qu'il n'a connu que de trop près), dont la valeur est saluée aussi bien par les protestants que par les catholiques. Encore au XVII^e^ siècle, les historiographes du roi sont engagés pour recenser les faits glorieux de leur temps et de leur souverain plus encore que les lointains événements d'ancêtres incertains : il faut rendre le présent aussi mémorable que le passé ; et ce n'est pas simplement affaire de propagande, mais mystère de la légitimité : puisque « toute histoire qui n'est pas contemporaine est suspecte », alors « la création du monde commençant à s'éloigner, Dieu a pourvu d'un historien unique contemporain, et a commis un peuple pour la garde de ce livre, afin que cette histoire fût la plus authentique du monde »[3].

Partie prenante du bouleversement qui touche les usages de la mémoire et de la tradition, qui réforme l'écriture de l'histoire, s'impose la nouvelle nécessité de s'éloigner de son présent afin d'aborder aux rives désormais étrangères du passé. Il n'est plus d'histoire que d'un autrefois à jamais révolu : l'*Idée d'une histoire accomplie,* comme on dit d'un homme qu'il est accompli, c'est-à-dire parfait, devient l'idée d'une histoire accomplie, comme on dit d'une tâche qu'elle est

1. Voir *L'histoire d'Homère à Augustin, préfaces des historiens et textes sur l'histoire,* éd. François Hartog, trad. Michel Casevitz, Paris, Le Seuil, 1999.
2. Voir Bernard Guenée, « Temps de l'histoire et temps de la mémoire au Moyen Âge », *Annuaire-Bulletin de la Société de l'histoire de France,* 1976-1977, p. 25-35.
3. Blaise Pascal, *Pensées,* § 407 et 439.

accomplie, autrement dit, enfin terminée : on s'en est débarrassé. La Révolution a fait basculer pour de bon le passé dans l'*ancien*.

Dès lors, est-ce un hasard si, depuis peut-être une trentaine d'années, le désir d'une histoire du présent et la nécessité d'un recours à la mémoire sont revenus ensemble sur la scène savante[1] ? Il est assez typique de voir un Pierre Nora, par exemple – venant des sciences politiques qui avaient hérité, avec le journalisme d'enquête, de l'histoire contemporaine abandonnée par les historiens – marquer le territoire redécouvert de l'événement, même récent, puis enchaîner en organisant l'immense recherche sur les lieux de mémoire. Dans les grands travaux d'Ernest Labrousse, on avait reconnu le principe selon lequel une société avait la conjoncture de ses structures. En passant par l'événement, on s'apercevait soudain qu'une conjoncture pouvait générer de la structure[2].

Quand l'Institut d'histoire du temps présent est fondé en 1978, une partie de ses productions touche non seulement l'histoire orale avec son lot de témoignages, mais plus largement le rapport à la mémoire – ou à l'oubli. Henry Rousso, qui y a participé, s'efforce de battre en brèche les résistances habituelles et démonte les objections : que cette histoire contemporaine « manquerait du recul nécessaire et irait à l'encontre d'un axiome de base qui prétend que seuls des événements clos sont accessibles à la connaissance historique », qu'elle « serait plus que d'autres en proie à la passion », enfin qu'elle s'avérerait « tout bon-

1. Contrairement à Roger Chartier (« Le regard d'un historien moderniste », *Écrire l'histoire du temps présent : en hommage à François Bédarida,* Paris, CNRS Éditions, 1993, p. 250) qui voit dans la création d'une histoire du temps présent le moteur et l'exemple d'une analyse du rapport à la mémoire dont ont pu s'inspirer les historiens de temps plus anciens, il me semble – sans décider qui de la poule du présent ou de l'œuf de la mémoire a lancé l'affaire – que les historiens ne font que réagir intellectuellement et institutionnellement à des déplacements historiques qui les dépassent où la revalorisation de la mémoire collective à la fois concourt à l'aimantation du présent et s'en trouve soutenue.

2. L'histoire politique, révoquée par l'école des Annales pour boulimie événementielle, retrouve son ancienne ampleur quand l'événement conçu comme « un point de rebroussement de l'histoire [...] est à son tour producteur de structure » (Jacques Julliard, « La politique », *Faire de l'histoire,* II : *Nouvelles approches,* sous la dir. de Jacques Le Goff et Pierre Nora, Paris, Gallimard, 1986 [1974], p. 319).

nement impossible sur le plan technique, car les archives ne sont pas disponibles », bref « l'historien ne peut surgir qu'après le temps de l'oubli, une fois les morts enterrés »[1]. Ce sont bien là les postures classiques, ressenties comme nécessaires pour ordonner le métier d'historien. Spécialiste du temps, il s'occuperait surtout de l'entretien des caveaux. Expert du mouvement et de l'évolution, il déploierait son discours dans l'espace soigneusement clos d'immobiles cimetières.

Le plus récent volume de la *Nouvelle histoire de la France contemporaine* porte lui aussi, dans son avant-propos, la marque de cette valeur accordée à l'histoire immédiate : pour les archives, « il n'est pas sûr que, quand elles seront ouvertes dans de nombreuses années, elles apportent beaucoup [...]. Ce que l'on peut ignorer est souvent d'ailleurs secondaire pour le processus historique » ; pour la passion, « s'il n'est pas indifférent de connaître l'exacte réalité, en supposant d'ailleurs que cette exacte réalité puisse être atteinte [...] il est finalement beaucoup plus important de savoir comment les contemporains se sont représenté les choses et en fonction de quoi ils ont agi ou réagi » ; pour le recul, la hiérarchie des événements et leur analyse critique, « l'histoire se construit au jour le jour avec des hommes qui ne possèdent pas les moyens d'établir ces hiérarchies [...]. Si l'on considère que l'histoire est celle des hommes dans leurs sociétés, dans leur temps, ce risque est plus dommageable pour le discours sur l'histoire que pour l'histoire elle-même »[2].

C'était déjà ce que ressentait un Julien Gracq, remettant, si l'on peut dire, les pendules de l'histoire à l'heure : « Le plus solide garant de l'Histoire, ce n'est pas l'appareil orgueilleux de ses documents, de ses fiches et de ses témoignages, c'est le fondu-enchaîné qui soude consciemment à elle chaque biographie pour la majeure partie de sa durée. Sur l'époque où j'ai eu mes vingt, mes quarante ans, je pourrais sans

1. Henry Rousso, *La hantise du passé,* Paris, Textuel, 1998, p. 57-59.

2. Jean-Jacques Becker, *Nouvelle histoire de la France contemporaine : crises et alternances, 1974-1995,* Paris, Le Seuil, 1998, p. 7-8. Ces considérations vont à l'encontre de ce que soutenait, de façon typique, Fernand Braudel lorsqu'il disait de l'événement : « Ce qui décidera de son importance, ce n'est pas le bruit qu'il fait sur le moment ou que l'on fait autour de lui, mais les conséquences qu'il aura ou n'aura pas par la suite. Or ces conséquences sont filles du temps » (*Les ambitions de l'histoire,* p. 30). Et l'historien devait servir de chaperon aux filles du temps.

doute ajouter des nuances, quelques jugements personnels, le rehaut d'un détail significatif ; mais ce que je lis sur elle, c'est bien, je n'en puis douter, *grosso modo ce qui était.* Dans la coulée sans fissure des générations antérieures à la mienne qui se soudent à elle, et où le mort a saisi le vif à chaque instant sans solution de continuité, où donc trouver en amont la rupture – analogue au passage de la veille au rêve – qui d'un coup de baguette transformerait en fantasme pur ce qui m'a tendu toute ma vie un miroir somme toute si peu déformant ? »[1]

## UNE AUTRE ÉCRITURE DE L'HISTOIRE ?

Le mort saisit le vif : voici le *legato* de la mémoire et la sonorité présente du passé ; le vif saisit le mort : voici le *staccato* incessant de l'histoire où l'ancien ne chante qu'en instrument, « aboli bibelot d'inanité sonore ». L'histoire du temps présent devrait alors nous forcer à reconsidérer les instruments classiques de l'historiographie : à commencer par l'immédiat et les dispositifs de médiation. Or, ce n'est pas toujours évident.

Dans un volume d'hommages à François Bédarida, lors de son départ de la direction de l'Institut d'histoire du temps présent, Robert Frank, reprenant une imagerie bien connue, écrit en préface : « L'histoire du temps présent n'est pas l'histoire immédiate, elle ne s'intéresse pas à la seule écume de l'actualité, mais elle s'inscrit au contraire dans les profondeurs et l'épaisseur du temps historique. »[2] Pour certains historiens, il apparaît donc possible, voire souhaitable d'étendre les procédures d'investigation historiques classiques jusqu'au bord de notre présent, quitte à les adapter (avec l'histoire orale par exemple), mais sans remettre en cause le rapport délicat entre présent et immédiateté. L'immédiateté ne sort pas grandie de son pliage sur le temps pré-

1. Julien Gracq, *En lisant, en écrivant,* Paris, José Corti, 1980, p. 215.
2. Robert Frank, « Préface », *Écrire l'histoire du temps présent,* p. 16.

sent. François Chesneaux, au tout début de l'intérêt pour l'histoire contemporaine, en signalait pourtant le risque : « L'histoire immédiate réalise une ouverture effective vers le présent ; mais elle ne modifie en rien les règles habituelles du jeu historien. Même très récent, il s'agit toujours d'un passé extérieur à nous. [... Les historiens] ne font que déplacer aussi près de nous que possible la machine à découper et à empaqueter le passé, mais elle fonctionne toujours de la même façon. »[1]

Alors que l'histoire immédiate prend à rebrousse-poil toutes les évidences du principe de raison historique, il ne peut s'agir d'adjoindre simplement au territoire habituel des historiens, celui du temps présent qu'ils avaient longtemps délaissé, plus encore : refusé. *L'accent mis sur l'immédiat doit remettre en cause les procédures de sens et les discours de légitimation de l'histoire.*

Il ne paraît pas hors de portée du discours historiographique d'admettre l'idée suivante : la conception de l'histoire, ses dispositifs spécifiques, son sens, sa valeur, ce qu'elle permet de produire, ce qu'elle donne à comprendre, ce qu'elle délaisse et ce qu'elle rend opaque, tout cela est consumable. Avec la récente valorisation de l'histoire immédiate, *il faut que cette immédiateté résonne aussi pour les temps passés, qu'elle réordonne les manières de penser l'histoire elle-même et non simplement les événements contemporains*. Que l'Institut d'histoire du temps présent ait pris la relève du Comité d'histoire de la Deuxième Guerre mondiale, lui-même successeur de la Commission d'histoire de l'occupation et de la libération de la France, créée dans l'immédiat après-guerre, dit sans doute assez et le sentiment d'urgence politique et l'ancrage dans le bouleversement produit par la guerre qui est à l'origine de « l'histoire du temps présent ». Si, pour l'ordre politique, le concept de souveraineté naît dans la France en proie aux guerres civiles, de même, pour le discours historiographique, le concept

1. François Chesneaux, *Du passé faisons table rase ? À propos de l'histoire et des historiens,* Paris, François Maspero, 1976, p. 176. Même Jean-François Soulet qui tente de promouvoir l'histoire immédiate ne la conçoit vraiment que sous la nécessaire figure d'une histoire de l' « ultra-contemporain » (voir *L'histoire immédiate,* Paris, PUF, 1994).

d'immédiateté apparaît dans l'héritage des guerres mondiales. Le forclore aux dispositifs du contemporain conduit à en gommer les arêtes et à en élimer le tranchant.

Si l'on accepte ce défi en reconnaissant que l'immédiateté ne saurait plus reconduire simplement la vertu obstinée de l'aveuglement et de l'ignorance, qu'est-elle exactement et comment fonder sur elle un savoir du temps ? Peut-elle même nous aider à construire un concept d'histoire qui puisse ne plus jouer seulement de son adéquation au parcours du temps (jeu que l'homonymie en français, à la différence de l'allemand – *Historie/Geschichte* – ou de l'anglais – *History/story* – n'a que trop permis) et que regrettait déjà Lucien Febvre : « Le mot est équivoque et ce serait une raison pour se passer de ses services ? »[1]

## LE DOUBLE PRÉSENT

Parmi tant d'exemples des usages de l'immédiateté, prenons une occurrence chez un philosophe puisque là plus qu'ailleurs l'immédiateté semble bien faire mauvaise impression. Ainsi chez David Hume, au moment où il cherche à saisir la différence entre imagination et mémoire : « As those *impressions,* which arise from the senses, their ultimate cause is, in my opinion, perfectly inexplicable by human reason, and it will always be impossible to decide with certainty, whether they arise immediately from the object, or are produced by the creative power of the mind, or are derived from the Author of our being. »[2] Le scepticisme humien touche jusqu'à l'opposition entre immédiateté et

1. Lucien Febvre, *Combats pour l'histoire,* p. 430.

2. David Hume, *A Treatise of Human Nature,* Londres, J.-M. Dent, 1939, I, 3, 5, p. 87. « Pour ce qui est de ces impressions qui proviennent des sens, je crois que leur cause ultime demeure totalement inexplicable par la raison humaine et qu'il sera toujours impossible de décider avec certitude si elles proviennent immédiatement de l'objet, si elles sont produites par la puissance créatrice de l'esprit ou si elles proviennent de l'Auteur de notre être » (ma traduction).

médiation, puisque l'on ne peut savoir avec certitude si les impressions sont issues immédiatement de l'objet ou sont produites, directement, par l'esprit humain, ou, indirectement en l'homme, par Dieu. Cela dit, immédiateté signifie bien ici : absence de médiation. Plus encore : présence de l'objet en nous sous la forme de perceptions sensorielles sans que le sentiment ou la réflexion humaines puissent s'en mêler.

Mais est-ce bien la même immédiateté quelques lignes plus bas ? « When we search for the characteristic, which distinguishes the *memory* from the imagination, we must immediately perceive, that it cannot lie in the simple ideas it presents us ; since both these faculties borrow their simple ideas from the impressions, and can never go beyond these original perceptions. »[1] Cette immédiateté-ci ne se superpose pas exactement à celle des impressions, puisqu'elle est aussi, ou plutôt déjà, une réflexion sur le fait même de percevoir. La perception originelle semble bien immédiate, pourtant on doit immédiatement percevoir que la différence entre mémoire et imagination ne peut résider dans une différence d'idées, puisque les idées simples sont de part et d'autre issues des mêmes types de perceptions. Cette seconde immédiateté de la perception suppose, en fait, une immédiateté seconde, autrement dit une médiation, même si cette médiation produit un « effet d'immédiateté ».

Lorsqu'il tente de saisir, à partir de Bergson, la deuxième synthèse du temps que serait la mémoire (après s'être justement appuyé sur Hume pour la première synthèse que serait l'habitude), Gilles Deleuze remarque que « l'ancien présent n'est pas représenté dans l'actuel, sans que l'actuel ne soit lui-même représenté dans cette représentation. Il appartient essentiellement à la représentation de représenter non seulement quelque chose, mais sa propre représentativité. L'ancien et l'actuel présents ne sont donc pas comme deux instants successifs sur la ligne du temps, mais l'actuel comporte nécessairement une dimension

1. « Quand nous cherchons la caractéristique qui distingue la *mémoire* de l'imagination, nous devons immédiatement percevoir qu'elle ne peut résider dans les idées simples qu'elle nous présente, dans la mesure où ces deux facultés empruntent leurs idées simples aux impressions et ne peuvent jamais aller au-delà des perceptions originelles » (ma traduction).

de plus par laquelle il re-présente l'ancien, et dans laquelle aussi il se représente lui-même »[1]. C'est le dédoublement du temps présent qui permet au passé de, justement, passer : ce n'est pas le présent qui *devient* du passé, mais le passé dans le présent qui *est* le passé. Il n'existe pas d'opposition entre être et devenir, mais une bifurcation du temps en chaque moment où le présent ne cesse de changer et le passé ne cesse de demeurer. L'instant prend le masque de l'actuel pour mieux permettre à la virtualité du passé de résister. Chaque présent se dédouble donc, tantôt dans sa vertu actuelle pour s'évanouir aussitôt comme centre d'action et céder la place au présent suivant, tantôt dans sa vertu virtuelle pour demeurer à jamais comme image-souvenir et s'installer à un certain niveau de la durée mémorielle.

La discontinuité radicale qui semblait toucher, dans la conception moderne, l'enchaînement des instants opère ici sur l'instant lui-même, mais, du coup, permet un autre sens du continu. Si le présent passe de deux façons – ou bien il passe en tant que présent et disparaît dans la réalité éphémère de la perception, ou bien il passe en tant que passé et s'établit dans la durée indéfiniment extensible de la mémoire[2] –, alors il n'y a pas un présent qui se transforme en passé une fois qu'un nouveau présent l'a chassé de son trône comme un tyran chasse un autre tyran, mais un présent actuel contemporain du présent virtuel qu'il *aura été*.

Et Bergson va plus loin encore que cette explication du passage du présent au passé : si le présent actuel s'évanouit rapidement et complètement, le présent virtuel qui dure dans le passé n'est jamais que la fine pointe de *tout le passé* qui coexiste avec lui, d'où la possibilité d'aller chercher les images-souvenirs nécessaires à l'interprétation du présent. Chaque présent actuel meurt dans le moment de sa performance, chaque présent virtuel demeure dans le temps du passé. Ce passé n'est pas simplement une des trois dimensions de la temporalité aux côtés du futur et du présent, car Bergson renoue ici avec d'anciens sentiments philosophiques : pour lui, l'être est mémoire. C'est avouer aussi que le

1. Gilles Deleuze, *Différence et répétition*, Paris, PUF, 1989 [1968], p. 109.
2. Voir en particulier Henri Bergson, *Matière et mémoire*, Paris, PUF, 1993 [1896], chap. III.

passé n'est pas simplement formé de tous les présents virtuels passés dans la mémoire, il *est* avant même qu'un quelconque présent ait eu lieu. Il faut un « passé pur » qui jamais n'aura été présent pour que la temporalité s'épanouisse dans chaque présent qui s'évanouit ou s'enracine dans tout présent qui dure. À l'immédiat du moment disparu, aveugle à tout autre chose que lui-même, répond l'immédiat de l'instant qui résiste ou qui insiste, ouvert à tout le passé qui l'accueille : la grammaire de l'immédiateté commande moins un présent qu'un futur antérieur.

## L'HISTOIRE ET LA BIFURCATION DU TEMPS

On pourrait prendre l'exemple du rite afin de mieux saisir l'ancrage pratique de cette conception du temps. Un rite, nous dit Claude Lévi-Strauss, a pour fonction de décomposer et de recomposer « des ensembles événementiels [...] en vue d'arrangements structuraux » : en ce sens, le rite s'oppose au jeu, celui-ci « produit des événements à partir d'une structure », celui-là fabrique de la structure à partir d'événements[1]. Mais comment cette fabrication peut-elle avoir lieu ? Qu'est-ce qui permet cette métamorphose d'événements en structure ? Répondons par une histoire que rapporte Gerschom Scholem : « Quand le Baal Shem Tov avait une tâche difficile à accomplir, il se rendait à un certain endroit dans la forêt, allumait un feu et se plongeait dans une prière silencieuse ; et ce qu'il avait à accomplir se réalisait. Quand, une génération plus tard, le Maggid de Meseritz se trouva confronté à la même tâche, il se rendit à ce même endroit dans la forêt et dit : "Nous ne savons plus allumer le feu, mais nous savons encore dire la prière" ; et ce qu'il avait à accomplir se réalisa. Une génération plus tard, Rabbi Moshe Leib de Sassov eut à accomplir la même tâche. Lui aussi alla dans la forêt et dit : "Nous ne savons plus allumer le feu, nous ne connaissons plus les mystères de la prière, mais nous connaissons

1. Claude Lévi-Strauss, *La pensée sauvage,* Paris, Plon, 1985 [1962], p. 49.

encore l'endroit précis où cela se passait, et cela doit suffire" ; et ce fut suffisant. Mais quand une autre génération fut passé et que Rabbi Israël de Rishin dut faire face à la même tâche, il resta dans sa maison, assis sur son fauteuil et dit : "Nous ne savons plus allumer le feu, nous ne savons plus dire les prières, nous ne connaissons même plus l'endroit dans la forêt, mais nous savons encore raconter l'histoire" ; et l'histoire qu'il raconta eut le même effet que les pratiques de ses prédécesseurs. »[1]

La perte des rites ne suffit pas à invalider leur effet, car le récit de ces pertes, la mémoire de ces oublis procurent encore les mêmes pouvoirs. Dire ce qui a disparu, ramasser dans l'expérience de la narration l'ancienne narration des expériences noue des équivalences inattendues. La performativité de l'action rituelle tient moins à la répétition exacte des gestes et des phrases, des lieux et des types d'adresse, qu'à la ritualité du dire lui-même, la ritualité de ce qui ne revient justement pas. Tout rite est dédoublé, déphasé par rapport à lui-même : il consiste *tout entier* en ce qu'il ressasse et réactualise ; mais il tient *aussi* à ce qui le justifie et lui échappe, à ce qu'il virtualise.

Nous pouvons nous aider de certains propos d'Emmanuel Levinas pour mieux saisir les implications de cet entrelacement du perdu et du rappelé dans la temporalité du rite ou de la prière : « On peut avoir à penser d'autres intrigues du temps que celle de la simple succession de présents. Les hommes ont pu rendre grâce de ce fait même de se trouver en état de rendre grâce ; la gratitude actuelle se greffant sur elle-même comme sur une gratitude déjà préalable. Dans une prière où le fidèle demande que sa prière soit entendue, la prière se précède en quelque sorte ou se suit elle-même. »[2] Ce qui permet d'obtenir les mêmes effets, alors que les causes ou les modalités du rite changent à chaque fois, relève donc de cette manière qu'auraient la gratitude ou la prière de *ne pas être présentes à elles-mêmes,* de se conjuguer au futur antérieur, de doubler la réalité du rite d'un possible déjà joué : « La responsabilité illimitée où je me trouve vient d'en deçà de ma liberté, d'un "anté-

1. Gerschom Scholem, *Les grands courants de la mystique juive,* Paris, Payot, 1973, p. 368.

2. Emmanuel Lévinas, *Autrement qu'être ou au-delà de l'essence,* Paris, Le Livre de Poche, 1990 [1974] p. 24.

rieur-à-tout-souvenir" d'un "ultérieur-à-tout-accomplissement" du non-présent, par excellence du non-originel, de l'an-archique, d'un en deçà ou d'un au-delà de l'essence. »[1]

Cherchant à penser, en effet, l'« autrement qu'être », Emmanuel Levinas s'interroge sur la manière de saisir le vacillement de l'être, la vulnérabilité du sensible dans une relation à la subjectivité qui apparaîtrait alors moins ontologique qu'éthique : « Mais comment au point de rupture – encore temporel et où il se *passe* de l'être – être et temps tomberaient-ils en ruine pour dégager la subjectivité de son essence ? [...] Dans la temporalisation du temps la lumière se fait de par le déphasage de l'instant à l'égard de lui-même qu'est l'écoulement temporel : la différence de l'identique. [...] Mais le temps est aussi la récupération de tous les écarts : par la rétention, par la mémoire, par l'histoire [...], il faut que dans la temporalisation récupérable, sans temps perdu, sans temps à perdre et où se passe l'être de la substance – se signale un laps de temps sans retour, une diachronie réfractaire à toute synchronisation. [...] Mais si le temps doit montrer l'ambiguïté de l'*être* et de l'autrement qu'être – il convient de penser sa temporalisation non pas comme essence, mais comme Dire. »[2]

De même qu'il y a le temps de la reprise, de la récupération, le temps qui assied la substance dans son essence, dans sa présence, dans son présent, il se forme une autre temporalisation qui opère, au contraire, dans le décalage qui creuse et dégage l'instant, dans la césure qui ouvre et ouvrage ce que Levinas appelle le Dire : d'un côté, la mémoire comme recueil des présents, de l'autre, la mémoire encore, mais cette fois comme accueil du non-présent ; ici, la mémoire qui ressasse, là, la mémoire qui recycle. Alors que l'essence ou la substance requièrent un présent régulièrement scandé, un temps à rime plate sur le modèle du chant épique, le Dire suppose une versification elliptique du temps, une façon de trouer ou de tramer des présents, une manière de lâcher la proie pour l'ombre.

1. Emmanuel Levinas, *Autrement qu'être,* p. 24.
2. *Ibid.,* p. 22-23.

On reconnaît dans la problématique de Levinas, au moment où il parle de « déphasage de l'instant à l'égard de lui-même » et d'une temporalité « antérieure-à-tout-souvenir », les propos bergsoniens sur le dédoublement du présent, à ceci près que Bergson assigne à la mémoire une assise ontologique alors que Levinas entend déplacer la question de l'être vers celle de l'éthique. Là où *Matière et mémoire* se clôt sur la possibilité, par l'intensité des contractions mémorielles, d'imprimer aux mouvements de la matière la liberté d'un esprit[1], *Autrement qu'être* propose de trouver dans cet « antérieur-à-tout-souvenir » une responsabilité en deçà de la liberté.

D'un philosophe à l'autre, ce ne sont pas simplement des variations sur la grande sonate de la pensée, mais aussi une transformation de certaines positions contemporaines sur la mémoire. Il s'agit certes, de part et d'autre, de redonner à la mémoire un lustre théorique qu'elle avait perdu, sombrant à l'aube de la modernité de concert avec la dévalorisation de la tradition et de la mémoire collective ; pour tous deux, il faut pousser à nouveau la porte de la mémoire – mais sur des gonds bien différents : ici ontologiques, là éthiques ; ici impression d'une liberté, là expression d'une responsabilité ; ici mouvement d'un être, là approche d'un autre. Sans doute en notre début de XXIe siècle n'est-il plus possible de trouver dans les ressources de la mémoire la sécurité de l'être, il faut y ajouter le sens des dettes et de l'économie humaine, « une dette contractée avant toute liberté, avant toute conscience, avant tout présent ; mais répondant, comme si l'invisible, qui se passe de présent, laissait une trace par le fait même de se passer de présent. Trace qui luit comme visage du prochain », au point de permettre ce paradoxe : « La dette s'accroît dans la mesure où elle s'acquitte. »[2]

L'immédiat du présent qui s'évanouit peut constituer des sommes et des successions dont on ne saurait apprendre quelque chose que du geste qui les noue en gerbe. L'immédiat du présent qui dure oppose sa

1. Il s'agit de la dernière phrase de *Matière et mémoire* (p. 280) : « L'esprit emprunte à la matière les perceptions d'où il tire sa nourriture, et les lui rend sous forme de mouvement, où il a imprimé sa liberté. »

2. Emmanuel Levinas, *Autrement qu'être,* respectivement p. 26 et 27.

propre résistance à la volonté de savoir et, avec cette résistance, le sentiment de la dette. L'histoire, contrairement à ce que l'on pense parfois, ne s'occupe jamais seulement de ce premier immédiat (sur ce point, la pratique des historiens déborde en fait leurs discours de légitimation), car on a beau désirer faire du passé un objet mort pour mieux s'ériger comme expert, ou produire de l'ancien sur le fond du nouveau, le discours historiographique n'est possible que sur le fond de cette seconde immédiateté et au creux de cette secrète épiphanie de la dette. Voulant dire l'essence de ce qui fut (ou, du moins, l'approcher), voulant synchroniser, malgré leur discontinuité (ou, plutôt, à cause de cette discontinuité même), événements du passé et discours du présent, l'historien touche à l'essence du Dire, il écrit non le temps perdu, le temps résolument mort, mais l'instant déphasé à l'égard de lui-même, le laps de temps qui fait de la blessure un fondement. *L'histoire est écrite dans la bifurcation entre immédiateté du présent qui fuit et immédiateté du présent qui résiste, dans le dédoublement temporel par où l'événement actualise la règle et où la règle virtualise l'événement*[1]. En ce sens, il est illusoire, même si cela a pu être utile, de répudier l'immédiateté comme irréflexion. Juste au contraire, les médiations n'apparaissent jamais que sous la forme de courbes engendrées par les flexions de l'immédiateté.

L'immédiat du présent qui disparaît, qui s'abolit dans l'instant qui lui succède, n'est en rien une blessure, c'est une plénitude taciturne : comme pour l'animal sur lequel s'extasiait ironiquement Nietzsche, tout est oublié dans le moment qui suit. La blessure se blottit dans le présent déphasé par rapport à lui-même, elle se réfugie dans la cicatrice jamais impeccable de l'immédiateté qui résiste. C'est la résistance au temps qui fait la vulnérabilité de l'instant. N'est-ce pas là, dans le golfe de l'instant où le passé aura jeté son ancre, dans ce creux intempestif, qu'apparaît l'autre ? « L'immédiateté de la sensibilité, c'est le pour-l'autre de sa propre matérialité, l'immédiateté – ou la proximité – de l'autre. La

1. Giorgio Agamben, en partant lui aussi d'une analyse du rite, montre de façon voisine que « l'histoire n'a pas pour objet la diachronie, mais l'opposition entre diachronie et synchronie qui caractérise toute société humaine » (*Enfance et histoire : dépérissement de l'expérience et origine de l'histoire,* trad. Yves Hersant, Paris, Payot, 1989, p. 95).

proximité de l'autre, c'est l'immédiat épanchement pour l'autre de l'immédiateté de la jouissance – l'immédiateté de la saveur – » matérialisation de la matière « – altérée par l'immédiat du contact »[1]. La répétition obstinée, envoûtée presque, du terme en fait rayonner les facettes depuis l'intériorité du goût jusqu'à l'extériorité du tact.

L'historien pourra trouver le langage abscons et la pensée bien éloignée de sa pratique des archives. Ne pourra-t-il cependant retrouver son goût du passé et son tact pour la société des anciens dans cette fragilité de l'immédiat ? Sans doute entend-il bien souvent asseoir la loi du père, le sens de l'histoire, sur les événements qui prirent tant d'hommes et de femmes en otage ; mais ne serait-il pas possible de sentir en lui, aussi, l'expression d'un autre sentiment ? « Dans la maternité signifie la responsabilité pour les autres – allant jusqu'à la substitution aux autres [...]. Plutôt que nature – plus tôt que la nature – l'immédiateté est cette vulnérabilité, cette maternité, cette pré-naissance ou pré-nature à laquelle remonte la sensibilité. »[2] Sans mettre d'un côté le sens et de l'autre le sentiment et sans leur assigner les stéréotypes de rôles sexuels trop prévisibles, c'est sur le sentiment de *vulnérabilité* qu'est enté le sens de l'événement, c'est par la *blessure* que les chairs de l'histoire peuvent mettre à jour ce qui coule en elles. Se mettre à la place des autres ; accepter, vivant, d'endosser la tunique des morts, moins pour les faire revivre que pour vivre en eux et, du coup, par eux ; n'est-ce pas là la dette la plus importante que permet de reconnaître l'histoire ?

1. Emmanuel Levinas, *Autrement qu'être,* p. 120.
2. *Ibid.,* p. 121.

# Notice 4

## *Sur la blessure*

> « Il y a des esprits qui misent sur le langage, mais il en est d'autres qui sont sensibles d'emblée aux insuffisances et aux leurres de ce langage qu'ils n'en aiment pas moins pourtant – étant peut-être même de ceux qui l'affectionnent le plus, présence blessée, précaire. Et pour ma part je crois que c'est seulement quand on s'attache à lui, et à sa parole, de cette seconde façon, avec soupçon, sentiment de l'exil au sein des mots, et donc nostalgie, élan de tout l'être, exigence, que l'on accède à un sentiment de la finitude qui ouvre – et c'est alors la poésie même – à la mémoire de l'immédiat et à l'expérience de l'unité. »
>
> Yves Bonnefoy, *Lieux et destins de l'image.*

Je me demandais au chapitre précédent si l'on pouvait faire de l'immédiat un concept utile pour l'historien ou le philosophe ; or, gloser l'immédiat par la blessure est-il vraiment plus exploitable ? Il semble que nous voilà engagés sur des terrains minés. Et pourtant, la blessure est ce qui nous fonde : ni le néant des ciels sereins ni la plénitude mélancolique des mots d'amour ne suffiraient à faire de nos existences des valeurs si le temps, impatiemment, n'incisait la peau du quotidien et ne révélait, dans l'instant de la douleur, la promesse d'une cicatrice. À toute origine, il faut une trace, sans quoi elle ne pourrait passer pour une mémoire ou ne saurait devenir un destin. La blessure, même lentement refermée, conserve encore l'image d'une ancienne ouverture. Car là réside sa tâche : *ouvrir* ce qui semblait clos, continu, uniforme. La plaie témoigne d'un écart des chairs, d'une mise à distance de ce qui formait un seul tissu, au point d'apercevoir alors tout ce qui en compose l'identité : « compose » et non « composait », l'identité ne préexiste pas au regard qui la découvre. La blessure est cette rencontre énigmatique, ce fragile espace où émergent du même mouvement et, par leur articulation même, par leur soudain désordre, le visible de la chair cachée et l'invisible du temps qui fuit.

Entre la perception continue de l'existence et sa suspension ou sa rupture, surgit un « défi » où la pensée de Fernand Dumont trouve, en même temps qu'un héritage évident, son plus fondamental stimulant. Bien que son œuvre ne soit guère connue en France (par un phénomène de surdité hexagonale bien connu), elle constitue certainement une des grandes tentatives de la seconde moitié du XX^e^ siècle pour conjuguer enquête sociologique, investigation historique, réflexion épistémologique et sens de la poésie (voire tradition religieuse et souveraineté politique !).

Ainsi, quand Fernand Dumont reprend l'élan des méditations cartésiennes, cherchant dans le mouvement de l'attention à soi, dans le geste de la réflexivité, l'ancrage commun pour qui, à la fois, entend trouver une certitude au plus profond de la conscience et veut appréhender la machinerie sociale de la culture, Fernand Dumont replie dans une brève note de bas de page la perspective bergsonienne du « moi qui dure » sur l'expérience du *cogito*[1]. Au sens strict, ce serait une bévue conceptuelle si l'on n'y discernait la marque souterraine et l'indispensable relais de la *Critique de la raison pure* : dans le § 25 de l'Analytique transcendantale, Kant repère bien le défaut du « je pense » cartésien, incapable de *déterminer* le « je suis », puisqu'il lui manque la forme pure du temps qui autorise son intuition[2]. Mais c'est, du coup, ainsi que le remarque Gilles Deleuze (de façon, d'ailleurs, exactement contemporaine aux propos de Dumont), faire du *cogito* « l'affection

1. Fernand Dumont, *Le lieu de l'homme : la culture comme distance et mémoire,* présentation de Serge Cantin, Montréal, Bibliothèque québécoise, 1994 [1968], p. 72-73.

2. « Le "je pense" exprime l'acte qui détermine mon existence. L'existence est donc déjà donnée par là, mais la manière dont je dois la déterminer, c'est-à-dire poser en moi le divers qui appartient à cette existence, ne l'est pas encore. Il faut pour cela l'intuition de soi-même qui a pour fondement une forme donnée *a priori,* c'est-à-dire le temps » (Emmanuel Kant, *Critique de la raison pure,* trad. A. Tremesaygues et B. Pacaud, Paris, PUF, 1986, p. 136).

d'un moi passif qui sent que sa propre pensée, sa propre intelligence [...] s'exerce en lui et sur lui, non pas par lui [...], le JE est comme traversé d'une fêlure : il est fêlé par la forme pure et vide du temps »[1].

L'intuition de Fernand Dumont porte justement sur cette nécessité d'une expérience temporelle de la réflexivité qui lui permet de rabattre la pensée de Bergson sur celle de Descartes et de souligner la dimension fondamentale de cet « être-affecté » qu'il nomme diversement « fissure », « plaie », « déchirement » ou « blessure »[2]. Par exemple : « S'il est, en définitive, quelque caractéristique essentielle de la culture actuelle, elle semble résider dans le sentiment d'un *déchirement irréductible* entre le monde du sens et celui des formes concrètes de l'existence. » Ou encore : « Par l'abolition momentanée des rapports de la conscience et du monde, une autre conscience et un autre monde peuvent surgir, à qui il suffira de devenir poème, tableau ou roman pour qu'ils opposent, et pour toujours, aux bruits familiers de la conscience mondaine, leur troublant et énigmatique défi, leur *inguérissable blessure.* »[3]

On pourrait demeurer surpris de noms aussi profondément investis d'un pathos peut-être inutile : même si l'on parlait dans ces mêmes années 1960 de « coupure épistémologique », les noms choisis avec soin par Fernand Dumont semblent chargés d'un inhabituel frisson ; noms qui visent, en fin de compte, à rendre sensible une émotion là où le plus neutre et plus habituel « distance » lui suffit parfois :

> En même temps que s'explicite la signification du monde dans une culture soucieuse de ses intentions et de ses fondements, la distance se fait plus nette entre elle et ce que, d'une manière confuse, on appelle la vie quotidienne.
>
> La culture est, pour l'homme, distance de soi-même à soi-même.
>
> [Avec le langage] je reprends aussi à mon compte une certaine distance entre un sens premier du monde disséminé dans la praxis propre à mon

1. Gilles Deleuze, *Différence et répétition,* Paris, PUF, 1989 [1968], p. 116-117. Blessure ici et fêlure là ne supposent sans doute pas exactement les mêmes dispositifs, mais ils renvoient à une expérience de la temporalité qui se répète de part et d'autre.

2. Micheline Cambron avait déjà finement remarqué l'importance de ces « quasi-concepts » pour le travail de Fernand Dumont dans sa préface à la réédition du *Sort de la culture,* Montréal, L'Hexagone, 1995, p. 10.

3. Fernand Dumont, *Le lieu de l'homme,* respectivement p. 27 et 84. Je souligne.

contexte collectif et un univers second où ma communauté historique tâche de se donner, comme horizon, une signification cohérente d'elle-même. Cette distance et les deux pôles qui l'indiquent, c'est bien ce qu'il faudrait entendre par le concept de culture[1].

Distance de la culture, en tant que productrice de significations, avec la vie quotidienne ; distance qui creuse le rapport de tout être avec soi-même ; distance qui ordonne, en fait, la notion de culture. Ces variations indiquent combien la culture est loin de se limiter à ce réservoir d'identités toutes préparées, à ce stock de pratiques inconsciemment assimilées ou à cet ensemble d'œuvres où se réfléchit le monde des hommes, car elle est d'abord le lieu d'une épreuve. C'est pourquoi il faut aussi dire cette distance sous la forme plus sensible du déchirement ou de la blessure.

On doit reconnaître à cette sensibilité la vertu du drame, à la fois par le vertige d'une expérience qui touche, voire qui entame le corps lui-même, et par le jeu des rôles qu'il implique. Sans doute l'examen de la modernité à partir de son plus ancien adversaire, la tradition, induit-il chez Dumont la possibilité d'en traiter en termes de scénarios et de rôles et de révéler, par là même, la secrète parenté de ces deux manières ou de ces deux époques. La société traditionnelle voue, en effet, les êtres qui la composent à recevoir les rôles qu'ils auront à jouer selon leurs états, leurs fonctions, leurs âges, leurs sexes et les situations contingentes dans lesquelles ils se trouvent pris. Le sentiment moderne par où le sujet se façonne lui-même, seul, face à d'autres êtres tous également producteurs de leurs styles propres, se trouve, dès lors, reconduit mais déplacé. On y reconnaît encore des volontés d'édifier son habitat, mais dans un milieu et avec des matériaux reçus et assimilés. Réciproquement, la tradition apparie le nouveau aux vestiges de l'ancien (il suffit à la création de prendre le masque sacré du précédent ou de l'immémorial). De cette dichotomie, Fernand Dumont tire la leçon d'une équivoque continuité, comme, dans la plaie, « la faille et la masse entamée sont à la fois en relation d'opposition et de complémentarité »[2].

1. Fernand Dumont, *Le lieu de l'homme,* respectivement p. 26, 30 et 62.
2. Micheline Cambron, « Préface. Leçon de méthode », p. 10.

Au découpage de la tradition et de la modernité, dans la longue histoire des sociétés humaines, se surimprime l'emboîtage de deux cultures que tout oppose et relie : culture vécue ou dispersée, culture prescrite ou institutionnalisée – ou, plus généralement, culture première et culture seconde, ainsi qu'il les nomme. La première suppose un sentiment du commun et un exercice du familier où s'associent sens vécu et sens aperçu pour l'ensemble d'un groupe ; la seconde s'appuie sur le changement et la recherche d'une cohérence des significations à partir d'une dissociation entre sens vécu et sens aperçu. En celle-là, on reçoit du monde le sens ; en celle-ci, on produit le sens du monde. Ici, on quête un idéal qui ressortit alors de l'avènement ; là, on recherche l'intégration et la production des fins d'un événement.

On peut dire, en définitive, que la culture vécue court sur le fond d'une signifiance généralisée ; face à tout ce qui arrive, les êtres se demandent : de quoi est-ce le signe ? Au contraire, la culture prescrite repose sur un fond d'insignifiance générale ; devant ce qui arrive, on se demande : en quoi est-ce un signe ? C'est pourquoi, autant cette culture première densifie la durée, en valorisant la répétition, autant la culture seconde étale la durée en estimant les répétitions insupportables.

Les formes historiques que peut prendre cette dichotomie n'empêchent cependant pas qu'elle traverse en fait toute société, même si une différence au moins persiste : dans les sociétés traditionnelles, la culture ne forme pas de sphère particulière, tandis que, dans les sociétés modernes, elle fait l'objet d'interprétations spécifiques qui en déréalisent le vécu et en valorisent la représentation. De ce point de vue, la dissociation entre culture d'élite et culture populaire ne décrit pas tant deux formations culturelles que la construction par la culture savante, sous la forme d'une histoire et d'un progrès, du passage du populaire à l'élite. La culture savante se compose et se valorise elle-même en construisant, comme son autre, la culture populaire : « La culture savante a ceci de singulier qu'elle est une *représentation* de la culture. La culture *barbare, sauvage, populaire* est son opposé, pour mieux dire son *résidu* ; elle peut donc être son *objet.* »[1]

1. Fernand Dumont, *Le sort de la culture,* p. 150-151.

Si l'on poursuit encore le jeu d'opposition entre le vécu et l'institutionnalisé, on s'aperçoit que la tradition *renvoie* au passé, alors que l'histoire le *raconte* : « La science historique que nous connaissons n'est pas le prolongement de la tradition ; elle est son renversement. La tradition renvoie au passé ; elle ne le raconte pas. »[1] D'un côté, témoignage qui répond à un souci de légitimation et d'intelligibilité du présent ; de l'autre, trace qui rend intelligible le passé, devenu énigmatique depuis que le présent en est coupé. De part et d'autre, c'est encore de pouvoir qu'il s'agit : en rejetant dans le passé les modèles dont il faut alors hériter, on place le pouvoir hors de portée des êtres vivants qui composent l'ensemble social : le passé a pour charge de maîtriser le présent. À l'inverse, en faisant du passé une altérité par rapport au présent et du présent la source d'innovations constantes, on positionne le pouvoir dans l'invention de soi, au point que, désormais, le présent domine le passé (par ces experts en souvenirs que sont les historiens). Mais en élisant certains moments du passé pour y chérir des avènements, la tradition favorisait aussi l'oubli massif de nombre d'événements. En allouant, au contraire, tant de poids aux événements, les sociétés modernes ne savent plus se débarrasser des innombrables souvenirs qui pourraient devenir signifiants, mais que l'on perd dans la masse documentaire.

Dans quelle configuration sociale la distance trouve-t-elle sa plus grande évidence ? On pourrait croire que, dans les sociétés modernes où les individus sont séparés les uns des autres, où les êtres se trouvent dépossédés de leurs productions, où le passé est coupé du présent, où la culture seconde s'est particulièrement développée, la mise à distance joue plus volontiers que dans les sociétés traditionnelles. Rien n'est moins sûr, car le sentiment de distance du groupe face à son passé ou à son destin collectif trouve dans la *dette* sa figure la plus énigmatique. Par définition, la tradition est d'abord transmission, autrement dit, héritage. Identités, pratiques, rituels, savoirs proviennent tous d'ancêtres ou de dieux du passé envers lesquels on ne peut manquer de demeurer en dette. Tel est ce que les sociétés modernes n'ont eu de cesse d'effacer,

1. Fernand Dumont, *L'avenir de la mémoire,* Québec, Nuit Blanche, 1995, p. 25.

en tentant de se donner à elles-mêmes leurs propres lois, sans égard pour la valeur de l'héritage.

Or, c'est bien en termes d'héritage que Fernand Dumont entend définir la culture, toute culture : « C'est grâce à la culture que l'humanité se déprend de la répétition monotone à laquelle est vouée la condition animale, qu'elle s'inscrit dans une histoire où ses actions se prêtent à une accumulation des œuvres et à un surplomb du devenir. La culture est donc un héritage. Voilà en quoi elle pose un problème de mémoire. »[1] Les sociétés modernes n'y échappent pas ; elles ont simplement tâché d'oublier la dette structurelle qui ne pouvait manquer de les édifier, en faisant du passé un poids plutôt qu'un appui.

On ne peut manquer d'être frappé aujourd'hui par l'effervescence qui touche la mémoire : elle est partout. Engouement pour les commémorations, fascination pour le patrimoine, retour ritualisé des modes d'antan, valorisation des traditions et des folklores ; la mémoire est devenue un spectacle. Aux révolutions des temps modernes, et à l'empire sur nous de la notion même de révolution, succèdent aujourd'hui la restauration de la mémoire et la tâche du souvenir. Si tâche il y a, c'est que la mémoire s'est perdue. Nous visitons aujourd'hui volontiers notre passé parce que la fée de l'histoire l'a changé en musée. Le passé ne se projette plus dans le présent pour l'irriguer de ses leçons, comme avec la tradition, il en est irréductiblement séparé pour mieux être examiné : le passé est objet de connaissance plutôt que réservoir de savoirs.

Fernand Dumont voudrait bien prendre à rebrousse-poil le sens de l'histoire et transformer le spectacle de la mémoire en identité collective. Non par vœu pieux, mais par sens du politique. Comme il le signale, en effet, la production de normes (au lieu de leur réception dans la tradition) nous oblige à recourir au droit plutôt qu'à l'éthique :

> Par suite de la pluralité, de la relativité, de l'usure rapide des normes de conduite, les accords spontanés le cèdent, en bien des secteurs de la vie, à des règles formelles justifiées autrement que par la longévité de leurs applications. La production de la norme, bien plus que sa réception, s'accompagne d'un

1. *Ibid.*, p. 17-18.

recul de l'éthique au profit du droit. L'éthique fait d'abord appel à des attitudes qui s'expriment sans qu'on doive s'interroger sans cesse sur leur fondement ; tandis que le droit provient d'un départage où la raison se combine à la force pour imposer ses diktats[1].

Cette ultime remarque résonne de façon très pascalienne, même si Fernand Dumont n'en conserve pas l'inquiétante tension : « Ne pouvant faire qu'il soit forcé d'obéir à la justice, on a fait qu'il soit juste d'obéir à la force. Ne pouvant fortifier la justice, on a justifié la force, afin que le juste et le fort fussent ensemble. »[2] Le parallèle avec Pascal ne porte pas seulement sur les hasards d'une référence, mais sur une commune entreprise d'adhésion à la tradition (elle-même entée sur une éthique chrétienne).

Si Fernand Dumont oppose, en effet, dans *L'avenir de la mémoire,* sociétés traditionnelles et modernes, c'est pour mieux essayer de sauver la notion de tradition. La tradition ne serait que la « raison d'être »[3] des coutumes. Une fois celles-ci disparues dans la modernité industrielle et urbaine, le passé devient une énigme et l'avenir un projet : se souvenir est alors un métier, celui de l'historien. Mais l'histoire n'est pas seulement connaissance de l'autrefois, travail documentaire où le présent se met à distance du passé, elle est aussi valorisation, appropriation du passé, œuvre de témoignage possible par où le passé s'insère dans le présent. Fernand Dumont en fait deux *lectures* des traces du temps « comme des *documents* à propos desquels je peux m'interroger : cela s'est-il déroulé tel qu'on le rapporte, dans quelle mesure puis-je m'y fier ? Les traces du passé, il m'est loisible aussi d'y voir des *témoignages,* dont je me sente solidaire sans nécessairement m'y identifier tout à fait, et dont je témoignerai à mon tour »[4].

Dans nos sociétés régies par la production où les sujets semblent dépossédés de leur capacité d'agir devant l'autonomie des savoirs et des

1. *Ibid.,* p. 49.
2. Blaise Pascal, *Pensées,* éd. Michel Le Guern, Paris, Gallimard, 1977, § 76.
3. Fernand Dumont, *L'avenir de la mémoire,* p. 20.
4. *Ibid.,* p. 58. On pourrait rapprocher cette réflexion de Dumont de celle de Paul Ricœur qui ajoute au modèle de l'*empreinte,* favori de l'histoire, celui du *témoignage,* lieu de mémoire (« La marque du passé », *Revue de métaphysique et de morale,* mars 1998, p. 7-32).

techniques, le sens de la tradition éviterait les replis dramatiques sur le seul privé : la politique serait moins un spectacle de l'éphémère qu'une participation, une mémoire communément partagée, non simplement reçue, mais à « restaurer sans cesse ». Face au pouvoir anonyme de sociétés de plus en plus homogènes, la mémoire comme faculté d'interprétation du quotidien permettrait de nouer un dialogue des traditions, y compris religieuses, en vue d'une nouvelle tradition à l'échelle de l'humanité. Pour y parvenir il y faudrait un souci pédagogique, où l'école soit lieu de savoirs et de valeurs, et un souci politique, où la démocratie puisse susciter de nouvelles idéologies porteuses de plus d'espérance. Comme « il n'y a pas de valeurs sans croyance », la mémoire spirituelle aiderait à fonder les valeurs de la tradition, et la croyance en la démocratie se situerait avant même toute adhésion à telle ou telle idéologie.

On discerne, dans ces remarques de Fernand Dumont, la tentative d'allier les deux dispositifs temporels de la tradition et de la modernité : l'héritage et le projet, la réception et la production : « La culture est à la fois un legs qui nous vient d'une longue histoire et un projet à reprendre ; en un certain sens, elle n'est rien d'autre qu'une mémoire. »[1] Loin, donc, de s'opposer à la mémoire, la culture ne devrait en être que le prolongement ou le pendant.

Pourtant ce n'est qu'« en un certain sens » que la culture est mémoire. On doit, en effet, se souvenir que la culture relève de procédures et de dispositifs essentiellement modernes. On peut, certes, arguer que la culture renvoie à tout stock de savoirs, d'expériences et de pratiques qui constituent les sociétés humaines : en ce sens-là, il est clair que chaque groupe possède sa propre culture. Mais il faut aussi remarquer combien cette notion de culture est une production occidentale et moderne (*a fortiori* les découpages savants de la culture savante et de la culture populaire : au sens strict, comme on l'a vu, il y a bien des traditions populaires, mais sans doute pas de « culture populaire », sinon soigneusement bâtie par la culture savante comme son

1. *Ibid.*, p. 40.

*objet*). Avant les XVII^e^-XVIII^e^ siècles, il n'est pas question de « culture » au sens où nous l'entendons de nos jours. Bref, la culture ne saurait devenir mémoire qu'à déplacer profondément ses axes ordinaires.

Le fait que l'on n'hésite pas depuis peut-être une décennie (guère plus) à former un syntagme du type « mémoire culturelle » indique bien l'évolution que Fernand Dumont appelait de ses vœux – même si l'on peut aussi s'en méfier et rester prudent devant la dimension volontiers *spectaculaire* que prend cette improbable alliance. Il n'est pas évident que l'on y décèle l'actualisation d'une sagesse qui réponde aux conditions culturelles de l'universalité en même temps qu'aux valeurs de respect de la tradition, même si tel était justement l'espoir de Fernand Dumont :

> Car une sagesse est possible qui, tout en récusant l'absolutisme de la morale, n'est pas pour autant dépourvue de fermeté : une sagesse capable de continuer un héritage sans le répéter, capable de questions neuves sans les escamoter ; une sagesse à l'écoute d'autres options et d'autres formules que la sienne, sans se dissoudre dans la platitude du pluralisme naïf. Le règne d'une telle morale du respect, s'il se pouvait établir, serait la plus haute manifestation de ce processus d'*universalisation* où nous avons vu la marque irréductible de l'accès aux valeurs[1].

Comment arrimer ainsi tradition et culture à une croyance au moment où il s'agit toujours d'être, conformément au projet moderne, « sans crédulité envers la légende »[2] ? Bien sûr, la crédulité n'est que la face sombre et têtue de la croyance. Pourtant est-il possible de s'en débarrasser sans effacer, du coup, la croyance elle-même ? Comment croire tout en maintenant une distance critique ? Peut-on avoir foi en une tradition qui ne serait plus reçue, mais produite ? Et les permanences de la tradition que Dumont souligne dans le discours historique lui-même (héritage des philosophies de l'histoire ou historiographie comme mise à jour des traditions du savoir historique) ne sont-elles autre chose que la dette impayée de l'histoire envers la production du savoir moderne ? La baptiser « figure nouvelle de la tradition » ne suffit

1. *Ibid.*, p. 233.
2. *Ibid.*, p. 58.

pas à en fonder la marque mémorielle, sinon à la façon d'une fantasmagorique commémoration de la mémoire elle-même.

Aussi n'est-ce pas un hasard si Dumont alloue aux anciennes traditions « une vision du monde », car c'est déjà les mettre de notre côté et faciliter la récupération de la tradition : une communauté traditionnelle n'a pas de vision du monde, elle a une mémoire. On ne peut en réduire aussi facilement les différences. Heidegger a depuis longtemps souligné que les temps modernes seuls ont inventé des « visions » ou des « conceptions » du monde :

> C'est pourquoi les locutions « conception du monde des Temps modernes » et « conception moderne du monde » disent deux fois la même chose et supposent ce qui n'a jamais été possible auparavant, à savoir une « conception du monde » médiévale et une « conception du monde » antique. Le Monde en tant qu'image conçue ne devient pas, de médiéval, moderne ; mais que le Monde comme tel devienne image conçue, voilà qui caractérise et distingue le règne des Temps modernes. Pour le Moyen Âge, au contraire, l'étant est l'*ens creatum,* ce qui est créé par le créateur, Dieu personnel agissant en tant que cause suprême[1].

La difficulté tiendrait donc à ce que Fernand Dumont, habité par l'autorité de la tradition, tenterait de la ramener dans le creuset de la modernité, sans apercevoir que celle-ci voue ce qui devrait être reçu depuis une extériorité radicale à devenir produite de façon interne ; or, comment conjoindre d'un même geste hétéronomie et autonomie ? Manifestement nous cherchons aujourd'hui comment repenser ce que nous sommes collectivement, que ce soit sous la forme de nationalismes ou de communautés, d'humanité ou de spiritualité. La mémoire est là qui s'offre. Comment la saisir, comment la faire revivre, alors que nous mettons la liberté au-dessus de l'héritage, la création par-delà la réception ?

Fernand Dumont aperçoit bien la difficulté : « Dans tous les cas, j'ai affaire à des constructions : la tradition aussi bien que le savoir historique renvoient maintenant à des tâches. »[2] Comment faire de la tradi-

1. Cf. Martin Heidegger, « L'époque des conceptions du monde », *Chemins qui ne mènent nulle part,* trad. Wolfgang Brokmeier, Paris, Gallimard, 1986 [1949], p. 118.
2. Fernand Dumont, *L'avenir de la mémoire,* p. 59.

tion une tâche plutôt qu'une dette ? Il semble que le fil soit ténu qui permette de le penser. Il existe pourtant. Maintenir la valeur éminente de la dette envers le passé tout en conservant une distance respectueuse vis-à-vis de nos héritages passe par la prise en compte de la *blessure.*

En donnant à la culture l'envergure d'une distance, d'un entre-deux, d'une plaie, il demeure un respect de la dette en même temps qu'une ouverture au futur. C'était aussi ce que signalait Heidegger, depuis l'élan de la différence ontologique :

> Le repli sur la tradition, frelaté d'humilité et de présomption, n'est capable de rien par lui-même, sinon de fuite et d'aveuglement devant l'instant historial. Savoir l'Incalculable, c'est-à-dire le préserver dans sa vérité, l'homme ne le pourra qu'à partir d'un questionnement créateur, puisant dans la vertu d'une authentique méditation. Celle-ci transpose l'homme du futur dans cet *Entre-deux* dans lequel il appartient à l'être cependant qu'au milieu de l'étant il reste un étranger[1].

Il faudrait réexaminer en ce sens les passages de *Être et temps* qui traitent du *Dasein* comme *pouvoir-être-en-dette* et de son enracinement dans le fait d'*être-affecté.* J'en indique ici rapidement la teneur : l'appel de la conscience morale (entendue non comme faculté de l'esprit humain mais comme « secteur des phénomènes existentiaux qui constituent l'être du là comme ouverture »[2]) est ce qui amène le *Dasein* au pouvoir-être-propre, cet appel consiste à faire découvrir comme structure générique du *Dasein* son être-en-dette (le terme allemand de *Schuld* signifie aussi bien « faute » que « dette ») ; dans la mesure où il est un « être-jeté » dans le monde, le *Dasein* ne s'est pas lui-même positionné dans l'existence, mais il apparaît comme toujours *en retard* sur lui-même, puisque le fait d'être ouvert l'ouvre non seulement au monde mais à lui-même ; en entendant cet appel le *Dasein* fait dès lors de son être-jeté *(Geworfenheit)* un projet *(Entwurf)*[3]. Cette ouverture au temps tient à cet *être-affecté* dont on peut trouver l'ancienne formulation

1. Martin Heidegger, « L'époque des conceptions du monde », p. 125. Je souligne.

2. Martin Heidegger, *Être et temps,* trad. de François Vezin, Paris, Gallimard, 1985, § 55, p. 326. Je rappelle que le *Dasein,* littéralement « être-là », peut être compris comme « être-le-là », ainsi que l'indique Heidegger dans une lettre à Jean Beauffret.

3. Voir Martin Heidegger, *Être et temps,* § 58-59.

dans les remarques de Kant par lesquelles j'avais commencé. La « blessure inguérissable », le « déchirement irréductible », dont traite Fernand Dumont figurent les traces du temps sur les êtres en même temps que les témoignages qu'ils en portent ; ils sont ouverture, appel et dette, signe de cet être-affecté en même temps que témoignage d'un projet.

Tel est bien ce qui permet à Fernand Dumont de faire de la distance qui définit la culture une dette et un appel, ou de la plaie qui signe la tradition une souffrance et un projet. La teneur sociologiquement paradoxale de ces attentes (une culture qui reconnaisse la nécessité des dettes, une tradition qui accepte la distance et le choix) vaut par la position philosophique des enjeux, mais permet aussi de jeter un regard différent sur les réalités quotidiennes et de repérer le travail encore fécond de la tradition dans nos pratiques ou la vertu encore effective d'une culture du projet et de la critique. Est-il étonnant de voir réapparaître chez Fernand Dumont les ressources sereinement théologiques d'une conception de l'histoire et de la tradition qu'il partage, à l'évidence, avec un autre penseur conscient, lui aussi, de leur usage aussi nécessaire que prudent ? « La remémoration peut transformer ce qui est inachevé (le bonheur) en quelque chose d'achevé et ce qui est achevé (la souffrance) en quelque chose d'inachevé. C'est de la théologie ; mais nous faisons, dans la remémoration, une expérience qui nous interdit de concevoir l'histoire de façon fondamentalement athéologique, même si nous n'avons pas, pour autant, le droit d'essayer de l'écrire avec des concepts immédiatement théologiques. »[1]

On conçoit, du coup, la possibilité de distinguer deux usages de la tradition : l'un qui reconduit le poids de ce qui est transmis, avec son lot de préjugés et d'inhibitions, jusque dans la tradition du nouveau ; l'autre qui refait l'expérience du legs et de la dette, pour mieux y découvrir la nouveauté de la tradition. D'un côté, on souscrira d'avance à la célébration d'un passé continu et étanche qui ne nous apprend plus rien ; de l'autre, on deviendra attentif à la discontinuité de chaque situation dans laquelle pénètrent les échardes de l'Autrefois : « De quel péril les phéno-

1. Walter Benjamin, *Paris, capitale du XIX^e^ siècle : le livre des Passages,* trad. Jean Lacoste, Paris, Cerf, 1993, p. 489, N 8, 1.

mènes sont-ils sauvés ? Pas seulement, et pas principalement du discrédit et du mépris dans lesquels ils sont tombés, mais de la catastrophe que représente une certaine façon de les transmettre en les "célébrant" comme "patrimoine". – Ils sont sauvés lorsqu'on met en évidence chez eux la fêlure. – Il y a une tradition qui est une catastrophe. »[1]

La pensée de Fernand Dumont est encore, par elle-même, un exemple de cette intrication possible, souhaitée, entre mémoire et culture, puisque l'entente de la tradition repose, chez lui, sur le constant souci d'une transcendance dans l'histoire humaine, puisque l'écoute de la culture suppose, pour lui, une ouverture aux phénomènes douloureux du monde. Par-delà ou en deçà des passages aux horizons théologiques, cette transcendance vaut moins aujourd'hui pour des échappées attendues hors du monde des hommes que pour un juste retour des choses. Ce n'est pas seulement le pliage d'un Dieu au format humain qui fait la particularité du christianisme qu'a tant pratiqué Fernand Dumont, mais aussi sa souffrance avouée. « *Voir la blessure du Christ,* la célébrer, fut pour les sociétés du christianisme médiéval l'équivalent de dire et penser les fondements, la scène de l'homme et du monde, à l'analogue de ce qui est dit et pensé, dans la culture sécularisée ultramoderne, par les interprètes de l'énigme. »[2] Le fondement n'a d'autre lieu que celui de sa réitération en expérience, de sa *situation* au creux du temps, variable et exemplaire, allouant ainsi aux instants la puissance d'une énigme. Il faut à l'homme un milieu où habiter, quelque chose qu'il peut achever, mais il lui faut aussi un univers qui l'habite et le rende, dès lors, inachevable.

1. *Ibid.*, p. 490-491, N 9, 4. On pourrait rapprocher aussi cette conception de celle qui anime, chez Jacques Derrida, la remémoration de la terreur politique : « Car il y a des situations, des expériences, des sujets qui sont justement en *situation* (mais qu'est-ce que *situer* veut dire dans ce cas ?) d'en témoigner exemplairement. Cette exemplarité ne se réduit plus simplement à celle de l'exemple dans une série. Ce serait plutôt l'exemplarité – remarquable et remarquante – qui donne à lire de façon plus fulgurante, intense, voire *traumatique,* la vérité d'une nécessité universelle. La structure apparaît dans l'expérience de la blessure » (Jacques Derrida, *Le monolinguisme de l'autre, ou la prothèse d'origine,* Paris, Galilée, 1996, p. 48-49). Dans cette inversion de l'usage qui verrait plutôt la vérité permettre de lire les situations quelconques, on retrouvera les vertus de l'ancienne topique.

2. Pierre Legendre, *Dieu au miroir : étude sur l'institution des images. Leçons III,* Paris, Fayard, 1994, p. 27.

# Chapitre VI

## Dialectique au repos et genèse statique

Puisque blessure et immédiateté ont ainsi affaire à la mémoire tout autant qu'à l'oubli, à l'exemplarité tout autant qu'à la contingence, il n'est donc pas possible de réduire l'immédiat à l'équivoque séduction de l'instant. Et pourtant, renoncer à voir dans l'immédiateté la remontée brutale de la bêtise, penser y trouver une source aussi rafraîchissante qu'inattendue, ne conduit-il pas à célébrer, dans la banale emprise des illusions de son époque, la grande messe de la vitesse et de l'instantané dont on compte tant de pieux communiants aujourd'hui ? Sans doute, s'il s'agissait de faire tourner autour de l'éphémère les planètes du savoir, les perspectives sévères d'un Paul Virilio ou les ironies catastrophistes d'un Jean Baudrillard auraient-elles leur raison d'être. Mais la différence de statut entre les deux immédiats révoque toute possibilité de replier le second sur le premier. Même s'il est possible que la prise en compte de l'immédiateté du présent qui résiste soit devenue d'autant plus facile que notre monde a valorisé l'instantanéité du présent qui fuse, il ne faut pas les confondre. Dans l'une l'histoire est annulée, dans l'autre, au contraire, elle veille.

Ce que la réflexion sur la blessure comme quasi-concept ou sur la double expérience de l'immédiat nous a révélé, c'est bien les replis du temps qui y sont impliqués. Autrement dit, il ne suffit pas d'invoquer d'autres mesures de l'histoire, mais encore d'autres conceptions du temps. En effet, penser l'immédiateté, non dans l'absolue fluidité du présent, mais dans le dépliage de ses durées, de ses rythmes, de ses bifurcations, oblige à concevoir une autre forme de temporalité : trouée, tourbillonnaire, *kairotique.*

## TEMPS PHYSIQUE LINÉAIRE ET TEMPS ÉTHICO-RHÉTORIQUE LACUNAIRE

Il serait hautement improbable de renouer avec les Grecs sous prétexte de l'usage du même terme. Le temps humain du *kairos* valait parce qu'il croisait provisoirement le chemin altier du temps divin. De ce dernier, nous n'avons plus guère l'expérience. Par contre, il semble bien que le sentiment d'un temps continu, homogène et quantifié demeure profondément ancré dans nos formes de temporalité, sans doute parce que le christianisme a ramené sur terre et intériorisé en chaque être, tout en lui donnant cependant une orientation linéaire, le temps aristotélicien de la *Physique,* et que les sociétés occidentales modernes l'ont laïcisé sous la figure d'un progrès indéfini.

Il est vrai que la conception d'un temps quantifié et homogène est souvent ramenée à la pensée d'Aristote et à son immense héritage. La position d'Aristote est, en fait, plus complexe – et même, comme on va le voir, doublement plus complexe. D'abord, dans la *Physique,* Aristote met, certes, en scène un temps quantifié, qui répondrait à la définition devenue célébrissime : le temps est le « nombre du mouvement, selon l'avant et l'après »[1]. Puisque le mouvement suit la grandeur, il est donc continu ; puisque le temps est défini en fonction du mouvement, il sera, lui aussi, continu et dénombrable. Pour le dénombrer, il faut le diviser : l'instant est l'unité de division du temps. Mais l'instant, « en un sens, il est le même, en un autre, non : dans la mesure où il réside dans ce qui change, il est autre [...], mais d'après son essence, il est le

1. Aristote, *Physique,* trad. Henri Carteron, Paris, Les Belles Lettres, 1961, 11, 219 *a* 10 - *b* 2

même »[1]. Divisant le temps, l'instant ne peut que changer sans cesse ; marquant l'avant et l'après, il doit rester toujours identique à lui-même et permettre ainsi de concevoir l'essentielle continuité du temps. L'instant est donc fondamentalement double – ce que sa teneur de nombre révèle aussi : en tant qu'il change et saute de moment en moment, c'est un cardinal, en tant qu'il lie graduellement les moments successifs, c'est un ordinal.

S'il apparaît que le temps est bien continu, la cardinalité de l'instant suspend l'homogénéité du mouvement et empêche la prise en compte d'une action. En effet, dans la simultanéité d'un même instant peuvent avoir lieu différentes actions sans lien entre elles. Il y a, pour Aristote, un privilège pragmatique du continu sur le simultané, car celui-ci soumet les actions à un temps unique abstrait qui ne permet jamais de les comprendre, tandis que celui-là ordonne les actions dans des liaisons qui autorisent de les voir comme des « situations ». C'est pourquoi, dans la *Poétique,* Aristote favorise le drame aux dépens de la chronique, car le drame s'occupe d'une action unique qui forme un tout, alors que la chronique rapporte différentes actions dans un même moment sans qu'elles constituent une monade[2] – du coup, le drame recèle une portée générale plus évidente que la chronique. Ainsi, quoique la définition canonique du nombre que reprend Aristote soit un « assemblage de monades »[3], définition qui semble s'appliquer au cardinal, le nombre du temps est manifestement un ordinal. C'est par refus d'un temps abstrait qu'Aristote privilégie le temps continu et par sens d'une monade d'action qu'il déprécie la coupure du temps.

On le voit encore mieux dès que l'on sort d'une définition purement physique du temps. L'exemple de la joie qu'analyse Aristote dans l'*Éthique à Nicomaque* nous met hors d'un temps quantifié : il n'existe

1. *Ibid.,* 11, 219 *a* 2.

2. Aristote, *Poétique,* trad. R. Dupont-Roc, J. Lallot, Paris, Le Seuil, 1980, 23, 1459 *a* 21-29. Cette valorisation de ce qui forme un tout, de ce qui parvient à sa fin, son *telos,* est caractéristique du monde grec et non seulement d'Aristote. Contrairement aux désirs modernes qui trouvent à la participation à un quelconque processus de quoi alimenter le sens d'une gloire personnelle (chacun de nous connaît la phrase célèbre du baron de Coubertin), la gloire, pour un ancien Grec, venait de l'œuvre achevée.

3. Aristote, *Métaphysique,* trad. J. Tricot, Paris, Vrin, 1981, Z, 13, 1039 *a* 12.

pas de gradation continue de la joie, mais un saut dans la cardinalité du bonheur qui lie, dans une même actualité, le passé et le présent. Il n'existe de *praxis* qu'à partir du moment où la fin est immanente à l'action : loin d'une médiation incessante et nécessaire du mouvement pour parvenir à un résultat (entre bâtir et avoir bâti, l'effet n'est pas le même), « bien vivre et avoir bien vécu, goûter le bonheur et avoir goûté le bonheur » forment un acte, une actualité *(energeia)* et non un mouvement *(kinesis)*. C'est dans la prise de cette actualité que passé et présent coexistent. La joie ne tient pas dans le repli sur l'instant, mais, à l'inverse, dans le dépliage temporel qui fait du présent, non le résultat, mais l'éclairage heureux du passé : « Le bonheur présent est ainsi ce qui met en lumière le bonheur passé, le tire de l'oubli et l'enrôle à son service. Réciproquement [...] mon bonheur présent se sent porté par un passé qu'il sait être le sien. [...] La présence du passé dans le présent complète le présent. Celui-ci n'est plus simplement un moment fugitif qui s'opposerait aux deux autres dimensions du temps »[1]. La joie, en son caractère de nécessaire présent, ne forme donc pas simplement une des dimensions, mais bien une synthèse du temps (cela même que Bergson nomme Mémoire). La monade de la joie n'anéantit pas le temps, elle en met à l'écart ou en déplace la conception quantifiée et homogène, elle se tient, immobile, sur le seuil du temps physique, comme un masque plaisant au bord de la fête[2]. Immobile parce que sans mouvement, geste actuel de l'*energeia* et non déplacement continu de la *kinesis*. De la joie actuelle sort aussi la joie de l'actualité ; « par là, le phénomène du bonheur permet de constater un trait fondamental de la vie humaine, le caractère *historique* de celle-ci »[3].

1. Rémi Brague, *Aristote et la question du monde : essai sur le contexte cosmologique et anthropologique de l'ontologie,* Paris, PUF, 1988, p. 479.

2. « L'acte par excellence, l'*energeia,* abolit le temps, puisque passé et présent y coïncident (*Éthique à Nicomaque,* X, 3, 1174 *a* 19 - *b* 9), et la *fin* lui est immanente », dit très justement Victor Goldschmidt, mais il précise bien, y compris pour la *Physique,* que le mouvement est « l'acte de ce qui est en puissance en tant que tel » (III, 1, 201 *a* 10-11) ; mais d'autre part, il « abolit ce qui existe » (*b* 3), ou, plus simplement, ajoute-t-il en note : « *écarte* ou *déplace* » (Victor Goldschmidt, *Temps physique et temps tragique chez Aristote : commentaire sur le Quatrième livre de la Physique (10-14) et sur la Poétique,* Paris, Vrin, 1982, p. 46 et 86).

3. Rémi Brague, *Aristote et la question du monde,* p. 479.

L'historicité ne se trouve pas seulement entée sur la branche du bonheur, mais plus largement, sur l'arbre de la perception, de l'*aisthesis*. Dans la mesure où le plaisir ou la joie sont, en effet, des sensations, là aussi le temps de la physique est déplacé : « C'est toujours en même temps qu'on entend et qu'on a entendu, et, d'une manière générale, qu'on perçoit et qu'on a perçu ; en d'autres termes, il est vrai qu'il n'y a pas de genèse des sensations »[1], ce qui ne signifie pas qu'il n'y aurait aucune cause matérielle, aucun milieu qui en permette le surgissement, mais que la sensation *a lieu* d'un seul coup, comme une altération instantanée. Aristote, sous l'apparence rugueuse d'un temps indéfiniment segmentable et, donc, indéfiniment présent à lui-même, glisse aussi de brillantes monades de temps, ainsi que de la suspension d'un geste dans la dilatation d'un moment peut surgir le geste de la suspension comme un tout décidé. Aristote affirme contre tout atomisme étroit du sujet, lié à un temps fondamentalement discontinu, « la continuité de la sensation, au point de rendre contemporaines la sensation passée et la sensation présente »[2]. Sur le seuil du temps physique, divisible et homogène, défini selon l'avant et l'après, apparaît donc aussi le temps hétérogène et plein de la monade, où surgissent d'emblée passé et présent. La continuité du mouvement s'avère bien différente de la continuité de l'acte : l'une est arithmétique, l'autre rythmique ; l'une est travail, l'autre est geste ; l'une est écoulement différencié de la vie, l'autre *différentielle de la survie :* « L'action n'est pas, comme dans le mouvement, ce qui précède la fin qu'elle vise et dont elle se rapproche peu à peu. L'action survit à sa propre fin (j'ai vu, donc je vois encore), parce que c'est à partir de la fin qu'elle se déploie, parce que la fin circonscrit d'avance le domaine où se déploie l'action, ouvre un horizon qui précède toute saisie partielle. »[3] Voilà aussi pourquoi l'œuvre tragique ordonne à partir de son *telos* la validité du *muthos* qu'elle raconte, qu'elle réitère

1. Aristote, *De sensu,* in *Parva Naturalia,* trad. J. Tricot, Paris, Vrin, 1951, 6, 446 *b* 3-5. J'ai légèrement modifié la traduction.

2. Victor Goldschmidt, *Temps physique et temps tragique chez Aristote,* p. 173. Voir aussi *Réfutations sophistiques,* trad. André Dorion, Paris, Vrin, 1995, 22, 178 *a* 11.

3. Rémi Brague, *Aristote et la question du monde,* p. 471.

même dans les actes des personnages, afin qu'elle anime la mémoire collective[1].

La tradition philosophique a plus volontiers retenu le temps continu de la physique que cette temporalité de l'éthique, de la sensation, de la poétique ou encore de la rhétorique, par laquelle l'orateur, grâce à un bon usage du *kairos,* doit pouvoir s'installer dans l'instant où coexistent le retour de la règle et le saut de l'événement. La prise sur le temps physique a suscité, dès lors, une maîtrise de la mesure. Mais, pour ne pas sombrer non plus dans la simple chronique où disparaît tout lien nouable entre les faits, pour que la succession homogène des instants, des années, des siècles, donne lieu à de l'histoire, il fallait lui adjoindre un autre élément que la mesure : la médiation, qu'elle soit supra-temporelle avec Dieu ou intra-temporelle avec l'Esprit absolu, voire infra-temporelle avec le matérialisme historique.

## LE DÉMON DE L'IMMÉDIATETÉ : BENJAMIN MARXISTE

Dans une des critiques importantes que Theodor Adorno fit à son ami Walter Benjamin à propos de son ouvrage sur Baudelaire, modèle en miniature de son grand œuvre sur les *Passages,* il s'inquiète justement du démon de l'immédiateté : « À moins que je ne m'illusionne beaucoup, il manque une chose à cette dialectique : la médiation. Tout au long une tendance domine, celle de rapporter immédiatement les contenus pragmatiques du *Baudelaire* aux traits avoisinants de l'histoire sociale de son temps et même, le plus possible, à ceux de

1. Les Grecs n'ont pas fondé d'institutions politiques centralisées, mais une culture commune mémorialisée par les festivals et les jeux qui les réunissaient : les *muthoï* constituaient autant de manière d'ordonner le tout des cités grecques. Voir Gregor Nagy, *Pindar's Homer : The Lyric Possession of an Epic Past,* Baltimore, Johns Hopkins University Press, 1990, et Florence Dupont, *L'invention de la littérature : de l'ivresse grecque au livre latin,* Paris, La Découverte, 1994.

nature économique [...] : pour moi, du point de vue de la méthode, il est maladroit d'interpréter en termes "matérialistes" des aspects particuliers qui relèvent évidemment de la superstructure, cela en les rapportant sans médiation ou même par voie de causalité, à des aspects correspondants de l'infrastructure. La détermination matérialiste des caractères culturels n'est possible que par la médiation du procès global. »[1] Non seulement la simultanéité n'est-elle pas la garantie, pour Adorno, d'une authentique interprétation ; mais surtout le collage immédiat de deux plans de la réalité, l'un relevant de la superstructure, l'autre de l'infrastructure, semble court-circuiter la dignité ou la légitimité de l'opération dialectique, c'est-à-dire de l'intégration de tel ou tel phénomène dans la totalité du procès. Cette nécessité d'une médiation dialectique semble bien provenir d'une mésinterprétation toujours possible de la division marxiste entre infra- et superstructure : afin d'éviter qu'on ne forme leur relation sur le modèle classique de la métaphysique, à savoir la séparation ontologique de deux ordres de réalité (Dieu comme cause et principe premier du monde humain comme effet), il faudrait affirmer le caractère indispensable d'une dialectique articulant sans cesse ces deux plans pragmatiques (et non ces deux ordres ontologiques) de la réalité.

Pourtant, la conception marxiste de la *praxis* semble pouvoir empêcher, par principe, une telle interprétation : la relation entre ces deux plans ne peut suivre le modèle de la cause et de l'effet, puisque la *praxis* est, de toute façon, le seul ordre de réalité. « Car la *praxis* n'est pas quelque chose qui aurait besoin d'une médiation dialectique pour se représenter ensuite comme positivité dans la forme de la superstructure : elle est d'emblée "ce qu'elle est vraiment" [...]. Si cela est vrai, le rapport entre structure et superstructure ne peut être ni de détermination causale ni de médiation dialectique, mais d'*identité immédiate*. [...] Le seul vrai matérialisme est celui qui supprime radicalement cette séparation, sans jamais considérer la réalité historique comme la somme

1. Theodor Adorno, « Lettre du 10 novembre 1938 », *in* Walter Benjamin, *Correspondance II, 1929-1940,* trad. Guy Petitdemange, Paris, Aubier Montaigne, 1979, p. 269-270.

d'une structure et d'une superstructure, mais comme l'unité immédiate de deux termes dans la *praxis*. »[1]

De Engels à Adorno et consorts, on tâchera pourtant d'éviter toute mésinterprétation strictement causaliste par l'implication de la dialectique (qui reste diablement hégélienne) de la médiation nécessaire du procès global. Walter Benjamin adopte manifestement une autre tactique : il est prêt à laisser la causalité à l'horizon du marxisme, tout en maintenant l'analyse effective sur le terrain des manifestations : « Marx expose la corrélation causale *[Kausalzusammenhang]* entre l'économie et la culture. Ici ce qui importe, c'est la corrélation expressive *[Ausdruckszusammenhang]*. Il faut présenter non plus la genèse économique de la culture mais l'expression de l'économie dans sa culture. [...] Cette enquête [...] va tout d'abord faire voir de quelle façon l'environnement dans lequel la doctrine de Marx apparut influença celui-ci par son caractère expressif *[Ausdruckscharakter]* et non, par conséquent, par ses corrélations causales ; mais elle va montrer ensuite par quels traits le marxisme, lui aussi, partage le caractère expressif des produits matériels qui lui sont contemporains. »[2] Avec cette corrélation expressive peu-

1. Giorgio Agamben, *Enfance et histoire*, p. 144-145. On peut aussi l'exprimer à la façon de Gilles Deleuze : « L'économique, c'est la dialectique sociale elle-même, c'est-à-dire l'ensemble des problèmes qui se posent à une société donnée, le champ synthétique et problématisant de cette société. En toute rigueur, il n'y a de problèmes sociaux qu'économiques, bien que les solutions en soient juridiques, politiques, idéologiques, et que les problèmes s'expriment aussi dans ces champs de résolubilité [...], la solution est toujours celle qu'une société mérite, engendre, en fonction de la manière dont elle a su poser, dans ses relations réelles, les problèmes qui se posent en elle et à elle dans les rapports différentiels qu'elle incarne » (Gilles Deleuze, *Différence et répétition*, p. 241).

2. Walter Benjamin, *Paris, capitale du XIXe siècle : le livre des Passages*, trad. Jean Lacoste, Paris, Cerf, 1993, p. 476, N 1 *a*, 6-7 (*Das Passagen-Werk*, éd. Rolf Tiedemann, Frankfurt, Suhrkamp, 1982). Giorgio Colli, ce grand connaisseur de Nietzsche et des Grecs, réinterprète ainsi l'*ousia* aristotélicienne : « *L'expression est la substance du monde.* [...] La signification, la manifestation tirent leur nom de quelque chose qui se tient en-dessous. Mais cet être en-dessous, dès lors qu'il est introduit dans le contexte discursif, n'est plus en-dessous. Ce qui est véritablement en-dessous ne peut être appelé substance, puisqu'on ne peut lui attribuer de nom dans la mesure même où il est caché et peut seulement être exprimé. [...] On peut supposer qu'Aristote, pour autant qu'il soit compris avec finesse, ait employé semblablement le terme "substance" *(ousia)*, qui est avant tout une catégorie, c'est-à-dire un prédicat, ou en d'autres termes une représentation, et qui en outre dévoile, nomme la nature d'une *immédiateté* qui se tient en dehors du contexte représentatif » (*Philosophie de l'expression*, trad. Marie-José Tramuta, Montpellier, Éditions de L'Éclat, 1988, p. 29) (les dernières italiques sont miennes).

vent, donc, matériellement apparaître les différents plans de la réalité. La mise en relation (littéralement, ce qui tient ensemble, *Zusammenhang,* suspendu au même crochet de l'existence) se fait, non par la médiation dialectique du procès global, mais dans l'immédiateté du caractère expressif[1].

## LE MAINTENANT ET L'AUTREFOIS : LA DIALECTIQUE AU REPOS

Comme Phèdre qui meurt murmure simplement qu'elle rend au jour « toute sa pureté », il faudrait qu'une dialectique immobile, suspendue sur le seuil du temps, puisse en faire de même. Ce n'est pas, en effet, la dialectique que l'on devrait oublier dans l' « unité immédiate » dont parle Giorgio Agamben, mais la conception classique du temps homogène dans laquelle on voudrait la remiser[2]. C'est pourquoi, en des

1. Chez Marx, ce ne sont pas simplement super- et infrastructures qui se fondent dans la *praxis,* mais aussi la dualité classique de la production et de la consommation dont les médiations réciproques s'articulent sur une immédiateté fondamentale : « Production est directement consommation, consommation est directement production. Chacune est immédiatement son contraire, mais en même temps [autrement dit, là encore dans l'immédiateté] s'opère un mouvement médiateur entre les deux » (*Introduction générale à la critique de l'économie politique,* dans *Œuvres,* trad. M. Rubel, L. Évrard, Paris, Gallimard, 1977, « Bibliothèque de la Pléiade », t. I, p. 244).

2. Il semble bien que réside là justement le projet d'un Daniel Roche au moment d'aborder les objets de la culture matérielle, au moment de faire face au banal : « Pour comprendre la relation entre la production des objets et leur consommation, il faut donc remettre en question l'opposition classique entre les infrastructures et les superstructures, entre les réalités et les représentations [...]. Les objets ne relèvent ni seulement de la cave ni uniquement du grenier [allusion à l'ouvrage de Michel Vovelle, *De la cave au grenier, un itinéraire en Provence, de l'histoire sociale à l'histoire des mentalités,* Paris, Edisud, 1981], ou alors *simultanément* des deux [...]. La vie matérielle établit sans doute dans l'histoire "les limites du possible et de l'impossible", comme le voulait Braudel, mais elle le fait dans l'*imbrication de contextes sociaux* d'informations et de communications qui organisent la signification des choses et des biens, et non dans la *succession et la séparation claire de temporalités* propices à des comportements types » (Daniel Roche, *Histoire des choses banales : Naissance de la consommation, XVII^e^-XIX^e^ siècles,* Paris, Fayard, 1997, p. 10-11) (mes italiques).

pages particulièrement difficiles de son ouvrage sur les passages parisiens, Walter Benjamin esquisse, avec le crayon de la dialectique, la physionomie d'une autre temporalité.

« Il ne faut pas dire que le passé *[Vergangene]* éclaire le présent *[Gegenwärtig]* ou que le présent éclaire le passé. Une image, au contraire, est ce en quoi l'Autrefois *[Gewesene]* rencontre le Maintenant *[Jetzt]* dans un éclair pour former une constellation. En d'autres termes, l'image est la dialectique à l'arrêt *[im Stillstand]*. Car, tandis que la relation du présent avec le passé est purement temporelle, continue, la relation de l'Autrefois avec le Maintenant est dialectique. »[1]

Lier passé et présent ne reconduit pas simplement la rencontre de l'Autrefois et du Maintenant. Le changement de vocabulaire indique aussi une autre conception de la temporalité. Que l'éclairage vienne du passé sur le présent ou du présent sur le passé, l'opération consiste à donner à la connaissance la figure continue du temps, alors que la constellation ou la cristallisation de l'Autrefois et du Maintenant octroient au temps l'image discontinue du savoir. Mais cette synchronisation n'est explosive qu'à demeurer dans un perpétuel déphasage de l'instant avec lui-même. La vérité d'une lecture n'est pas produite dans le temps et, donc, dépendante du pouvoir d'un contexte sur un autre ; c'est le temps qui charge la vérité de sa puissance explosive, en rythmant les figures dialectiques de l'Autrefois et du Maintenant.

Il s'agit donc de distinguer la pure temporalité classique, celle de la continuité homogène des temps par où passé et présent échangent leurs réciproques éclairages – que l'on cherche à illuminer l'un par l'autre ou à mettre en lumière l'autre par l'un n'est fondamentalement guère différent – d'une autre forme du temps résidant dans le rapprochement soudain, le contact du Ce-qui-a-été *(das Gewesene)* et du Maintenant *(Jetzt)*. Loin d'être un temps mesuré selon le nombre du mouvement : l'avant et l'après, qui permet parfois au passé de revenir dans le présent ou au présent de se déporter dans le passé, cette dialectique opère, littéralement, à l'état de repos *(im stillstand)*. Ce repos n'est pas l'opposé du

1. Walter Benjamin, *Paris, capitale du XX^e^ siècle : le livre des passages*, p. 478, N 2 *a*, 3.

mouvement, mais son degré zéro, ou, plus précisément son instant de plus grande contraction, là où les deux immédiatetés sont à même d'entrer en relation, de former une constellation et non uniquement un double embrayage du temps : « La marque historique des images n'indique pas seulement qu'elles appartiennent à une époque déterminée, elle indique surtout qu'elles ne parviennent à la lisibilité *[Lesbarkeit]* qu'à une époque déterminée. Et le fait de parvenir "à la lisibilité" représente certes un point critique déterminé dans le mouvement qui les anime. Chaque présent est déterminé par les images qui sont synchrones *(synchronistisch)* avec lui ; chaque Maintenant est le Maintenant d'une connaissabilité *[Erkennbarkeit]* déterminée. Avec lui, la vérité est chargée de temps jusqu'à en exploser. »[1]

Il faudrait, dès lors, ramasser non deux, mais bien trois immédiatetés : le Maintenant du présent qui s'évanouit, l'Autrefois du présent qui résiste et l'image qui les lie immédiatement, rendant, du coup, lisible leur configuration. C'est en quoi cette dialectique est dite « de nature figurative *[bildlich]* »[2]. À l'état de repos, la dialectique devient image en déterminant un effet de synchronie de présents pourtant hétérogènes. Ce n'est cependant pas n'importe quel passé qui saute dans le Maintenant, mais celui que peut accueillir l'Autrefois dans l'instant décisif de la synchronisation, dans la lenteur tenace d'un moment. En s'installant ainsi dans des figures, le temps s'inscrit sur des surfaces, détermine les conditions de possibilité d'une histoire, d'une connaissance de cette histoire, bref d'une lecture.

## LA LECTURE DE L'HISTOIRE

Par « conditions de possibilité », je ne voudrais pas plaquer sur cette conception un lexique trop kantien, ni rapporter la « lisibilité » de l'histoire benjaminienne aux *a priori* historiques et aux conditions

1. *Ibid.*, p. 479, N 3, 1.
2. *Ibid.*, p. 480, N 3, 1.

d'énonciation foucaldiens. Le propos de Walter Benjamin s'accorde beaucoup mieux à celui d'un philosophe pour lui marquant, et qui permet, me semble-t-il, de mieux le lire, je veux parler encore une fois de Bergson. Pour celui-ci, le possible naît du réel qui a eu lieu et non le réel des possibles qui préexisteraient. Le possible est ce que l'action effective, justement, *aura rendu* possible, en même temps qu'il *devient* ce que l'esprit rejette dans le passé de l'action[1]. Le temps du possible est le futur antérieur, il est le souvenir que se donne l'oubli du présent. La « lisibilité » ne désigne donc pas l'état des possibilités, le « système de la discursivité » comme le dit Michel Foucault : « S'il y a des choses dites – et celles-là seulement –, il ne faut pas en demander la raison immédiate aux choses qui s'y trouvent dites ou aux hommes qui les ont dites, mais au système de la discursivité, aux possibilités et aux impossibilités énonciatives qu'il ménage. »[2] La « lisibilité » pour Walter Benjamin sourd des choses effectivement dites et des hommes qui les ont réellement énoncées dès lors qu'une raison immédiate en apparaît dans la rencontre avec un autre présent : de même qu'il y a « identité immédiate » entre infrastructure et superstructure à partir du moment où tous deux sont ancrés dans la pratique, il existe une immédiate identité entre l'Autrefois et le Maintenant quand leurs différentes expériences pratiques sont ancrées dans le moment de la lecture. Chez Foucault, tout gravite autour des énoncés et de leur archivage. Chez Benjamin, chaque événement de l'Autrefois et chaque lecture du Maintenant s'éveillent dans le moment immédiatement lointain de leur figuration. Reconstruire les conditions de possibilité de ce qui a été dit ne signifie pas, dès lors, mettre en relief tout ce qui a permis ou interdit de dire ce qui a été dit, mais mettre en scène ce qu'a permis ou empêché de dire ce qui a été dit : il n'y a pas d'abord le vaste espace des possibles et ensuite la sélection des énoncés selon les situations d'énonciation ; mais *d'emblée* l'ensemble des énoncés en fonction des situations d'énonciation, puis ce que ces énoncés

1. Voir Henri Bergson, « Le possible et le réel », *La pensée et le mouvant : Essais et conférences,* Paris, F. Alcan, 1939, p. 115-134.

2. Michel Foucault, *L'archéologie du savoir,* Paris, Gallimard, 1984 [1969], p. 170.

ont rendu possible de dire, soit par réitération, soit par déformation, soit par emprunt, soit même par oubli.

Pour entrevoir mieux ce qui se glisse sous le terme, à la fois si modeste et si lourd, de lecture, on peut rappeler un texte de jeunesse de Walter Benjamin : « La perception est lecture. Seul est lisible ce qui à la surface est apparent. La surface est la configuration – absolue relation. » Et il précise dans un fragment suivant : « Il y a trois configurations de la surface absolue : le signe, la perception, le symbole. Le premier et le troisième doivent *apparaître* sous la forme du second. »[1] La lecture benjaminienne se dispense des profondeurs, elle écarte tranquillement toute plongée herméneutique et disperse son regard à la surface des événements et des choses, là où « prennent » des configurations, d'immédiates mises en relation (c'est ce que l'*absoluter Zusammenhang* peut ici désigner : la mise en relation, le tenir-ensemble, le sens du continu est absolu parce que sans médiation nécessaire). L'absolu, pour Walter Benjamin, ne renvoie à aucune transcendance (pas plus que la lecture ne cherche sa source dans l'obscurité d'un dessous des choses) : l'absolu est ce qui se trouve immédiatement là, inscrit sur la surface, dans une nuée d'expressions dont on ne peut, logiquement, sentir l'effet que par une perception.

Le monde est la demeure de signes inapaisables, de signes endormis dans leur caractère de ruine ; la lecture les touche et les éveille parce qu'elle est est également touchée par ces signes, par ces ruines qui veillent. Le lisible est affaire de liaison, moins spatiale (nouer en gerbe des faits) que temporelle (rythmer des signes). « La liaison des instants vraiment actifs (rythme) est toujours effectuée sur un plan qui diffère du plan où s'exécute l'action. »[2] La mesure demeure homogène au plan de

1. « Wahrnehmung ist Lesen
Lesbar ist nur in der Fläche [E]rscheinendes.
[...]
Fläche die Configuration ist – absoluter Zusammenhang. »
« Es gibt drei Configurationen in der absoluten Fläche : Zeichen, Wahrnehmung, Symbol. Das erste und dritte müssen in der Form des zweiten *erscheinen* « (Walter Benjamin, » Über die Wahrnehmung in sich «, *Gesammelte Schriften,* VI : *Fragmente Autobiographische Schriften,* éd. Rolf Tiedemann, Hermann Schweppenhaüser, Francfort, Suhrkamp, 1991, p. 32, § 17 et 18) (ma traduction, aussi littérale que possible).

2. Gaston Bachelard, *La dialectique de la durée,* Paris, Boivin, p. 128-129.

l'action, elle détermine des moments tous identiques, non des événements. La lecture, elle, n'opère pas hors du milieu de l'action, car il n'y a rien que ce milieu-là, ou plutôt que cette multiplicité de milieux que créent et dans lesquels reposent les actions, mais elle passe entre les milieux, elle fait les passages de milieux à milieux : lire consiste à se délier d'une action pour mieux la lier à d'autres, à percevoir le rythme des événements. Le rythme est au temps ce que les couleurs sont à l'espace : un « *a priori* matériel » comme dirait Ludwig Wittgenstein.

En donnant ainsi un visage aux dates du passé, l'historien fait percevoir le rythme qui les compose : moins que d'en rendre compte, il leur rend justice[1]. Loin de laisser le nombre du mouvement scander chaque présent uniformément en une continuité aussi objective que précaire, loin aussi de faire porter tout le poids de l'investigation sur chaque présent coupé de l'avant et surtout de l'après, l'historien provoque simultanément la continuité d'un temps dont toutes les tensions se trouvent assemblées dans le foyer d'une monade et la discontinuité permanente d'un passé portant le présent à son point critique et circonscrivant dans le noyau de cette monade l'incessante divergence de l'avant et de l'après : « L'histoire antérieure et l'histoire ultérieure d'un fait historique apparaissent en lui grâce à sa présentation dialectique. Bien plus, chaque fait historique présenté dialectiquement se polarise et devient un champ de forces où se vide la querelle entre son histoire antérieure et son histoire ultérieure. Il devient ce champ de forces lorsque l'actualité pénètre en lui. Et ainsi le fait historique ne cesse de se polariser à nouveau, jamais de la même manière, selon l'histoire antérieure et postérieure. Et il le fait en dehors de lui, dans l'actualité elle-même. »[2] Parce que le temps du possible est le futur antérieur, amener l'Autrefois à ses conditions de lisibilité dans le Maintenant suppose que le souvenir se métamorphose en

1. Walter Benjamin, *Das Passagen-Werk,* p. 488, N 7 *a*, 2. En ce sens, on renouerait avec, sans doute, la plus ancienne acception du terme *histor* : sur le bouclier d'Achille (*Iliade,* XVIII, 499-501), il désigne le personnage qui sert d'arbitre à un conflit et non le témoin qui rapporte ce qu'il a vu.

2. Walter Benjamin, *Paris, capitale du XX$^{e}$ siècle : le livre des passages,* p. 488, N 7 *a*, 1. Voir aussi : « Le présent détermine dans l'objet du passé l'endroit où *divergent* son histoire antérieure et son histoire ultérieure, de façon à circonscrire son noyau » (p. 494, N 11, 5) (je souligne).

attente. Il ne s'agit pas de faire vœu d'anachronisme en plaquant sur une époque son devenir et fausser du coup l'inattendu, entraver le sentiment d'inconnu et de surprise qui naît à chacun des passages du temps. Il n'est même pas question de s'adosser au mur de l'empirique et d'accepter qu'il nous soit impossible de traiter vraiment une époque dans la totale ignorance de ce qui l'a suivie. La position porte ici sur les conditions de lisibilité (autrement dit, au niveau de ce que Kant appelait une analytique transcendentale) : la monade de temps, constituée par le réveil de l'Autrefois au moment où celui-ci même met en « position critique le présent »[1], n'est pas simplement limitée par les mesures obstinées de l'avant et de l'après, elle fait de ces points sur la droite du temps des forces dans le champ de l'histoire. Du modèle géométrique, on est passé aux leçons de la dynamique.

« C'est une faute de méthode d'employer, en histoire, le futur antérieur »[2] rappelle légitimement Paul Ricœur. Et pourtant c'est ignorer cette autre donne de l'histoire lorsque l'on veut bien adopter une logique de l'immédiateté et une analytique de la lecture, bref une pratique du *kairos*. Même si la dynamique benjaminienne semble plus volontiers s'installer du côté des solides et de leurs chocs, rien n'empêche plutôt de la verser au compte des fluides et de leurs courants. Cela permet de mieux rapprocher *kairos* et *graphè* (dans le *Phèdre,* Platon parle bien de la *graphè* comme d'une écriture sur l'eau) : « Tous les deux doivent être rapportés à l'instantanéité – l'*irruption* soudaine de la pensée – et *marquent* [...] une *via rupta,* toujours à recommencer, jamais tracée une fois pour toutes. »[3] Mais l'art de la navigation, qui est aussi manière d'écrire sur l'eau, court parallèlement à l'usage de la lecture. S'appuyant sur une étymologie (pour une fois correcte) d'Isidore de Séville, Maria Tasinato montre leur commun « ancrage » dans la nécessité de *parcourir* mers et pages, selon les occasions, et de s'ouvrir,

1. *Ibid.,* p. 488, N 7 *a,* 5.

2. Paul Ricœur, « Histoire et mémoire », *De l'histoire au cinéma,* Paris, Complexe, 1998, p. 28, cité par Jean Leduc, *Les historiens et le temps : conceptions, problématiques, écritures,* Paris, Le Seuil, 1999, p. 83.

3. Maria Tasinato, *L'œil du silence : éloge de la lecture,* trad. Jean-Paul Manganaro et Camille Dumoulié, Lagrasse, Verdier, 1989, p. 105.

par expérience, un bon chemin de passage, un *poros,* au milieu des vagues écumantes et des lignes d'écriture. « Mais la liaison entre *poros* et *peritia* [expérience, habileté] est encore plus intime, puisqu'ils dérivent tous deux de *peiro* (je traverse), verbe auquel remonte une grande famille de mots grecs et latins : *em-peiria, peirasmos* (épreuve, tentation) [...] ; ce verbe, mis à part traverser, signifie aussi transpercer ou passer de part en part. »[1] Hermès, dieu des messages qu'il faut lire, des ruses qu'il faut déjouer, traversé par ses propres pensées, invente la lyre en transperçant (*peraino,* qui vient de *peiro*) le dos d'une tortue comme un métier à tisser musical. Ces anciens jeux du langage ne surgissent pas du fond des temps pour légitimer des procédures historiographiques, mais traversent l'histoire pour nous permettre d'imaginer des dispositifs temporels où l'expérience de la lecture puisse ouvrir un passage du possible, ils viennent justement porter le présent à un point critique en le chargeant de ce qu'il n'est plus mais qu'il lui aura été possible d'entendre.

L'écriture de l'histoire tient moins d'une production du temps que d'une lecture du contretemps. Parce qu'il y a discontinuité radicale du présent et du passé, parce que les points qui découpaient et mesuraient le temps selon l'avant et l'après apparaissent désormais comme des vecteurs de forces divergents, peut se matérialiser dans une image non un procès de médiation, mais une immédiateté dialectique : « L'immobilisation [*das Stilstellen,* la mise au repos] des pensées fait, autant que leur mouvement, partie de la pensée. Lorsque la pensée s'immobilise dans une constellation saturée de tensions, apparaît l'image dialectique. C'est la césure *[Zäsur]* dans le mouvement de la pensée. »[2] On peut y sentir un écho spéculatif de la césure hölderlinienne, « suspension antirythmique » qui amène justement au jour le transport tragique et le rythme des signes, qui est à la fois déchirement « où ne reste plus rien que les conditions du temps ou de l'espace » et

1. Maria Tasinato, *L'œil du silence,* p. 106-107. L'étymologie d'Isidore est celle-ci « Lecteur vient de lire *[legendo],* c'est-à-dire parcourir *[percurrendo].* On dit d'un bateau aussi qu'il lit *[legere]* le lieu par lequel il passe *[transit]* » (*Étymologies,* X, 155 (383 B)).

2. Walter Benjamin, *Paris, capitale du XX*^e^ *siècle : le livre des passages,* p. 494, N 10 *a,* 3.

manière d'équilibrer, ou mieux, de protéger le rythme[1], la césure est à la fois signe improbable qui déchire le sens et trace intempestive qui protège le temps.

## LA GENÈSE STATIQUE

En jetant le temps « hors de ses gonds », comme le dit Hamlet, la césure distribue de façon inégale l'antérieur et le postérieur, elle induit une « synthèse statique du temps. Statique forcément, puisque le temps n'est plus subordonné au mouvement ; forme du changement le plus radical, mais la forme du changement ne change pas. C'est la césure, et l'avant et l'après qu'elle ordonne une fois pour toutes, qui constituent la fêlure du Je »[2]. Cette fêlure du Je, on peut la discerner déjà lorsque Kant critique la conception cartésienne du *cogito* pour avoir oublié le temps en route. Dès que la forme pure du temps, comme forme *a priori* de l'intuition sensible, s'installe dans le sujet, elle le fêle, elle scinde à chaque fois tous ses présents, de sorte à déphaser l'instant par égard à lui-même (le propos lévinassien, dont on avait pu percevoir la reprise, en quelque sorte atonale, d'une mélodie bergsonienne, se révèle encore comme l'écho coloré de la grande ritournelle kantienne).

Dans cette non-soumission de l'ordre du temps à la régularité du mouvement, on ne saurait effacer le rejet de la médiation hégélienne : là où écriture et lecture nous transportent sur des mers immédiates, la

1. « Si d'un côté le rythme des représentations est ainsi constitué que, dans la rapidité de l'inspiration, les *premières* sont plutôt entraînées par les *suivantes,* alors la césure [...] doit se trouver par-devant, de telle sorte que la première moitié soit pour ainsi dire protégée contre la seconde. [...] Si au contraire le rythme des représentations est constitué de telle sorte que les *suivantes* sont plus pressées par les *premières,* alors la césure *a)* se trouvera plutôt vers la fin, parce que c'est la fin qui doit pour ainsi dire être protégée contre le début » (Friedrich Hölderlin, « Remarques sur Œdipe », *Œuvres,* sous la dir. de Philippe Jaccottet, Paris, Gallimard, 1989, « Bibliothèque de la Pléiade », p. 959).

2. Gilles Deleuze, *Différence et répétition,* p. 120.

médiation est faux mouvement, faux transport, façon de recouvrir les différences individuantes[1]. Il devient alors indispensable de retracer les expressions effectives du mouvement et de cristalliser, en deçà du mouvement, l'immédiateté de sa forme. Cette genèse ne va pas d'un terme actuel à un autre selon l'élan habituel de la médiation qui devrait justifier semblable déplacement, mais elle est conduite, immédiatement, du virtuel à son actualisation comme l'art des problèmes se trouve d'emblée dans l'esthétique des solutions réelles. Cette « genèse statique », comme l'appelle, de façon ouvertement paradoxale, Gilles Deleuze, recoupe la « dialectique au repos », non moins inattendue, de Walter Benjamin.

La genèse statique semble, certes, évoluer « dans l'élément d'une supra-historicité »[2], mais non d'une anhistoricité, puisqu'il n'est jamais question de déterminer l'essence d'un genre, d'une époque, d'un état de choses. La genèse statique est genèse des Idées, autrement dit des formations de problèmes et le « problème, en tant qu'objet de l'Idée, se trouve du côté des événements, des affections, des accidents plutôt que de l'essence [...]. Si bien que le domaine de l'Idée, c'est l'inessentiel »[3]. L'histoire ne cesse, justement, d'arpenter le territoire de l'inessentiel. L'inessentiel est à l'essence ce que l'immédiateté est à la médiation : à la fois la représentation inverse et l'énergie motrice. La question que ne cessent de poser l'essence ou la médiation commence toujours par « qu'est-ce que » et vise à arrêter la dynamique dans une définition (comme un segment fini sur la plage de la pensée), alors que la question que posent l'inessentiel ou l'immédiateté débute plutôt par « comment », « en quelle situation », « combien » , « qui », afin de repérer les points d'ébullition ou de cristallisation d'un événement. Là encore, le

1. « La différence individuante précède dans l'être les différences génériques, spécifiques et même individuelles [...]. Ce n'est donc pas du tout de la même façon que, dans l'analogie de l'être, les différences génériques et les différences spécifiques se médiatisent en général, par rapport à des différences individuelles, et que, dans l'univocité, l'être univoque se dit immédiatement des différences individuantes, ou que l'universel se dit du plus singulier indépendamment de toute médiation » (Gilles Deleuze, *Différence et répétition,* p. 57).

2. Gilles Deleuze, *Différence et répétition,* p. 238.

3. *Ibid.,* p. 243.

dédoublement ou le déphasage opèrent, car dans le creuset de l'événement s'installent deux plans « se faisant écho sans ressemblance, les uns réels au niveau des solutions engendrées, les autres idéels ou idéaux dans les conditions du problème [...]. La série idéelle jouit d'une double propriété de transcendance et d'immanence par rapport au réel »[1].

Voilà pourquoi l'histoire n'est lisible que dans le cristal des Idées, même si c'est l'histoire seule qui les écrit. Loin de verser dans un idéalisme conquérant (Gilles Deleuze décrit au contraire sa recherche comme un « empirisme transcendantal »), la genèse statique nous amène à reconsidérer la relation des Idées au temps, leur manière d'être « tenues ensemble » *(Zusammenhang)* et de ne pas glisser dans la vaine représentation d'essences, par définition intemporelles, sans lâcher pourtant la nécessité de les décrire, de les lire, bref d'en percevoir les valeurs. Car « le problème de la pensée n'est pas lié à l'essence, mais à l'évaluation de ce qui a de l'importance et de ce qui n'en a pas, à la répartition du singulier et du régulier, du remarquable et de l'ordinaire, qui se fait tout entière dans l'inessentiel ou dans la description d'une multiplicité, par rapport aux événements idéaux qui constituent les conditions d'un "problème" »[2]. L'évaluation en question porte moins sur les quantités à l'œuvre dans tel événement que sur les qualités qui en signalent l'intensité propre.

## L'HISTOIRE COMME INTENSITÉ DES PROBLÈMES : LA SURVIE

Quand la pensée prend son temps, elle fabrique des médiations afin que l'histoire, même discontinue, soit assignée à la représentation de sens ; lorsque le temps prend la pensée, il implique une urgence des pro-

1. *Ibid.*, p. 244.
2. *Ibid.*, p. 245.

blèmes, une intensité des événements, où l'histoire, même démultipliée, devient immédiatement lisible dans des condensations de singularités. L'intensité suppose la différence comme la nostalgie suppose le passé, elle est « l'insensible pour la sensibilité empirique qui ne saisit d'intensité que déjà recouverte ou médiatisée par la qualité qu'elle crée, et pourtant ce qui ne peut être que senti du point de vue de la sensibilité transcendante qui l'appréhende immédiatement dans la rencontre »[1].

Dans l'intensité, on voit œuvrer aussi bien l'intelligence que l'aveuglement et il n'est pas d'époque pour l'une plus que pour l'autre. À chaque moment de l'histoire, des intensités se figent dans des représentations, qu'elles portent sur l'instant présent ou sur un passé indéfectiblement lointain : la bêtise guette autant l'historien que le contemporain. Inversement, il est toujours possible dans le propice de l'instant ou dans un retard avantageux de lire l'intensité comme rencontre et ébullition de différences. D'un côté, l'événement est un résultat, de l'autre, c'est un geste. L'événement peut prendre la figure brutale ou séduisante d'un résultat sur le moment même ou bien il lui est loisible de se cristalliser, bien plus tard, dans l'image au repos d'un geste. L'immédiateté, de toute façon, n'est pas seulement le privilège de celui qui vit l'instant, mais aussi de celui qui lui survit.

Comme l'a ironiquement noté Clément Rosset, « mettre l'immédiateté à l'écart, la rapporter à un autre monde qui en possède la clef, à la fois du point de vue de sa signification et du point de vue de sa réalité, telle est donc l'entreprise métaphysique par excellence. Les versions de cet autre monde peuvent varier ; sa fonction – écarter l'immédiat – demeure toujours la même : la fonction oraculaire, qui duplique l'événement, faisant de ce dernier l'image d'un autre événement dont elle ne figure qu'une imitation plus ou moins réussie, car plus ou moins truquée »[2]. Est-ce que je n'ai pas, moi aussi, succombé aux apparences transcendantales de ce trompe-l'œil métaphysique, en dupliquant de l'intérieur chaque immédiat ? Au lieu de trouver dans

1. *Ibid.*, p. 187-188.
2. Clément Rosset, *Le réel et son double : essai sur l'illusion*, Paris, Gallimard, 1993 [1976], p. 68-69.

l'instant seul la charge de son sens et le poids de sa valeur, n'ai-je pas dédoublé soigneusement le moment en présent immédiatement fuyant et présent qui dure dans la médiation des moments qui le suivent, qu'ils soient proches ou lointains ? Autrement dit, n'ai-je pas sournoisement reconduit l'exclusion que je souhaitais expulser ?

La réponse (on l'aura prévu) est non. Et Clément Rosset, de nouveau, indique la solution : « À côté de la structure métaphysique du double, qui aboutit à déprécier le réel (privant l'immédiat de toutes les réalités autres, vidant le présent de tous les faits passés comme de toutes les possibilités futures), on peut concevoir une structure non métaphysique de la duplication, qui aboutit au contraire à enrichir le présent de toutes les potentialités, tant futures que passées. »[1] Dédoubler le présent ne consiste pas à le vider de son immédiateté sous prétexte de la conserver dans l'armoire aux médiations temporelles, mais au contraire à *charger les instants d'une grâce immédiate par où ce qui vit devient ce qui survit* : à la fois ce qui peut avoir survécu d'autres instants du temps et ce qui peut être légué de cet instant-ci. « Ce sens de la duplication aboutit donc, non pas à une échappée de l'ici vers l'ailleurs, mais au contraire à une convergence quasi magique de tout ailleurs vers l'ici. [...] Le présent est, à chaque instant, l'addition de tous les présents ; cette expression de "présent" devant s'entendre ici dans son double sens de don de l'instant (don de ce présent-ci) et d'offrande absolue (don de tout "présent", c'est-à-dire de toute durée). »[2]

Encore faut-il bien percevoir ces présents comme des intensifications potentielles. Si chaque instant est susceptible de s'animer ainsi, tous ne le font pas. Le fugitif est aussi facteur d'intensités. Mais à ce qui survit dans la vie d'un présent, nous aurons donné la figure d'une œuvre.

1. Clément Rosset, *Le réel et son double,* p. 81.
2. *Ibid.,* p. 83.

# Notice 5

## *Sur la vitesse*

Comment penser une intensité dans le déploiement mobile des instants ? Si l'on parle de rythmes et de survies, comment la fixité d'un moment, d'une image, d'une œuvre parvient-elle à se déplacer encore dans les flux de l'histoire ? Il s'agit, en fait, d'une vieille question : Platon s'en inquiétait déjà à propos de l'écriture et de la mémoire. Le problème, pour lui, ne concerne pas simplement un rapport au temps, mais une énigme de la *vie*. « Car, à mon avis, ce qu'il y a de terrible, Phèdre, c'est la ressemblance qu'entretient l'écriture avec la peinture. De fait, les êtres qu'engendre la peinture se tiennent debout comme s'ils étaient vivants ; mais qu'on les interroge, ils restent figés dans une pose solennelle et gardent le silence. Et il en va de même pour les discours. »[1]

Ainsi furent synchronisées, et pour longtemps, écriture et peinture, dans une pose hiératique dont le secret modèle est, manifestement, celui de la statuaire. Ce sont des arts taciturnes qui donnent au silence une vertu aussi illusoire qu'efficace. Ils opposent à la vie incessante du dialogue la fascination morbide pour ce qui ne bouge pas. La fixité de la peinture serait à la mesure de cette immobilité de l'écriture qui ne parvient jamais à répondre quoi que ce soit, sinon sous la forme d'un interminable psittacisme. C'est supposer, évidemment, qu'une image,

1. Platon, *Phèdre,* trad. Luc Brisson, Paris, GF, 1989, 275 *d.*

sous prétexte qu'elle est fixe, doit être, de part en part, immobile, qu'elle ne saurait faire preuve de la moindre vitesse de déplacement. Pour aller contre cette évidence, prenons le cas, exemplaire, d'un peintre qui fut aussi poète : Bernard Réquichot.

Réquichot a inspiré à Roland Barthes[1] un essai où, pour être au meilleur de lui-même, certaines de ses remarques n'en sont pas moins contestables – mais contestation qui ne cherchera qu'à rendre encore un peu plus touffues ses appréciations. Ainsi, d'une des plus fortes trouvailles de Réquichot, ses dessins de spirales, Barthes souligne la parenté avec l'écriture :

> La spirale a été visiblement pour Réquichot un signe nouveau, à partir duquel il a pu élaborer une nouvelle syntaxe, une nouvelle langue. Cependant cette langue – et en ceci elle est une écriture – est toujours *en train de se faire* : la spirale est certes le signe en soi, mais ce signe a besoin, pour exister, d'un mouvement, qui est celui de la main [...]. Ce qui fait l'écriture, en définitive, ce n'est pas le signe (abstraction analytique), mais, bien plus paradoxalement, *la cursivité du discontinu* [...] l'écriture, c'est la main qui pèse et avance ou traîne, *toujours dans le même sens*[2].

Une écriture n'a pas seulement besoin d'un mouvement, elle requiert aussi, contrairement à ce que semble croire Barthes, une non-linéarité de ce mouvement. La syntaxe n'existerait pas si la spirale se déployait, uniforme, dans le vierge de l'espace. Il lui faut jouer des coudes, se délier ou s'affiner, se replier ou se détendre brusquement comme un ressort longtemps contenu : là se trouve l'imagination des dessins de Réquichot. L'image de la spirale invoque trop facilement la linéarité – simplement animée – de l'histoire : une temporalité inscrite dans un plan (la référence à Vico qu'utilise Barthes en est le thème obligé). Or, si la spirale est dialectique, c'est une dialectique du temps, autrement dit, des apparences, et non de l'histoire au sens d'un déploiement ; il s'agit d'une *dialectique non linéaire*. Quand on regarde une œuvre de Réquichot, on voit combien sont significatifs les moments où les spirales s'incurvent, tournent, se rassemblent ou s'accolent, bifurquent, semblent se détourner du mouve-

1. Roland Barthes, *L'obvie et l'obtus : essais critiques III,* Paris, Le Seuil, 1982, p. 189-214.
2. Roland Barthes, *L'obvie et l'obtus,* p. 199-200.

ment général ou ne l'accompagner que momentanément, par hasard ou par caprice, s'amplifient soudain comme l'œil patient d'un cyclone ou se contractent comme un muscle. Il n'y a jamais *une* spirale qui drainerait avec elle le mouvement du tableau. Il y a écriture parce qu'il y a ensemble. Le mouvement, jamais régulier, de la spirale (le trait est plus ou moins gras, le cercle plus ou moins large, le tracé plus ou moins appuyé – jusqu'à parfois disparaître un instant) dépend aussi des mouvements divers des autres spirales. Réquichot voit bien qu'écriture ou peinture ne vivent que d'être animées, c'est-à-dire mouvementées ; c'est là une trivialité ; mais ce qui l'est moins est de présenter des dessins du mouvement avec le signe même du mouvement, la spirale.

Comment une spirale s'arrête-t-elle ? soit par resserrement intime de son trait ; soit par ampleur légère se figeant dans sa largeur acquise – parfois pour mieux vomir une seconde spirale qui redémarre alors dans la bouche grande ouverte de la première (lorsque l'emboîtement, régulier, est assez étroit, on a l'impression d'une seule spirale qui, simplement, parfois devient plus ample, et donc se clarifie, puis reprend son cours normal, plus serré et sombre, comme pour les pattes fines et longues aux articulations subitement noueuses de certains échassiers). Arrêter une spirale pose en effet un problème dans la mesure où la spirale paraît vouée à l'infini : pourquoi l'arrêter ici plutôt que là, ou, plus précisément, maintenant plutôt qu'avant ou après ?

Mais Réquichot a trouvé un autre moyen de pallier cette difficulté. Puisque la spirale est rien moins que linéaire, il suffit de prolonger son mouvement tournant et de la boucler sur elle-même. Faites un cercle et vous avez une forme. Translatez la main qui forme le cercle, vous obtenez une spirale. Courbez la spirale sur elle-même en un mouvement circulaire, vous matérialisez un tourbillon. Les dessins de Réquichot sont ainsi de deux sortes selon les dominantes : soit juxtaposition ou enchaînement de spirales tourbillonnaires, soit tressage plus ou moins agglutiné, enchevêtré, de spirales parfois courbes, parfois rigides et droites. Les premières offrent un aspect de seins ou d'abîmes, selon la perspective qu'on en a, mais il est bien possible qu'un sein ne soit qu'un abîme retourné, ou l'abîme un sein échappé. Les secondes, d'insectes ou de végétaux.

Bien sûr ce ne sont là qu'analogies. Mais tout l'art de Bernard Réquichot est de figurer l'analogique, le saut dans la discontinuité du lexique. C'est pourquoi, à l'instar d'un Francis Bacon par exemple, il échappe à nos habituelles classifications : il n'est ni figuratif (ses toiles ne représentent aucun objet), ni abstrait (on n'arrête pas de voir des choses : « des cristaux, des écorces, des rochers, des algues [... mais] l'analogie n'est pas figuration » comme il le souligne lui-même)[1]. Réquichot nous introduit au mouvement même de l'interprétation, il nous fait littéralement voir le changement, non d'aspect, mais d'interprétation (comme aurait dit Wittgenstein à propos de l'expérience bien connue du « canard-lapin » de Jastrow). On peut considérer ses tourbillons ainsi que des pyramides, pointés vers le haut, ou bien, en les retournant comme des gants, ainsi que des trous vertigineux ou des escaliers sans fond. L'interprétation est un sens que l'on donne, un vecteur, une direction, une décision arrêtant, ou, mieux, *saisissant* la manière d'une translation. La grâce de Bernard Réquichot est de provoquer, d'appeler le mouvement de l'interprétation par la figuration, elle-même analogique (le mouvement du mouvement qu'est la spirale, le mouvement du mouvement du mouvement qu'est le tourbillon), du mouvement de l'analogie. Au point de nous provoquer à d'autres analogies pour mieux comprendre ce genre d'opérations, proche, par exemple, de ce que les mathématiciens nomment des « attracteurs étranges », ces figures propres aux systèmes dynamiques non linéaires.

Barthes voit dans cette sur-nomination exubérante une ex-nomination généralisée, un déportement hors de la classification, du fait même de classifier : « La polysémie forcenée est le premier épisode (initiatique) d'une ascèse : celle qui conduit hors du lexique, hors du sens. »[2] Mais c'est aller trop loin ou plutôt trop vite. C'est parce que nous sommes encore dans du sens que nous cherchons ainsi, par les béquilles du lexique, à découvrir le ou, tout au plus, les quelques sens d'une peinture,

1. Bernard Réquichot, *Les écrits,* éd. M. Billot, préf. A. Jouffroy, Bruxelles, La Connaissance, 1973, p. 129.

2. Roland Barthes, *L'obvie et l'obtus,* p. 205.

d'un événement, d'un sourire. Pourtant Barthes lui-même souligne ce fait, sans y prendre garde : « Parce que cela ressemble, non pas à tout, mais *successivement* à quelque chose, cela ne ressemble à rien »[1] – autrement dit, Bernard Réquichot, ici, ne touche pas à l'au-delà du sens, au tout de sa configuration spatiale, mais au parcours de sa temporalité ; il indique que le sens n'existe que de changer, que de se mouvoir sur les fils enchevêtrés du temps, un peu de la même manière que l'on peut saisir l'instantané de la circulation des fluides qui composent un nuage sous la forme de tourbillons dont seules des fonctions non linéaires peuvent rendre compte.

De notre appétit du sens, Bernard Réquichot nous fait *percevoir* l'événement. C'est dire qu'il n'est jamais hors du sens, mais bien plutôt dans le dénué de sens puisqu'il s'agit de l'événement où se signifie la signification, de la grammaire de ce que nous considérons comme un processus de sens. Avec les dessins de spirales, le nom n'est pas exterminé, il est au contraire chaque fois déterminé, chaque fois pleinement lisible, mais chaque fois appelle chaque fois une autre fois. Le sens nous est offert, non comme un résultat, mais comme pétri dans la pâte apparente du temps.

Il en va de même pour ce que Bernard Réquichot nomme ses Reliquaires. Il y a là accumulation de déchets (os de poulets, brindilles, fragments d'objets), liés par une sorte de magma coloré, au fond de boîtes ouvertes sur un ou deux côtés. Cela n'a rien du cadre d'une exposition, mais, comme Barthes le perçoit bien, d'un « espace temporel, l'enclos où son corps travaillait, se travaillait : se retranchait, s'ajoutait, s'enroulait, [...] jouissait : la boîte est le reliquaire, non des os de saints ou de poulets, mais des jouissances de Réquichot »[2]. La jouissance n'est pourtant pas seulement dans tel ajout, telle incision, tel clouage, mais proprement dans la *durée* qui les réunit : *cursivité du discontinu*. Dans les reliquaires, il n'y a guère que des reliquats : fragments, déchets, restes, tout ce qui est frappé d'une certaine déréliction, d'une éclipse de l'usage ; et ces reliquats deviennent reliques : le fragment

1. *Ibid.*, p. 205.
2. *Ibid.*, p. 190.

vaut pour un tout, le reste se change en supplément, le déchet en plus-value, la déréliction est une vertu, l'éclipse, un bonheur. Or, si le déchet est ce qui a déchu de sa fonction d'usage, donc de sa valeur d'échange, il est aussi « ce qui a fait son temps ». Les reliquaires sont les oripeaux du temps précieusement accumulés dans le temps – des sortes de boîtes noires décervelées. Ils agglutinent dans un espace devenu sacré les multiples objets qui ont circulé, qu'on a tourné et retourné, qui ont « roulé leur bosse » comme on dit.

C'est en quoi Bernard Réquichot ne peint que son corps *du dedans,* c'est-à-dire « ni des viscères, ni des muscles, mais seulement une machinerie de mouvements répulsifs et jouissifs » remarque Barthes, notant qu'il y a là comme un excès de matérialité, ce que Réquichot appelle le méta-mental : non ce qui se trouverait au-delà du mental, ou en deçà, mais ce qui « dénie l'opposition théologique du corps et de l'âme : c'est *le corps sans opposition,* et donc, pour ainsi dire, privé de sens [non hors du sens] »[1]. Il en va du corps chez Réquichot comme de la forme *a priori* chez Kant : l'opposition classique forme-matière ne vient qu'*après* – et le dire ainsi décille déjà nos yeux à la rigueur du temps. Bien sûr, le travail de l'artiste est toujours un travail sur la matière, mais dans un propos précis :

> il sait que la matière est infailliblement symbolique : en perpétuel déplacement ; sa fonction (sociale) est de dire, de rappeler, d'apprendre à tout le monde que *la matière n'est jamais à sa place* (ni à la place de son origine, ni à celle de son usage) – ce qui est peut-être une façon de suggérer (affirmation essentiellement matérialiste) : qu'il n'y a pas de matière[2].

La matière, une fois que le premier *clinamen* eut interrompu le flux ordinaire des éléments, apparaît : elle cherche, dans le temps ainsi régulateur, à retrouver sa juste place, son repos abandonné, sa paisible et rectiligne fluence. La matière s'ente et s'égare, perdue, sur la spirale et le tourbillon, sur les vortices de l'imagination.

L'écriture est la manière de donner corps à la matière. En ouvrant le corps à son dedans, c'est le mouvement qui appert. Le nom est une

1. *Ibid.,* p. 189. Je souligne.
2. *Ibid.,* p. 203.

façon de bloquer le mouvement, de faire tourner le sens au ralenti, de le faire prendre dans la gelée de l'usage. Mais dans une œuvre d'art, il en va du nom comme de la matière, il « ne tient pas en place »[1]. Dans la nervosité viscérale du nom apparaît alors le rythme. Les spirales de Réquichot ressortissent d'une telle rythmique. Voyez par exemple ce dessin au titre significatif : « le mur des reptiles voluptueux » : dans un coin le paon du temps y fait la roue, comme un exergue à l'enchevêtrement mouvant, dont on ne sait si c'est le mur qui s'écaille par plaques ou si ce sont les serpents qui se lovent sensuellement les uns dans le profil des autres, qui épousent les replis douceâtres du mur, qui provoquent tout un *adagio* d'écailles, tantôt concentré et âpre, tantôt délié, presque aérien. Les rythmes de la matière s'y entremêlent comme des bribes de tricots soigneusement cousus (ainsi il arrivait à Réquichot de découper des morceaux de ses toiles – trouvant que si un détail nuisait parfois à un tout, un ensemble pouvait aussi bien gâcher certaines parties – et de les coller à d'autres morceaux d'anciens tableaux). Mais il y a une clef musicale (parfois) à tous ces rythmes emboîtés : le titre.

Les lettres illisibles qui forment la dernière œuvre de Réquichot opèrent selon un même mode. L'emportement de la main dans le tracé volubile de la spirale est aussi ce qui les fait se mouvoir. Déjà un des premiers dessins de spirale (septembre 1956) se termine en bas par une ligne d'écriture, et un autre à l'inverse (décembre 1956) comporte une ligne tout en haut comme un titre du tableau. Les écritures illisibles ont d'ailleurs toutes un titre : « Texte de présentation », « Lettre à un marchand de tableau » (la plus longue !), « Lettre à un encadreur », « Lettre de remerciements » et « Lettre d'insultes », « Lettre aux amateurs d'art » et « Conclusion pour une philosophie de l'art » (le plus raturé et repris !). Barthes encore une fois, de par son intuition analytique, voit parfaitement ce qui se joue là, mais, de par ses contraintes théoriques, il ne peut que rabattre et perdre, dans un second temps, tout son gain :

> Testament illisible, les lettres ultimes de Réquichot disent plusieurs choses : d'abord que le sens est toujours contingent, historique, *inventé* [...] : rien ne sépare l'écriture (dont on croit qu'elle communique) de la peinture (dont

1. *Ibid.*, p. 208.

on croit qu'elle exprime) : toutes deux sont faites du même tissu, qui est peut-être tout simplement, comme dans de très modernes cosmogonies : la vitesse [...]. Autre chose : ce qui est illisible n'est rien d'autre que *ce qui a été perdu* : écrire, perdre, réécrire, installer le jeu infini du dessous et du dessus, rapprocher le signifiant, en faire un géant, un monstre de présence, diminuer le signifié jusqu'à l'imperceptible, déséquilibrer le message, garder de la mémoire sa forme, non son contenu, accomplir l'impénétrable *définitif,* en un mot mettre toute l'écriture, tout l'art en palimpseste, et que ce palimpseste soit inépuisable, ce qui a été écrit revenant sans cesse dans ce qui s'écrit pour le rendre sur-lisible – c'est-à-dire illisible[1].

Sur le premier point, aucun problème. Le sens est sans cesse inventé parce qu'il est tissé dans la moire de la vitesse : tel est bien ce que *signifient* les écritures illisibles. Mais Barthes – jusque dans l'accumulation rhétorique qui suit – ralentit considérablement son propos, voire le bloque sur une voie de garage, lorsqu'il veut à tout prix ramener invention et vitesse à un type de nécessité purement linguistique : la thèse de la prééminence du signifiant sur le signifié[2]. L'illisible n'est pas ce qui a été perdu, mais ce qui se déplace trop rapidement par rapport au lecteur : l'invention du sens s'attache à stabiliser, à synchroniser les déplacements différents. Le palimpseste qu'évoque Barthes n'offre qu'une image statique ou géologique de couches simplement superposées avec le temps des interprétations, alors qu'il y va de rythmes différents dans la course du temps. Les écritures illisibles exemplifient le prestige de la vitesse – en elles, le temps éclôt. Mais elles sont d'autant moins l'« impénétrable *définitif* » que les titres leur construisent un « caractère » et que leurs formes, voire leurs formulations, diverses, orientent de même notre lecture. Il en va de ces écritures comme d'un vieux vin longtemps reposé et que l'on décanterait : elles sont moins ce qui a été perdu que *ce qui reste* – ce sont là encore des déchets, la lie du quotidien, l'élision du trivial, où transparaît, dans le dépôt, le grain du

1. *Ibid.*, p. 201.
2. J'avais écrit dans un *lapsus calami* : « du singifiant sur le singifié », ce qui ne manque pas d'à-propos dans la mesure où le problème est ici celui du mimétique : non *mimesis* d'objets, mais de mouvements, *mimesis* qui s'emporte dans l'emportement de la vitesse – un lapsus est, d'ailleurs, une désynchronisation que le hasard ou la psychanalyse semblent pouvoir resynchroniser.

temps. L'écriture est un fébrile fixateur de vitesses – et avec elles naît le sens. Au moins parce que le sens est aussi un vecteur, c'est-à-dire, à l'image du temps, une direction irréversible.

La légitimité est l'ombre prestigieuse de chaque sens. Réquichot, à traquer le sens dans ses échantillons de rapidité, délace les nerfs du légitime au point que toute publicité devient compromise. On sait combien il rechignait à montrer ses œuvres, encore plus à les vendre, mais cela ne provenait pas d'une modestie innée, d'une peur de se livrer, d'un désaveu de son œuvre – tout au contraire. Donner une œuvre au public, c'est la faire lire, lui faire rendre sens et légitimité, par de l'inconnu : être reconnu par de l'inconnu sans jamais pouvoir le connaître. C'est cette perte de contrôle qui inquiète Bernard Réquichot autant pour ses œuvres que pour celles des maîtres qu'il contemple.

> Regardant telle peinture d'un maître ancien je me demande souvent si ce que j'aime en elle est vraiment ce qu'il a voulu faire aimer. Si je m'aperçois qu'il y a peu de chances pour qu'il ait voulu ce que j'aime en elle, je m'étonne qu'un grand peintre ait eu si peu de pouvoir sur son œuvre qu'une partie de cette œuvre se soit faite indépendamment de son contrôle. [...]
>
> Des peintures, j'en ai détruites car elles étaient trop belles. Je craignais d'être victime en les voyant d'une aberration ; cette aberration merveilleuse et troublante me semblait trop grave, trop secrète pour pouvoir être montrée sans impudeur [...]. Je pensais que personne ne verrait dans ces choses que j'avais faites ce que j'y avais trouvé ; qu'on l'y vît, du reste, n'était pas capital, que l'on comprît, qu'on imaginât n'était pas ce qu'il me fallait. Il fallait qu'on fût pris du même vertige, de la même inquiétude d'illusion et même que l'on comprît qu'un regard indiqué était peut-être coupable. [...] Aussi le spectateur le plus proche de moi serait celui dont le regard si profond se demanderait ce qu'il éprouve [...]. Et ceci non par goût de l'angoisse, mais par incapacité de donner autre chose que l'inquiétude[1].

Avec les écritures illisibles, le contrôle est poussé à son régime maximal ; mais nous suivons sur ce chemin cartésiennement coordonné, le mouvement plein de désarroi de la légitimité. Le vertige que voudrait transmettre Réquichot est un court-circuit dont la nuit

1. Bernard Réquichot, *Les écrits,* p. 118 et p. 141-142.

qu'il procure ouvre le paysage urbain à la nécessité d'une dépense vitale. L'inquiétude n'est pas l'angoisse (elle en serait peut-être le *flash back*), elle est ce qui ne tient pas en place, ce qui offre seulement le mouvement pour stabilité illusoire. Tout jugement de goût est l'exercice d'une demande, qu'elle aille vers l'œuvre ou vers soi-même, qu'elle soit mue ou motrice, cette demande est toujours l'épreuve de la légitimité. Si les œuvres d'art ont ce pouvoir de dégager l'événement du sens de l'événement du temps, la mise en valeur de la mise déposée sur le tapis du réel, c'est qu'elles se donnent comme privées du temps empirique et du sens de l'usage, comme dépourvues de valeur référentielle. Une œuvre s'ordonne dans la syntaxe savoureuse du monde.

C'est pourquoi rien ne dit que la valeur du privé ne soit pas résolument communicable. Ainsi il arrivait à Bernard Réquichot de faire « des peintures qui se détruisaient presque instantanément à cause de leur *matière mobile* » et c'est « l'expérience *émotive* » qui seule l'intéressait, c'est-à-dire cette subsomption de l'œuvre dans le temps, à moins que ce ne fût justement le contraire : « L'observation des limites de la sensibilité et de ses changements. » Mais en cette expérience apparemment singulière (à tous les sens du terme) « rien ne me permet, dit Réquichot, d'affirmer que ces essais n'aient eu qu'une valeur seulement personnelle et subjective : là aussi *l'incertitude trouve sa place* »[1]. Autrement dit l'universalité des jugements de goût s'offre chez Bernard Réquichot comme l'universalité de l'incertitude ou de l'inquiétude, comme la stabilité du mouvant, comme l'événement des événements. Le bonheur d'une œuvre est à la fois dans l'érosion des interstices et dans la conjonction des éléments, dans l'emportement de son mouvement et dans l'assise tranquille de ce déséquilibre constant. Réquichot pensait que l'on devrait « signer certains instants par lesquels on passe devant les choses afin de donner quelque durée aux miracles fugitifs »[2], des feuilles, des monuments, des êtres. Le bonheur est dans la signature qu'à chaque instant on peut apposer sur le visage variable du temps, comme si la veille

1. *Ibid.*, p. 142. Je souligne.
2. *Ibid.*, p. 112.

pouvait nommer le rêve, ou le désinvolte, le disparate, comme si l'Autrefois pouvait signer le Maintenant.

Revenons alors à Platon et reprenons la citation du début plus longuement, plus lentement :

> Car à mon avis, ce qu'il y a de terrible, Phèdre, c'est la ressemblance qu'entretient l'écriture avec la peinture. De fait, les êtres qu'engendre la peinture se tiennent debout comme s'ils étaient vivants ; mais qu'on les interroge, ils restent figés dans une pose solennelle et gardent le silence. Et il en va de même pour les discours. On pourrait croire qu'ils parlent pour exprimer quelque réflexion ; mais si on les interroge, parce qu'on souhaite comprendre ce qu'ils disent, c'est une seule chose qu'ils se contentent de signifier, toujours la même. Autre chose : quand, une fois pour toutes, il a été écrit, chaque discours va rouler de droite et de gauche et passe indifféremment auprès de ceux qui s'y connaissent, comme auprès de ceux dont ce n'est point l'affaire ; de plus il ne sait pas quels sont ceux à qui il doit ou non s'adresser. Que par ailleurs s'élèvent à son sujet des voix discordantes et qu'il soit injustement injurié, il a toujours besoin du secours de son père ; car il n'est capable ni de se défendre ni de se tirer d'affaire tout seul.

Lisons à rebours les arguments de Platon.

D'abord tout est question de paternité. Nous sommes plongés en pleine affaire de famille : il s'agit d'assurer l'héritage. Comme Deleuze l'avait déjà noté, la dialectique platonicienne touche moins la division horizontale des espèces que la sélection verticale d'une lignée. Contrairement à ce que l'on croit parfois, le monde de Platon est rien moins qu'éthéré et le savoir toujours pris dans des enjeux sociaux et politiques. La légitimité d'une connaissance implique la reconnaissance de sa légitimité, par la partage du bon grain et de l'ivraie, du bon lignage et du mauvais héritage. C'est une question de justice (et non de seule épistémologie). Rendre justice à un texte écrit apparaît beaucoup plus difficile qu'à un discours oral dont le père peut toujours défendre la validité et la valeur. On pourrait trouver là matière à contradiction puisque Platon lui-même a laissé nombre d'écrits, mais ce serait ignorer l'institutionnalisation de la lecture de ses propres textes qu'a été l'Académie. Avec cette institution qui a duré mille ans, le père chaque fois se tenait derrière son texte, pour décider des bonnes et des mauvaises lectures.

Ce problème de légitimité est bien celui qui touche ceux qui peuvent ou non lire l'écrit. Tout texte, livré au hasard des rencontres, s'avère incapable de contrôler ceux à qui il est accessible. Le verbe *kulindeitai* signifie aussi bien rouler, au sens d'accomplir un mouvement circulaire, voire une spirale, que l'activité de se rouler comme on se roule dans la boue[1] ou dans des déchets. Roulade dans ce qui a déchu de son ancienne légitimité, roulade indéterminée, interminée (sans *telos*), qui laisse place à l'inattendu, aux jeux d'apparence, car la présence du texte est déployée dans l'imprévu du temps.

À ces questions de justice et de légitimité est liée celle de la compréhension : c'est bien parce que l'écriture est, elle, déterminée et figée, qu'elle *autorise* des lecteurs indéterminés, dans la mesure où une lecture est toujours le moment d'une occasion, et dépend d'un contexte présent pour lire ce qui fut écrit dans un contexte passé. Le mouvement de la compréhension s'inscrit nécessairement dans la durée d'un mouvement. Et, plus généralement, le caractère le plus problématique de l'écrit tient au rapport qu'il entretient avec le temps et les rencontres qui y ont lieu.

Là, d'ailleurs, se noue le lien entre peinture et écriture : ce n'est pas simplement affaire d'espace que l'on peint ou que l'on grave, bref que l'on fige, mais problème de temps que l'on superpose ou que l'on déploie, bref que l'on trouble. Ce trouble porte un nom, la *mimesis*. Dans le livre X de la *République,* la disqualification d'Homère intervient après une discussion sur la *mimesis* où c'est la peinture qui sert de modèle pour penser la production poétique. Or, la disqualification est double, elle tient d'abord à une question de légitimité (poète et peintre n'ont pas la compétence reconnue pour faire un lit selon le juste modèle du lit, ils ne peuvent produire un lit que selon son apparence), ensuite à un problème de temps (là où la médiation des idées occupe une nécessaire durée, peintre et poète procurent un effet immédiat). C'est la comparaison avec le miroir qui permet de faire comprendre à Glaucon l'efficacité et la profonde illégitimité de ce mouvement : « Ce

1. Voir, par exemple, Platon, *République,* III, 388 *b*.

même artisan n'a pas seulement le talent de faire tous les meubles, il fait encore toutes les plantes, et il façonne tous les êtres vivants et lui-même ; ce n'est pas tout, il fait la terre, le ciel, les dieux, tout ce qui existe dans le ciel et tout ce qui existe sous la terre chez Hadès. [...] Ne vois-tu pas que toi-même tu pourrais créer tout cela d'une certaine façon ? [...] si tu veux prendre un miroir et le présenter de tous côtés ; en moins de rien *(takhu)* tu feras le soleil et les astres du ciel, en moins de rien, la terre, en moins de rien, toi-même. »[1] La vitesse de création est à la mesure de la déchéance impliquée dans pareille production.

Ce qui se conçoit bien s'énonce lentement, ce qui apparaît vite s'énonce illégitimement. Platon discerne parfaitement le problème majeur de l'écriture et de la peinture : ils produisent un effet d'immédiateté, un effet de présence, où le temps est à la fois aboli et déployé, mis en scène et oublié. Le miroir est l'image (encore une analogie, un *ana-logon,* un discours replié sur lui-même, une raison d'à-côté) d'une trop grande vitesse, d'une synchronisation illégitime : l'image n'est pas figée parce qu'elle serait immobile, mais juste au contraire parce qu'elle se déplace trop vite pour notre perception ou notre entendement. La dialectique platonicienne comme théorie des idées et sa critique de l'écriture impliquent une ascèse de la *médiation* et un type de temporalité par où le passé doit contrôler le présent comme le présent doit contrôler le futur selon le principe d'un *legato* temporel, d'une dynamique certes, mais uniformément linéaire.

Penser la vitesse de l'image fixe, non dans l'absolu contesté de son instantanéité, mais dans le dépliage de ses durées, de ses rythmes, de ses bifurcations, oblige à concevoir une autre forme de temporalité : trouée, tourbillonnaire, « kairologique ». Au temps linéaire qui noue passé et présent s'opposent des fonctions non linéaires de la durée où, selon la vertu des attracteurs étranges, une autre dynamique a lieu. On pourrait ainsi trouver chez Walter Benjamin, comme nous l'avons vu, une posture temporelle toute différente de celle de Platon. La forme du temps qui cherche à lier passé et présent n'est pas identique à celle qui

1. Platon, *République,* trad. Émile Chambry, Paris, Les Belles Lettres, 1982, X, 596 *c-d*. Je reviens sur cette analyse dans le chapitre VII.

fait se rencontrer l'Autrefois et le Maintenant. La première impose une soumission : tantôt le passé, tantôt le présent braquent les projecteurs de l'entendement sur l'objet de sa connaissance. Avec la seconde, les figurations, dans l'éclair de l'immédiateté, sont à elles-mêmes leur lumière et leur matière, leur façonnement et leur éclairage. La dialectique est alors à l'état de repos *(im stillstand)* : pas seulement arrêtée, mais produisant un effet d'inertie, un système de référence à partir duquel calculer les différents régimes des autres figures. Lire ne consiste plus à nouer un dialogue (valide ou défaillant) avec un écrit marqué par l'absence de son « père », mais à saisir le point de synchronisation, l'effet d'immédiateté produit par la dialectique. La vérité d'une lecture n'est pas simplement produite dans le temps et, donc, dépendante du pouvoir d'un contexte sur un autre, mais c'est le temps qui charge la vérité de sa puissance explosive, en synchronisant les figures dialectiques de l'Autrefois et du Maintenant.

Platon n'a pas forcément ignoré semblable machinerie : le synchronisme de l'écriture et de la peinture est lui-même un effet de miroir de cet effet d'immédiateté. Mais, pour Platon, il y a là une trop grande vitesse de production à laquelle un savoir authentique, un pouvoir social reconnu ne pourraient se résoudre. À l'inverse, Benjamin fait opérer cette temporalité de la lecture dans l'effet de synchronisation du Maintenant et de l'Autrefois. L'œuvre de Bernard Réquichot nous ouvre justement à ces dimensions de vitesse, d'immédiateté, de synchronisation, d'inquiétude et de légitimité ; elle témoigne du fait que la fixité de l'image comme de l'écriture n'est pas ce qui bloque sa puissance (ce qui inquiétait beaucoup Platon), non plus ce qui limite sa réception, mais au contraire la condition de possibilité et de l'écriture et de la lecture. L'intensité y survit d'office.

# Chapitre VII

## Le poète, le miroir et l'artisan

Pour mieux éviter les pièges tendus (immédiatement) par les révocations de l'immédiateté, il faut encore en étudier les ressorts. En particulier les ressorts politiques tacites où s'amalgament l'immédiat, la bêtise et le populaire. Dans l'*immédiateté* de la *doxa,* on a, en effet, longtemps reconnu le privilège des médiocres. Il a fallu croire à des médiations dissimulées pour inventer des différences entre la chose et le signe, entre l'idée et le produit, bref, entre celui qui sait et celui qui ignore, entre l'aristocrate souverainement philosophe ou le monarque décisivement souverain et l'artisan bêtement démocrate. Le sens des distinctions conceptuelles a recouvert la valeur des distinctions sociales. *Distinguo* n'est pas seulement une nuance scolastique, mais aussi un outil de pouvoir. Il faut donc s'interroger sur les liens tacites entre l'immédiateté et la vulgarité et saisir d'où nous vient la division entre la temporalité du sens commun et l'espace des idées, entre le modèle et le simulacre, entre la *theoria* et la *doxa,* dont nous venons de voir avec l'exemple de Bernard Réquichot qu'elle ignore la possible vitesse de l'image fixe. Car il existe manifestement un lien entre le rejet de l'immédiat, la critique du simulacre et le mépris de la *doxa.*

« Platon a assigné le but suprême de la dialectique : faire la différence. Seulement celle-ci n'est pas entre la chose et les simulacres, le modèle et les copies. La chose est le simulacre même, le simulacre est la forme supérieure, et le difficile pour toute chose est d'atteindre à son propre simulacre, à son état de signe [...]. Platon renvoyait le sophiste à la contradiction, à cet état supposé du chaos, c'est-à-dire à la plus basse puissance, au dernier degré de la participation. Mais en vérité la *n-ième* puissance ne passe pas par deux, trois, quatre, elle s'affirme *immédiatement* pour constituer le plus haut [...]. Le sophiste n'est pas l'être (ou le non-être) de la contradiction, mais celui qui porte toutes choses à l'état de simulacre. »[1] Il est, en effet, difficile de ne pas revenir sans cesse à la grande leçon platonicienne, quand bien même on veut la réfuter. Elle survit en nous comme une vérité, même évincée de son antique vertu. Dans le drame parfois moqueur, parfois hautain, de ses dialogues, le philosophe n'entre jamais seul en scène : il a besoin d'acolytes perfides ou d'esclaves du quotidien, d'élégants jeunes gens en quête de sagesse ou de traîtres retors qui vendent leur savoir. Parmi ceux-ci, les deux figures majeures – et combien proches – sont le sophiste et le poète. La lutte politique qui les rassemble n'est probablement pas encore close, même si elle a quitté les ciels lumineux d'Athènes pour des cités de verre et de voitures[2]. Sous le lourd soleil grec, la lutte n'en est pas moins farouche.

## LE SIMULACRE ET L'ÉVÉNEMENT : SITUATION D'UN PROBLÈME

Car (*situons* le propos platonicien), il faut avoir à la mémoire ce mouvement de décomposition de la société tribale grecque, après la débâcle de la civilisation mycénienne, qui amène une progressive coupure entre nature et société, entre homme et dieu, entre passé et présent. La légitimité de l'ordre social venait auparavant de son harmonie avec l'ordre cosmique de la *phusis,* de son intégration dans un même

1. Gilles Deleuze, *Différence et répétition,* p. 93.
2. Sur le devenir philosophique de ce voisinage, voir l'inspirant ouvrage de Barbara Cassin, *L'effet sophistique,* Paris, Gallimard, 1995, p. 470-512.

élan du temps, du séjour d'un dieu dans le personnage du roi ; désormais, il faut à la société une autre *tonalité.*

D'une part, la cité se fonde de plus en plus sur le principe d'une identité abstraite entre tous les individus. Loin des exploits singuliers des guerriers d'Homère, chacun digne d'une mémoire qui les chante et les glorifie, la cité naît de l'ordonnance militaire des hoplites, tous solidaires, tous égaux, qui vont en rangs serrés affronter les ennemis. La sémantique est ici très significative : « *Nomos* a d'abord un sens religieux et moral assez voisin de *cosmos,* ordre, arrangement, juste répartition. Il prendra, après les Pisistratides, à Athènes, celui de loi politique, en remplacement de *thesmos,* grâce à son association à l'idéal démocratique de l'*isonomia.* [...] Un autre sens de *nomos,* affaibli par rapport au sens premier de règle, est celui qu'on rencontre, par exemple chez Hérodote, de coutume, usage, sans valeur normative. Entre le sens de loi politique et de coutume, un glissement peut se produire dont la pensée philosophique, spécialement avec les sophistes, tirera parti. »[1] Ces trois moments de la signification de *nomos* décrivent parfaitement l'évolution que je voudrais retracer. Et je reviendrai, un peu plus loin, sur ce troisième moment « sophistique ».

D'autre part, les cités grecques s'unissent dans des institutions communes, qui ne fournissent pas une unité politique, mais, en quelque sorte, « culturelle ». Sans bouleverser les chants traditionnels des banquets ni les fêtes locales, les cités offrent à l'ensemble du peuple des formes synthétiques, comme la tragédie par exemple, qui permettent de faire d'une population un public et du public des citoyens. Chaque cité y impose sa figure propre. Mais les cités ramassent aussi les traits partageables par toutes celles d'entre elles qui participent aux institutions communes : Jeux olympiques (par lesquels on date le temps commun) ou poèmes homériques. Avec cette « culture de festivals », les cités grecques constituent des rencontres régulières, des sélections admissi-

1. Jean-Pierre Vernant, *Mythe et pensée chez les Grecs,* II, p. 115, n. 51 ; on peut consulter également André Régnier, *Les infortunes de la raison,* Paris, Le Seuil, 1966, surtout le dernier chapitre, et E. R. Dodds, *Les Grecs et l'irrationnel,* trad. Michael Gibson, Paris, Flammarion, 1977, ainsi que l'article de Louis Gernet, « Choses visibles, choses invisibles », *Revue de philosophie,* n° 146, 1956, p. 79-86.

bles du passé et une communauté de valeurs : « Il en est de la poésie et du chant comme de la course et du pugilat. Le spectacle offert est un affrontement devant des juges – *kritai* –, et leur jugement – *krisis* – distingue la performance capable de créer le consensus le plus large parmi tous les peuples de la Grèce. »[1]

Dans ce contexte, deux problèmes graves se posent aux cités grecques, deux problèmes qui ont trait au temps : quel statut donner à l'événement ? que faire du passé ?

Le passé, séparé du présent, ne vient plus inséminer le cours du temps, sinon par l'agencement de mythes, de légendes et d'épopées. Le passé devient mémoire que les poèmes homériques, par exemple, agencent de sorte à donner aux temps mycéniens la valeur d'une origine et l'aura d'une éducation. Homère pédagogue conduit les citoyens à l'école de l'épopée commune. Mais cette mémoire tourne aussi à la mnémotechnie avec Simonide de Céos, qui en livre les règles et les secrets à tout un chacun, affirmant en même temps le privilège de la *doxa* sur l'*aletheia* ou la nécessité pour un poète de se faire payer, ravalant ainsi les anciens prestiges des poètes comme « maîtres de vérité ». Les performances mémorielles sont soumises à l'écriture qui en fixe l'intarissable répétition : l'*Iliade* et l'*Odyssée* ne sont plus l'occasion pour des rhapsodes (ces « couseurs de chant ») de rapiécer les motifs anciens selon les situations ; ils sont récités solennellement, en suivant le texte mis par écrit sous Hipparque d'Athènes, dans des concours qui ne touchent plus que la diction. Le passé, ainsi décontextualisé par l'écrit, est arraisonné pour de bon, mais accroît peu à peu son étrangeté au fur et à mesure que le temps le vide de son intelligibilité.

Par ailleurs, dans la société qui n'est plus fondée sur l'ordre du cosmos – et donc sur l'autorité d'un roi-prêtre, tout à la fois ordonnateur et image de l'ordre social[2] – l' « événement » doit être démocratique-

1. Florence Dupont, *L'invention de la littérature,* p. 72.

2. La *Théogonie* d'Hésiode demeure, certes, centrée sur un personnage royal, Zeus, pourtant, ainsi que le remarque Pierre Vidal-Naquet, « le dieu a subsisté mais le support social qui l'animait, le Roi, a disparu. Déjà dieux et hommes ont une destinée séparée », préface à Marcel Detienne, *Les maîtres de vérité dans la Grèce archaïque,* Paris, La Découverte, 1990, p. IX.

ment validé. Or, on doit éviter aussi que chacun y aille de sa vision personnelle, créant alors un désordre des discours puisque aucun n'a autorité pour décider de la valeur de référence d'un événement[1]. Alors « les Grecs désignèrent certains individus, choisis sur la base de leur probité et de leur statut social dans la cité pour agir comme délégués dans d'autres cités en certains occasions formelles ou dans des affaires de grande importance. Ces individus portaient le titre de *theoros* et constituaient collectivement une *theoria* (il peut être utile de garder à l'esprit que le terme est toujours un pluriel collectif). [...] La *theoria* fournissait l'assise d'une certitude : ce qui avait été certifié comme ayant été vu pouvait devenir l'objet du discours public. Les citoyens, même les femmes, les esclaves et les enfants, pouvaient bien avoir des *aisthesis,* c'est-à-dire des perceptions, mais ces perceptions n'avaient pas de statut social »[2]. La *theoria* indique, donc, ce dont il sera socialement légitime de parler, et par conséquent ce que l'on aura le droit (et le devoir) de penser. Mais, délaissant la *theoria* comme *aisthesis* légitimée, les Grecs effectuent une coupure ontologique entre la *theoria* et l'*aisthesis*.

Avant d'en arriver là, on peut noter encore certaines inventions voisines. Par exemple, le fait qu'à cette époque on passe d'un système prémonétaire, où c'est la valeur d'usage qui importe (l'objet est pris dans un réseau de valeurs magiques et particularisantes), à un système monétaire (VII^e^ siècle) où la valeur d'échange domine (l'objet n'a plus qu'une signification abstraite, identique en tous points à tous les autres objets). Autrement dit, on retrouve, parallèlement à l'évolution sociopolitique, les mêmes valeurs d'identité et d'égalité abstraites – les unes

1. Voir sur ce point Florence Dupont, « Cicéron, sophiste romain », in *Langages,* n° 65, mars 1982, p. 26 : « Le peuple d'Athènes est une collectivité d'anonymes [...] Aucun citoyen n'a *a priori* qualité pour parler plus vrai et plus juste. *Dèmos* est le sujet commun de tous les discours prononcés qui, idéalement, constituent tous les discours possibles de *Dèmos* sur l'objet du débat. [...] La parole de l'orateur n'est pas l'expression d'un jugement juste dont le vote serait la reconnaissance. C'est au contraire dans la mesure où l'orateur disparaît comme individu, où il se confond avec le *Dèmos,* que son discours est convaincant. »

2. Wlad Godzich, « The Tiger on the Paper Mat », introduction à Paul de Man, *The Resistance to Theory and other Essays,* Minneapolis, University of Minnesota Press, 1986, p. XIV (ma traduction).

n'étant bien évidemment pas le reflet des autres. Ces nouvelles valeurs seront aussi celles qui vont s'imposer dans la pensée grecque[1].

Il faut distinguer deux mouvements d'ordre géographique.

Le premier, en Ionie, va tenter de concevoir la *phusis,* non plus sur le modèle cosmologique de l'animé (croissance des plantes, vie animale), mais sur le modèle technologique du mécanisme. C'est dire qu'on ne fait plus le récit mythique des naissances du monde, on cherche au contraire les structures premières, les principes permanents. Le problème est alors de savoir qui enclenche le mécanisme. Ce sera la figure du divin, que l'on pensera donc comme extérieure à la *phusis.*

Le second, en Grande-Grèce, où les pythagoriciens tentent de fonder l'harmonie sociale sur l'harmonie mathématique et où ils posent la dualité entre l'âme et le corps. Dualité où l'âme domine, dirige le corps, en tant que parente du divin, et, en fin de compte, renouvelle cette situation d'extériorité par rapport au monde sensible de la *phusis.* Cependant, la rupture avec le monde sensible n'est pas totalement consommée. On tente encore de penser le multiple *(ta onta).* Héraclite, bien sûr, en est le meilleur exemple. Avec Parménide, qui veut penser l'Être total, parfait et unique *(to on),* la première coupure a lieu.

Et, avec cette coupure, entre en scène le philosophe. Celui que l'on va nommer ainsi est l'héritier du *demiourgon,* personnage que certains historiens comme E. R. Dodds rattachent au shaman. Le *demiourgon* est prophète, poète, musicien, danseur, médecin, etc., c'est un Voyant, c'est-à-dire celui qui sait voir l'invisible. Ce qui va, cependant, constituer l'originalité du philosophe par rapport au shaman, c'est le fait que,

1. Ainsi qu'en témoigne, par exemple, le modèle linguistique que Benveniste reconstitue lorsqu'il compare la dérivation grecque *polis-polites* à celle, latine, de *civitas-civis.* Dans ce dernier cas, le « concitoyen » est premier et la cité se définit par rapport à lui comme l'ensemble de ceux qui ont des relations de concitoyenneté. Dans le premier cas, au contraire, on part du terme abstrait dont on dérive le *polites,* c'est-à-dire celui qui a une relation d'appartenance à la *polis* : c'est l'abstraction et l'égalité devant cette abstraction qui sont à la base de la pensée civile grecque. Cf. Émile Benveniste, *Problèmes de linguistique générale,* Paris, Gallimard, 1982, vol. II, p. 272-280. Il est à noter, d'ailleurs, qu'en français nous avons suivi le modèle grec et non latin. Il faudrait voir comment le renversement linguistique s'est opéré à partir des XIIe-XIII[e] siècles en liaison avec la notion d'*universitas.* Sur cette notion, voir P. Michaud-Quantin, *Universitas : expressions du mouvement communautaire dans le Moyen Âge latin,* Paris, Vrin, 1970.

en liaison avec l'*isonomia* politique, il ne se contentera plus de raconter ses visions à quelques initiés, mais il les enseignera à tous dans la cité, les livrant ainsi au jugement, à la réflexion et surtout à l'argumentation de chacun. L'invisible n'est alors plus le lieu du surnaturel (même s'il peut demeurer celui d'une « révélation »), mais celui de « l'identité à soi objectivée » comme le dit Vernant, bref, du *Logos*. Cet invisible ne pourra être connu que par une expérience discursive dont le critère de validité ne sera plus le contenu, mais bien la forme, non plus la vérité assertée, mais la vérité démontrée. Désormais, la seule forme d'une argumentation peut constituer la preuve de la valeur d'un énoncé.

## LE DISPOSITIF PARMÉNIDIEN

En Parménide, on discerne un de ceux qui inaugurent cette conception en imposant le principe d'identité : *estin e ouk estin,* [il] est ou [il] n'est pas[1], ou principe de non-contradiction. On passe donc d'un type de raisonnement non formel dont la validité repose sur la « capacité d'évocation », la « force d'évidence » du discours, mais aussi la position d'autorité du discoureur, à un type formel dont la validité repose sur la vertu d'une « manière générale de parler ». Le contraire de l'*aletheia* était l'oubli *(lethe),* désormais, c'est le faux[2]. De l'examen de

1. Parménide, *Poème,* 8, 16. Je retiens le texte grec établi dans Nestor-Luis Cordero, *Les deux chemins de Parménide,* Paris, Vrin, 1984. On sait que cet unique texte qui nous reste de Parménide est un poème et qu'il rapporte la visitation d'une déesse venant enseigner à Parménide les deux chemins de la vérité *(aletheia)* et de l'opinion *(doxa).*

2. « Fonctionnaire de la souveraineté ou louangeur de la noblesse guerrière, le poète est toujours un "Maître de Vérité". Sa "Vérité" est une "Vérité" assertorique : nul ne la conteste, nul ne la démontre. [...] *Aletheia* n'est pas l'accord de la proposition et de son objet, pas davantage l'accord d'un jugement avec les autres jugements ; elle ne s'oppose pas au "mensonge" ; il n'y a pas le vrai en face du faux. La seule opposition significative est celle d'*Aletheia* et de *Lethe* » (Marcel Detienne, *Les maîtres de vérité,* p. 27). Encore cette opposition ne fonctionne-t-elle pas avec notre sens du systématique, car la puissance d'*Aletheia* est aussi puissance d'oubli : l'oubli-obscurité voile la vérité, l'oubli-ombre en met, au contraire, en relief l'éclat souverain (voir Marcel Detienne, *Les maîtres de vérité,* p. 69-71).

cette tautologie sortira la logique : penser la pensée se ramène à faire une théorie du *Logos* comme proposition. Et cela d'autant que l'examen de la thèse initiale, dès le fragment 2, montre ceci d'intéressant : elle se dit sous la forme elliptique *estin,* et non comme en 8, 3 *eon estin* (l'être est). Par cette ellipse du sujet, Parménide nous fait considérer le monisme implicite de la tautologie « l'être est » où le verbe se prend lui-même pour prédicat, et donc il recourt à la personne du verbe comportant les deux éléments, à la fois sujet et verbe : l'existence en tant qu'elle est existante ; deux éléments qui ne sont qu'un seul : ne formant qu'*un* nom, il devient le nom de l'Un[1]. Parménide marque dans le langage, par une analyse au sens strict du langage (analyse grammaticale, c'est-à-dire logique) ce que le langage révèle : que l'être *immédiatement* est.

Mais Parménide ne s'arrête pas là, ou plus précisément ce que lui dit la déesse – puisque le poème est ici *vocatif* : il s'agit d'une vision impérative – ne se contente pas de cette voie commune de la vérité et de l'être. Le chemin de la vérité n'est jamais qu'un chemin : voie divine que seule articule la voix divine. L'autre chemin est celui de l'apparence, de la non-vérité, celui que les mortels partagent, celui nommé « opinion » *(doxa).* Et ce chemin, quoique non vrai, engrange aussi une sorte de savoir, que la déesse enseigne à Parménide afin qu'aucun mortel ne le surpasse. Autrement dit, la seule voie de l'être ne suffit pas dans le monde des mortels, il y faut encore le savoir propre aux mortels, même s'il est un savoir de l'apparence (ce qui ne signifie pas forcément une apparence de savoir). L'erreur des mortels tient justement au langage : « Ils ont établi deux points de vue pour nommer *(onomazein)* les apparences extérieures *(morphas)* » (8, 53) – c'est-à-dire qu'ils méconnaissent la seule réalité, l'être pourtant visible dans le langage. La faute vient de ce qu'au lieu de faire une analyse grammaticale du langage afin de demeurer dans le chemin de l'être, les mortels usent d'une analyse nominative en croyant avoir désigné du réel par la magique puissance du nom. C'est pourquoi les hommes sont dits *dikra-*

1. Voir Pierre Aubenque, *Le problème de l'être chez Aristote,* Paris, Vrin, 1962, p. 157.

*noi,* hommes à deux têtes car ils opposent la pluralité des jugements onomastiques au raisonnement unique sur l'être. Ainsi ils peuvent parler de la lumière de la nuit, *nuktiphaès,* alliant en un seul nom des prédicats opposés et croyant y trouver une vérité particulière. Alors que ce sont eux, les mortels, qui ont établi un nom distinctif pour chaque chose (fragment 19), oubliant que les mots ne sont que des conventions sans rapport intrinsèque avec la réalité, persuadés *(pepoithotes)* même que les mots sont vrais et réels. D'où ces deux voies dessinées aux yeux des hommes : celle de la vérité qui passe par une analyse de la grammaire du langage pour montrer qu'il n'y a que de l'être, celle de l'apparence qui n'est jamais qu'une abusive croyance au pouvoir de nomination, bref, une rhétorique.

Si, pour Parménide, l'opposition de l'être et de l'apparence est donc bien marquée, il n'est pas question de faire fi du monde sensible au point de lui dénier toute légitimité. Il s'agit plutôt de prendre la mesure des places respectives des dieux et des hommes, de l'être et du non-être ainsi que la possibilité (puisque opposition il y a) d'un passage – décrit, justement, par le début métaphorique du poème qu'il ne faudrait surtout pas réduire à une ornementation insignifiante –, passage qui n'est jamais mensuration commune, ni même un commun mesurer, et dont il faut chercher ce qui l'assure. Parménide redonne, dans le cadre de la cité – en accord, donc, avec une égalité de principe dans la discussion de ce qui arrive –, l'élection d'une vérité que seuls certains privilégiés peuvent encore démêler du maladroit écheveau de la *doxa.* S'il n'est pas possible de trouver chez Parménide une opposition intelligible/sensible, dans la mesure où tous deux sont pris dans l'Un, tout est prêt, cependant, pour que cette opposition s'institue afin de résoudre les problèmes de la rigidité du monisme parménidien et de son inscription élective dans une politique pourtant arrimée à la *doxa,* plutôt que de prendre au pied de la lettre, dans son *immédiateté,* la valeur intelligible du sensible avec le parti pris des jeux du langage et de soutenir la thèse selon laquelle le langage ne *révèle* pas, en son pouvoir de médiation, que l'être est, mais plus simplement, que le langage, en sa puissance immédiate, *fabrique* l'être par le tissage du discours.

Avant d'en venir là – c'est-à-dire à Platon, d'un côté, et aux sophistes, de l'autre –, on pourrait se demander pourquoi le principe de non-contradiction s'impose alors qu'il est manifestement faux dans le monde sensible et qu'il paraît totalement étranger dans le monde surnaturel. En fait il faut comprendre que l'on veut concevoir un monde invisible, par conséquent niant le monde sensible, et hors du modèle surnaturel qui suppose une harmonie nature-société déjà révoquée, « il fallait donc que ce discours fût un discours déterminé et qui ne se niât pas soi-même, qui ne portât pas condamnation contre soi-même »[1]. La légitimité du discours séjourne désormais, non plus au-dehors, mais en lui-même, tout comme celle de la société réside en elle-même, et non dans le cosmos. Avec la laïcisation de la parole, le langage est décroché d'une conception religieuse de l'*aletheia* et entre dans d'autres types de rapports sociaux. De même, « pour que se fasse sentir, pour que se puisse formuler l'exigence de non-contradiction, il a sans doute aussi fallu le poids d'un autre grand fait social : l'institution dans la pratique juridique et politique de deux thèses, de deux partis entre lesquels le choix était inévitable »[2].

C'est à partir de là que le rapport *theoria-aisthesis* change. La *theoria,* qui est toujours une « contemplation », devient uniquement celle de cet être invisible, plus réel que le réel sensible – vision de la déesse *Aletheia.* La *theoria* n'est plus de l'ordre de l'*aisthesis,* elle est de l'ordre du discours, et du discours « rationnel ». Il est alors logique que l'*aisthesis* ne soit plus que le lieu des apparences, de la tromperie et de l'illusion des sens, bref du Non-Être. On se sépare de la multiplicité du sensible comme du social, pour partir à la quête de l'Un, par l'intermédiaire d'un discours dont la légitimité est d'être « logique » (c'est-à-dire identique à lui-même, sans déphasage eu égard à ce qu'il semble être). *Theoria* et *aisthesis* s'opposent terme à terme, selon les deux voies antithétiques prescrites par la déesse : Vrai/Faux, Étant/Non-Étant, Un/Multiple, Non-Apparent/Apparent, Ordre/Désordre, Valeur/Non-Valeur, Réel véritable / Réel illusoire, Rationnel/Irrationnel.

1. André Régnier, *Les infortunes de la raison,* p. 140.
2. Marcel Detienne, *Les maîtres de vérité,* p. 147.

## L'EFFET MIMÉTIQUE ET LA VITESSE DES APPARENCES

Dans un tel contexte, il est aisé de comprendre la condamnation platonicienne du poète (celui-ci est du « mauvais côté » de la barre de rapport), mais il est facile aussi de concevoir l'impuissance d'une philosophie basée sur le postulat de l'Être à penser l'*aisthesis* puisqu'au départ celle-ci s'est vue exclue du lieu de la pensée : à la lettre, il est devenu illégitime (donc impossible dans le système de référence considéré) de la penser. Ou bien l'on maintiendra, avec Parménide, le respect des deux mesures, tout en affirmant la supériorité d' « usage » (puisque le discours appartient déjà à l'ordre du divin) accordée à la Vérité. Ou bien, avec Platon, on ne concevra plus l'altérité de l'apparence que sous la forme d'une altération. Dans tous les cas, l'occultation de la dimension sociale de la *theoria* (comme de sa dimension d'*aisthesis*) se fait par ce mouvement ontologique qui envoie la *theoria* dans le Ciel des Idées, et l'*aisthesis* dans les Enfers de l'Illusion.

Voyons donc précisément comment procède Platon, dans son célèbre passage de *La République,* pour mesurer la disqualification non seulement de l'*aisthesis,* mais aussi de sa variante, la *mimesis*. L'enjeu de *La République* est double : on doit y élucider comment la connaissance de l'étant est possible (théorie des idées) et comment le vivre-en-commun des hommes est vivable (il l'est selon l'idée d'un vivre-en-commun). Il s'agit donc à la fois d'une épistémologie et d'une politique, toutes deux instituées dans une théorie de l'être en tant qu'idée – et non en tant qu'apparition de l'étant. C'est dans cette double optique (qui, ainsi que toute vision binoculaire, fixe le même point)[1] que l'on doit saisir le rejet de la *mimesis*. En cela, il n'est pas possible de tenir trop forte-

1. « Si l'on tient à dire que Platon s'interroge sur l'art d'un point de vue "politique", cela signifie uniquement que Platon évalue l'art sous le rapport de sa position dans l'État, selon l'essence de l'État et le fond qui le porte, soit le savoir concernant la "vérité". Pareille interrogation sur l'art en est une "théorique" au suprême degré » (Martin Heidegger, *Nietzsche,* trad. Pierre Klossowski, Paris, Gallimard, 1980, vol. 1, p. 153).

ment la division suggérée par Marcel Detienne : quand le *logos* devient une réalité répondant à ses propres lois, la « réflexion sur le langage s'élabore dans deux grandes directions : d'une part, sur le *logos,* comme instrument des rapports sociaux ; d'autre part, sur le *logos,* comme moyen de connaissance du réel »[1]. Ici, avec Platon et les philosophes, là, avec les sophistes et les rhétoriciens, les fruits du *logos* seraient partagés sans reste. Or, on sent bien que la question du réel et de la connaissance est le passage qui distingue, certes, la dialectique platonicienne de la logologie d'un Gorgias, mais qu'il constitue aussi la voie d'une construction du politique et d'une réinscription des relations sociales. Réciproquement, d'ailleurs, la logologie ne saurait être tenue pour une simple instrumentation du langage, mais aussi pour une critique radicale de la conformation des liens sociaux et des effets de discours ontologiques.

Dans *La République,* Platon part du fait qu'on admet habituellement « une certaine idée *(eidos),* une seule, qui embrasse chaque groupe des objets multiples auxquels nous donnons le même nom »[2]. Ainsi quoiqu'il y ait de nombreux lits et de nombreuses tables, il n'existe jamais qu'une idée de lit et qu'une idée de table. Or, cette relation réciproque entre l'unicité de l'idée et le singulier multiple des objets est appréhendée en fait dans le tissu de la langue, ou plus précisément dans la relation de référence du nom. Il est clair que l'idée n'est pas réductible au nom, mais le mode de son fonctionnement, ici marqué, apparaît médié par celui du nom.

L'ouvrier *(demiourgon)* qui fabrique les lits, les fait *(poiei)* d'après l'idée. Quant à l'idée elle-même, aucun ouvrier (humain) ne la peut ouvrager *(demiourgei)* : apparemment donc le *demiourgein* est au *poiein,* ce que le singulier est à l'unique, ce que l'agir-pour-la-communauté est à tout faire.

En 596 *d,* l'acteur Socrate argumente ainsi :

— Vois maintenant quel nom tu donneras à cet ouvrier *(demiourgon).*

— Quel créateur *(poion)* ?

— Celui qui fait tous les objets *(Os panta poiei)* que les divers ouvriers font chacun dans leur genre.

1. Marcel Detienne, *Les maîtres de vérité,* p. 103.
2. Platon, *La République,* X, 596 *a.*

— Tu parles là d'un homme habile et admirable *(thaumaston)* !

— Attends, et tu le diras bientôt avec plus de raison. Cet ouvrier dont je parle n'est pas seulement capable de faire toutes sortes de meubles, mais il produit encore tout ce qui pousse de la terre, il façonne tous les vivants, y compris lui-même, et outre cela il fabrique la terre, le ciel, les dieux, et tout ce qu'il y a dans le ciel, et tout ce qu'il y a sous la terre chez Hadès.

— Tu parles, dit-il, d'un artiste *(sophisten)* tout à fait admirable.

Le partage du démiurge au créateur apparaît ici moins net, mais cela tient plus au suspense de l'enquête dialogique qu'à un flou de la terminologie, ou plutôt le flou est encore nécessaire dans la mesure où le propos est ouvertement de fixer une terminologie – c'est-à-dire un nom juste pour les différences de ces pratiques en apparence si semblables. L'acte de nomination est acte de partage : à la fois mise en commun et séparation.

Par ailleurs l'admirable d'un tel ouvrier tient à ce qu'il se rende capable du tout *(panta)* : rien de ce qui est créé ne lui est infaisable. Mais Glaucon, petit frère de Platon, ne s'y laisse pas tromper et le nom dont il désigne alors l'ouvrier ne manque pas d'une subtile évocation : sophiste ! Il ne faut pas voir là un hasard : dans le dialogue du *Sophiste* on trouvera exactement la même accusation avec même un léger surplus (l'idée du paiement) : « Celui qui affirmerait qu'il sait, non point dire ni contredire, mais produire et faire, par un art unique, toutes choses absolument. [...] Celui qui se ferait fort de produire et moi et toi et tout le reste de ce qui pousse [...] et la mer avec cela, et la terre et le ciel et les dieux et tout le reste. Qui plus est en un tournemain *[takhu]* produisant l'une ou l'autre de ces créations, c'est pour une somme minime qu'il les livre. – C'est d'une chose dite par jeu *[paidian]* que tu parles. – Eh quoi ? Quand on affirme qu'on sait tout, et qu'on enseignera tout à autrui pour presque rien et presque en un rien de temps, ne faut-il pas penser que ce n'est que par jeu ? [...] Or connais-tu du jeu une forme plus savante *[technikoteron]* ou plus gracieuse *[chariesteron]* que la mimétique ? »[1] Vitesse et argent sont deux nerfs de la valeur que Platon, ici, dévalorise de conserve. Le problème que pose la mimétique du

1. Platon, *Sophiste,* trad. A. Diès, Paris, Les Belles Lettres, 1950, 233 *c* - 234 *a*.

sophiste réside dans sa capacité à fabriquer de pures apparences et, surtout, de faire en sorte que ces apparences témoignent et d'une remarquable technique et d'un insondable charisme. La cité platonicienne est hantée par ces fantômes qui menacent de métamorphoser la véritable éducation *(paideia)* en un simple jeu d'enfants *(paidia)*.

Il en va de même avec le poète : le grand créateur devient simple figure manipulatrice et joueuse de langue ; il ne façonne que des paroles hâtivement emportées par le vent, qui roulent ça et là sans avoir de véritable père. Socrate pourtant ne poursuit pas la piste ainsi offerte du sophiste, il préfère utiliser l'image du miroir qui, *en un instant* – la prestesse aussi se trouvait dans l'art du sophiste –, permet à n'importe qui de présenter n'importe quoi, non en tant que vérité *(aletheia)*, mais en tant qu'apparition d'objet *(phainomena)*. C'est que la peinture est le facile métonyme du miroir : le peintre sera donc décrit comme un de ces ouvriers qui peuvent tout produire, y compris créer un lit *(klinen poiei)*. Or le fabricant du lit *(klinopoios)* ne fait, lui aussi, un lit qu'à la semblance du lit véritable. Quel est donc ce qui partage l'idée du lit, le lit particulier et le lit apparent ? *tropo ge tini* : une certaine tournure. « L'intention de Platon est de rendre visibles ici les manières différentes et partant, trois manières de présence et de dérivations de l'Être », prétend Heidegger[1]. Admettons-le pour le moment. En tous les cas ces tournures ont aussi à prendre nom *(prosagoreuesthai)* : d'une part, celui qui crée *(poietes)* le lit essentiel ne peut être qu'un dieu, on l'appellera *Phutourgon* – celui qui « agit la *Phusis* », qui la laisse s'épanouir ; d'autre part, celui qui fabrique le lit singulier, en laissant apparaître l'idée du lit, est l'ouvrier, le *demiourgon* – celui qui agit pour le *Demos*[2] ; enfin, le peintre qui n'est ni le *demiourgon,* ni le *poieten,* on le nommera le « miméticien » du lit – *mimetes ou ekeinon demiourgoi* : un « imitateur » de ces choses dont ceux-là sont les ouvriers. C'est dire qu'il s'agira

1. Heidegger, *Nietzsche,* p. 166.

2. Il est intéressant que Platon choisisse ce nom qui autrefois désignait le mage, le shaman, pour sa valeur littérale *Demos-ergon*. Dans le *Timée,* cependant, ce même terme nommait le dieu créateur de l'univers. Ces variations lexicales nous permettent de saisir combien un des propos de *La République* est de marquer la différence de nature existant entre *phusis, demos* et *mimetes*.

d'une *mimesis* d'objets non tels qu'ils sont (dans l'idée), mais tels qu'ils apparaissent (dans l'ouvrage). Et comme Glaucon ne comprend pas, Socrate ajoute :

— Si tu regardes un lit obliquement ou de face ou de toute autre façon, est-il différent de lui-même, ou bien, sans être différent, paraît-il être différent ? [...]

— Il paraît être différent mais ne l'est en rien.

— Maintenant considère ceci. Quel but se propose la peinture relativement à chaque objet ? Est-ce de représenter ce qui est *[to on]* tel qu'il est, ou ce qui paraît *[to phainomenon]* tel qu'il paraît ; est-ce l'imitation de l'apparence *[phantasmatos]* ou de la vérité *[aletheias]* ?

— De l'apparence, dit-il.

— L'art d'imiter est donc bien éloigné du vrai, et, s'il peut tout exécuter, c'est semble-t-il qu'il ne touche qu'une petite partie de chaque chose, et cette partie n'est qu'un fantôme *[eidolon]* (598 *a*).

Positionnés dès l'abord dans les jeux d'optiques (miroir, peinture), nous voici encore dans l'expérience du visible : il y a impossibilité physique à voir un lit sous toutes ses faces, il apparaît donc différent à chaque fois, mais son être est toujours le même sans quoi on ne le reconnaîtrait même pas comme lit. L'expérience qui conduit à la reconnaissance (et à la nomination) de l'objet passe par une dissociation de l'être et du paraître où le paraître, toujours incomplet et inadéquat à soi, ne trouve sa plénitude que dans une histoire (faire le tour du lit), et où l'être, toujours complet et adéquat à soi, permet seul la plénitude de la reconnaissance. Si, pour Heidegger, Platon nous présente ici les trois dérivations possibles de l'être, il ne le fait qu'à l'horizon de ce partage *antérieur* qui fait du paraître, l'idiot de la famille, et de l'être, l'aîné merveilleux. Or, ce n'est pas parce qu'on ne voit pas l'objet sous toutes ses manières d'apparaître qu'on ne peut le reconnaître – et il n'est nul besoin de la remémoration de l'être de cet objet pour cela[1]. Telle est

1. Il est intéressant de noter que la phénoménologie commettra l'erreur exactement inverse lorsqu'elle prétendra que le cube à six faces n'a jamais ses six faces en même temps dans la mesure où, si le vrai cube est le cube pour-moi, je ne vois ses faces qu'une à une. Cf. Maurice Merleau-Ponty, *La structure du comportement,* Paris, PUF, 1942, p. 201 ; et pour une critique wittgensteinienne des présupposés épistémologiques de la phénoménologie, voir Vincent Descombes, *Grammaire d'objets en tous genres,* Paris, Minuit, 1983, p. 55-123.

justement l'expérience que nous propose la peinture – et son grand tort : « Ce n'est pas uniquement le fait que le peintre ne peut absolument produire aucune table propre à l'usage, mais encore qu'il ne saurait seulement la faire apparaître intégralement, sous tous ses angles à la fois, qui contribue à déterminer son caractère en tant que *mimetes.* »[1] Heidegger ne va pas au-delà de cette remarque alors même qu'il soulève un point important : en soutenir les implications l'amènerait, en effet, à revenir sur les degrés de l'être. En séparant l'*aisthesis* de la *theoria,* on s'est voué à ne penser celle-là que dans l'orbe de celle-ci, parfois comme degré éloigné, mais souvent comme insulte.

L'immense tort du miméticien vient de ce qu'il ne produise que de l'apparence, du phantasme – non seulement il ne représente que l'apparaître, mais encore sous sa seule apparence –, et que, néanmoins, on y reconnaisse un lit, une table, un charpentier, etc. Le scandale dans la *mimesis* ? Il tient au fait qu'une seule personne emprunte la voix ou les gestes de différentes personnes : que l'on s'arroge ainsi le droit d'usurper des fonctions pour lesquelles on ne possède aucune compétence, que nul destinateur ne nous a enjoint de remplir, qu'aucun destinataire ne sera valide à recevoir, voilà ce qui est, en effet, scandaleux. Le danger de la *mimesis* réside beaucoup moins dans l'imitation que dans la contrefaçon. Ce que l'artisan façonne du lit ou le poète des héros porte déjà l'embryon de la contrefaçon, car les façons se retournent aussi naturellement que les idées demeurent dans le ciel immuable : l'artisan, déjà, est *en retard* sur l'idée.

Qu'est-ce donc qui peut rendre légitime ce discours apparemment si illégitime ? On pourrait dire que c'est le lieu dans lequel il se trouve qui autorise sa validation : nous sommes dans la fiction, rien n'y est vrai, par conséquent tous les discours y peuvent exister sans remettre en cause le fonctionnement symbolique de la société. Dans la mesure où ces discours sont « authentiquement faux », ils peuvent être tenus par un seul, sans compétence autre pour les tenir que celle de fabriquer des discours faux. Le scandale alors semble bien disparaître. On a un lieu de légitimation.

1. Heidegger, *Nietzsche,* p. 170.

C'est pourtant aller trop vite ou tourner trop court. Et Platon, encore une fois, le saisit très bien : le tort de ces discours faux, c'est qu'ils font de l'*effet,* on s'y trompe, ils passent pour vrais. On ne saurait mentir innocemment. Pour Platon, seul celui qui a la compétence peut dire le vrai, seul celui qui se remémore l'idée, qui se règle sur elle, a la capacité de produire de l'être, or ici l'incompétent paraît dire le vrai, il produit l'illusion du vrai, une apparence d'être et non l'être. Voilà qui est inadmissible car si l'on peut se tromper ainsi, confondre compétence et incompétence, vrai et faux, réel et irréel, être et non-être, le vivre-en-commun de la cité idéale ne peut opérer en toute sécurité. Loin d'être simplement éloignée de l'idée, la *mimesis* l'ignore : elle fabrique une altérité qui n'est pas remémoration ou reconnaissance de l'idée, mais travail de présentation à partir des singularités multiples où se fabrique l'usage quotidien : c'est un artisanat des apparences. La *mimesis* œuvre à même l'immédiateté de la *doxa.* Tels sont bien les torts irréductibles du poète et du sophiste : ils performent des discours d'une remarquable technicité avec un charisme tel qu'ils semblent bien montrer que l'art de la *doxa* se suffit à lui-même : l'idée est inutile, plus encore, elle n'est peut-être bien qu'un effet du langage, une simple apparence, une fabrication des artisans de l'idée que sont les philosophes !

La *mimesis* n'est analysable ni en termes de dévoilement de l'être, ni en termes de production à partir du non-être, car ces analyses demeurent dans une doctrine de l'être qui se pense toujours en manières d'espace : « L'éloignement par rapport à l'Être et sa visibilité pure donne la mesure propre à déterminer l'essence de la *mimesis.* »[1] La distance à l'être est ce qui règle le propre d'une production. Et pourtant le faire mimétique n'a jamais de propre, jamais de lieu puisqu'il ne cesse d'emprunter le propre et le lieu des autres. Il ne vient ni de l'être, ni du non-être, mais des autres dans leurs singularités. Il ne dit ni le vrai, ni le faux, car il ne parle jamais en son nom propre, mais dans l'usage qu'il fait du propre dire des autres (médecin, charpentier ou philosophe) s'articule du vrai et du faux.

1. *Ibid.,* p. 169.

L'analyse platonicienne est d'une étonnante justesse, sans doute jamais égalée – entre autres parce qu'elle saisit que le jeu de la *mimesis* ne repose pas sur l'espace, mais bien sur la *vitesse.* Mais peut-être l'est-elle parce que l'activité mimétique était, pour une théorie de l'idée, un impitoyable défi. Comment, en effet, si l'on admet pareille production d'apparences *lisibles* à partir d'autres apparences, trouver encore dans une idée de vivre-en-commun, dans une transcendance, l'assurance d'un juste rapport aux choses, au cosmos, aux dieux et aux autres hommes ? L'exclusion hors de la cité n'est pas le fait d'un mépris (Platon commence par bien souligner au début du livre X son amour pour Homère), mais la reconnaissance d'un inconciliable au sein d'une cité réglée par l'idée, d'une *illisibilité* de la fabrication homérique[1].

## IDENTITÉ ET *DOXA*

Pour Heidegger, le lit *(klines)* est décliné comme les cas grammaticaux d'un nom ou comme le déclin sur la pente de l'être[2]. Alors que pour Platon on décline plutôt le *klines* comme on déclinerait une identité. Car la question majeure que pose l'art mimétique est bien celle de l'identité : non seulement comment peut-on produire de l'identique sans compétence, mais aussi de quel nom propre nommer le discours du miméticien ? Et c'est pourquoi tout ce passage tente toujours de tout nommer – la théorie de l'être s'adossant à une pratique du langage

1. L'illisibilité n'est pas simplement affaire conceptuelle, mais bien problème historique : à la fois, dans la pratique de la langue, puisque le lexique a beaucoup bougé et la syntaxe aussi (par exemple, le parfait homérique est un temps du verbe situé en fait dans le présent et intransitif, alors que, pour Platon, il est transitif à sens résultatif, exprimant donc un passé), et dans les modes de réception (et d'écriture) qui ont sacralisé le texte d'Homère, générant des pratiques herméneutiques complexes, voire une invention de l'herméneutique comme discipline (l'herméneutique suppose, en effet, un texte porteur de significations éminentes et que l'on ne parvient plus à déchiffrer : il faut donc imaginer, sous l'absence de sens évident, l'évidence d'un sens caché).

2. Pour la conception de l'apparence comme flexion de l'être, voir Martin Heidegger, *Introduction à la métaphysique,* Paris, Gallimard, 1984, p. 107-124, ainsi que *Être et temps,* Paris, Gallimard, 1986, § 44.

comme *nomination.* Alors que la *mimesis* déjoue dès l'abord le propos du nom au profit d'une autre saisie du langage (en un certain sens, plus grammaticale) comme effets de discours.

Par ailleurs ce discours du nom propre s'engage aussi dans un propos généalogique : non seulement dans la lignée qui va de l'idée à l'apparence et à l'apparence de l'apparence, mais encore dans la tentative de répartir l'héritage, de séparer le bon du mauvais fils, le philosophe du miméticien. C'est ainsi qu'il faut saisir la référence au sophiste car lui aussi usurpe des compétences qu'il ne possède pas, parle au nom des autres, œuvre dans le seul régime de l'apparence. Il est celui qui produit vite des créations qu'il livre contre une somme minime, confondant les différentes valeurs de l'*ousia.* Si, philosophiquement parlant, les « biens » se trouvent, comme on l'a vu, du côté du non-apparent et de l'au-delà du monde sensible, économiquement parlant, Platon (tout comme Aristote) considère que la valeur et le réel des « biens » sont du côté de l'apparent, de la réalité physique de la terre et de la propriété, et non du côté illusoire de la monnaie. Or, les sophistes, non seulement nient la valeur de ce monde invisible, mais encore sont tout prêts à échanger leur savoir contre de l'argent, autrement dit, pour Platon, échanger de l'être véritable (en supposant bien sûr qu'ils aient un savoir réel) contre du non-être, de la norme contre du numéraire, du *nomos* contre du *nomismatos,* tout comme l'artiste échange de l'*eidos* pour de l'*eidolon,* de l'idée pour de l'image. Le *nomisma* est aussi bien la monnaie ou la mesure courante que, plus généralement, tout ce qui est reconnu et établi par l'usage. Négation donc d'un extérieur à la communauté, d'une altérité transcendante devant régler la marche de la communauté. Le sophiste comme l'artiste ne travaillent qu'à l'échelle de l'usage commun.

Mais ce travail, n'ayant pas de voyage à faire vers l'idée (toujours à distance), n'a qu'une faible durée temporelle : il se fait vite *(takhu).* Contrairement à ce qu'en dit Heidegger, le rejet de la poésie ne vient pas tant de son éloignement du lieu de l'être, que de son absence de temps propre. Or, cette absence de temps provient seulement du fait que le poète ne sort pas de l'usage, de l'*immédiateté* du séjour commun, de l'espace délimité par l'agora.

La *mimesis* n'est, par conséquent, pas rejetée comme déclin ou chute, mais plutôt comme piétinement dans l'empirique. Jacques Derrida a raison dans sa critique de Heidegger, mais quelque peu tort dans sa référence à Platon : « La limite métaphysique ou onto-théologique consiste sans doute moins à penser une chute *dans le temps* [...], mais à penser une *chute* en général, fût-ce, comme le propose *Sein und Zeit* en son thème fondamental et en son lieu de plus grande insistance, d'un temps originaire en un temps dérivé. [...] Or l'opposition de l'*originaire* et du *dérivé* n'est-elle pas encore métaphysique ? La requête de l'*archie* en général quelles que soient les précautions dont on entoure ce concept, n'est-elle pas l'opération "essentielle" de la métaphysique ? À supposer qu'on puisse le soustraire, malgré de fortes présomptions, à tout autre provenance, n'y a-t-il pas au moins quelque platonisme dans le *Verfallen* ? »[1] S'il y a bien chez Platon ce thème de l'apparence comme flexion de l'être, c'est l'enjeu politique qui l'y conduit et non uniquement un propos théorique. Ou, pour le dire autrement, ne pouvant penser l'altérité de la *mimesis* dans le cadre de la *theoria,* puisque la *mimesis* ne se hisse jamais hors de l'*aisthesis,* Platon se replie, de manière locale et stratégique, sur la conception de son altération. La difficulté de cette position se voit bien à l'utilisation omniprésente des métaphores spatiales et optiques qui réduisent la conception du temps de l'œuvre mimétique au piétinement de l'instant[2].

Lorsqu'on radicalise cette position, on tend à penser ontologiquement l'altérité de la *mimesis* comme altération d'une norme, précisément parce que l'on pense cet objet « autre » de l'intérieur de la norme.

1. Jacques Derrida, *Marges – de la philosophie,* Paris, Minuit, 1972, p. 73-74.

2. Il faut aussi comprendre la relation spécifique des Grecs à l'optique et au problème de l'image : « *Ce qu'un Ancien voit dans un miroir, c'est la chose même ; mais là où elle n'est pas, et comme elle n'est pas* [...] si l'image peut être désignée en tant que fantasme (et Platon a bien exprimé dans *La République* le malaise ontologique qu'elle suscite), on ne peut l'étudier géométriquement en tant que telle, *puisque ce qu'elle a en propre est de ne pas avoir d'existence physique* » (Gérard Simon, *Le regard, l'être et l'apparence dans l'Optique de l'Antiquité,* Paris, Le Seuil, 1988). Il faut mettre cela en relation avec l'idée démocritéenne (que reprend Aristote) qui considère que le mouvement des corps vient de ce qu'ils ne sont pas à leur place propre et tentent toujours d'y revenir.

Quand bien même – ce que Platon entrevoit bien – c'est, au départ, l'institution de la norme qui a fondé cet objet différent comme « autre ». On sent, par là, que la dévalorisation de l'esthétique est nécessaire au système et que les connotations péjoratives qui tentent de la qualifier ne se présentent pas par hasard.

En ramassant la temporalité dans l'immédiateté de l'instant, Platon s'appuie aussi, en la retournant, sur la valeur usuelle accordée au *kairos*. La dimension artisanale du *kairos* ouvre sur le privilège du quotidien, de l'empirique, de la décision politique. Les affinités de la *doxa* avec l'*apate* (le comportement double et ambigu où *alethes* et *pseudes,* vérité et illusion, se conjuguent) ramènent l'opinion publique au temps de la contingence et du choix humain ; la racine *dek-* signifiant, d'ailleurs, « se conformer à ce qu'on considère comme une norme », la famille *dokos, dokein,* etc., se déployant autour d'un noyau de sens particulièrement instructif : « Prendre le parti qu'on estime le mieux adapté à une situation. »[1] La *doxa* ne façonne pas simplement les banalités de tous poils qui pèsent sur les modes de penser et les façons de sentir, elle donne aussi la pente nécessaire aux discours pour qu'ils prennent de la vitesse et emportent la faveur de chacun.

Chez Platon, dès que l'on extrait *doxa* et *mimesis* de leur statut politique, il devient possible d'apprécier leur *charisme* propre, leur grâce. Tel est l'objet du *Ion.* Certes le rhapsode apparaît incapable de dire ce qu'il fait : il œuvre dans la performance sans compétence pour évaluer son discours. La force d'un dieu l'a enveloppé : il a été pris d'enthousiasme (*entheos :* empli du dieu) et cela lui a octroyé un pouvoir d'attraction physique, comme certaines pierres au pouvoir magnétique : « Cette pierre n'attire pas seulement les anneaux du fer eux-mêmes ; elle communique aux anneaux une force qui leur donne le même pouvoir qu'a la pierre, celui d'attirer d'autres anneaux, de sorte qu'on voit parfois une très longue chaîne d'anneaux de fer suspendus les uns aux autres. [...] De même aussi la Muse fait des inspirés par elle-même, et par le moyen de ces inspirés d'autres

1. Sur l'étymologie de *doxa,* voir G. Redard, cité par Marcel Detienne, *Les maîtres de vérité,* p. 116.

éprouvent l'enthousiasme : il se forme une chaîne. [...] les poètes ne sont autre chose que les interprètes *[hermenes]* des dieux » (*Ion,* 533 *d* - 534 *e*).

Les poètes sont les herméneutes des dieux, les rhapsodes sont les herméneutes des poètes, les spectateurs sont les herméneutes des rhapsodes : chaîne magnétique – et « médiatique » – en lieu et place du lien politique, lorsque les dieux et non les hommes inspirent ce qu'il faut penser et éprouver. Parallèlement à l'idée de Cité dont l'anamnèse doit composer le vivre-ensemble des hommes, l'enthousiasme permet aux hommes de créer un lien social dans l'oubli de sa fabrication (d'où l'impossibilité pour Ion d'expliquer sa technique d'herméneute). Alors que la *mimesis* repose sur un effet d'immédiateté, où l'on semble oublier le travail des médiations sociales et l'essentielle médiation des idées, la chaîne de l'enthousiasme requiert un effet de durée où, en soumettant chacun à la force immédiate de l'attraction, elle occasionne une expérience de la médiation.

Dans *La République* ou dans le *Ion,* Platon fonde deux manières de se défaire de la *mimesis* et de la *doxa.* Ici par l'éloge, là par la critique. Renvoi, à chaque fois, dans l'ordre immédiat du commun ou dans l'oubli commun de l'immédiateté. Là où la philosophie doit poser des définitions, sélectionner des essences, remonter aux idées, la *doxa* et la *mimesis* nous ramènent à l'équivoque des discours, aux effets de langage, à la chose élevée à l'état de signe.

Le simulacre, pour Gilles Deleuze, est bien cette chose portée à son état de signe. Comment ? Par le tissage des mots et des discours, par le langage lui-même : non parce que seul le langage existerait. Ce serait simplement chercher encore une fois l'idée sous les objets fabriqués, ou l'être sous les étants singuliers, alors que l'intelligence de ce qui arrive, pour nous, êtres dotés de langage, court le long de nos usages discursifs. Le Socrate platonicien n'est pas assez attentif à ce que ses interlocuteurs lui disent : Alcibiade, ce jeune homme dont il est pourtant amoureux, lui rappelle que le juste sur lequel il l'interroge avidement lui a été appris par tous. Par tous ? se moque Socrate, en son mépris habituel pour le commun, c'est là un maître peu empressé *(spoudaious).* Par tous, réaffirme Alcibiade obstiné, de même que j'ai appris à parler grec *(helle-*

*nizein)* grâce à l'empressement de ces maîtres[1]. Le juste s'apprend des mêmes personnes que la langue, que l'identité, que la culture, parce que c'est dans les jeux de la langue, dans les valeurs de l'identité, dans les significations de la culture que le juste s'entend.

La dialectique fait la différence : mais d'une différence de degré, ainsi que la met en œuvre la *mimesis,* le propos platonicien est de la métamorphoser en différence de nature. D'un côté, la dialectique du philosophe puise ses ressources propres dans la quête d'une homologie, d'une identité à soi-même du discours ou du savoir, de l'autre, la dialectique du peuple suppose une différence intrinsèque des opinions : « Ceux qui savent doivent s'accorder *(homologein)* entre eux et ne pas différer *(diapherestai)* d'opinions. »[2] La *doxa,* communauté d'opinions différentes, variables d'un moment à un autre, semble incapable de construire un discours de savoir, identique à lui-même, homogène et homologue. Mais, par un tour supplémentaire de la vis philosophique, la *doxa* est aussi l'homologue et l'homogène portés à leurs points d'abrutissement, tant ils fonctionnent à l'immédiat. Le discours de savoir doit creuser, d'abord, par son emploi des médiations, les différences inaperçues par le vulgaire, pour, ensuite, établir le texte politique de l'homologie.

Cette affirmation, si l'on y prête attention, vaut autant pour le philosophe que pour le sophiste ou le poète. La différence s'installe ailleurs : l'un recherche dans l'essence intemporelle des idées, hors des discours qui y conduisent, le poids nécessaire pour lester le savoir, les autres cherchent dans l'effet temporel des discours, l'ordre des idées qui y apparaissent, selon le rythme indispensable pour la vitesse du savoir. Pour celui-là, le plaisir du savoir ; pour ceux-ci, les savoirs du plaisir, les déploiements ou les contractions des plis sociaux de la joie.

1. Platon, *Alcibiade,* trad. Maurice Croiset, Paris, Les Belles Lettres, 1959, 110 *e* 111 *a*. *Hellenizein* signifie aussi bien « parler grec » que « parler correctement », voire « parler », mais a aussi pour sens « être Grec », « être un homme digne de ce nom » et simplement « être un homme ». On peut renvoyer aussi à Protagoras qui, à la suite de son célèbre mythe rapporté par Platon, indique combien l'*hellenizein,* avec l'apprentissage du *logos,* enseigne par là même la vertu (*Protagoras,* 327 *e* - 328 *a*). Voir le puissant commentaire de Barbara Cassin, *L'effet sophistique,* p. 224-225.

2. Platon, *Alcibiade,* 111 *b*.

# Notice 6

## *Sur la règle*

> Ce que je vous dis est vrai [...] C'est ainsi, par conséquent, que je vous invite à me lire. Et, que vous le vouliez ou non, l'ombre de cette affirmation s'étendra sur votre lecture.
>
> Jacques Roubaud.

L'*aisthesis* ainsi éloignée de son envergure commune, voire communautaire (la *theoria*), en vient à poser toute une série de problèmes. En particulier lorsque l'esthétique est constituée comme discipline, à partir du XVIIIe siècle, et qu'elle tend de plus en plus vers un style aristocratique plutôt que démocratique ou vers des pratiques de rupture plutôt que de consensus. Comment penser la continuité entre la reprise ou la répétition des règles et l'originalité ou la surprise des œuvres ? De même que peinture ou poésie semblent, au regard de Platon, des performances sans compétence, les œuvres modernes paraissent reconnaître pour seule règle de n'en pas avoir. Est-il alors possible de comprendre ce régime étrange de la règle et de l'événement, sans lâcher leur ancrage dans un *lieu commun* ?

Il est ainsi caractéristique que ce qui semble heurter la sensibilité contemporaine dans l'esthétique kantienne tient à son recours ultime à un sens commun. Mais qu'est-ce donc exactement que ce « commun » pour Kant ? Le commun ne tient ni dans l'identité des opérations au sein des facultés de connaissance[1], ni dans un « sens externe »,

1. C'est justement l'interprétation que Kant écarte : empiriquement il existe un large accord sur les jugements esthétiques « non parce que l'on suppose derrière cet accord quelque principe *a priori* [la solution correcte], mais parce que (comme le goût pour le palais) les sujets sont par hasard organisés de manière uniforme », ce qui est, dit-il, un « subterfuge » (Emmanuel Kant, *Critique de la faculté de juger,* trad. Alexis Philonenko, Paris, Vrin, 1984, § 57).

mais dans « l'effet *(Wirkung)* résultant du libre jeu de nos facultés de connaissance » (§ 20). Il s'agit donc : 1 / d'un principe opérant au niveau même des facultés qui, dans leur généralité, sont universelles et quand même internes ; 2 / d'un principe qui n'est qu'un effet : 3 / cet effet venant non de l'exercice usuel des facultés de connaissance, mais de leur jeu commun (c'est-à-dire réciproque) et libre. Si un problème doit alors se poser, il doit s'articuler, non par rapport à un mécanisme consensuel, mais en fonction des notions de jeu et de liberté. Avant d'y venir, il faut préciser encore un point. Comme le souligne Kant, le principe du sens commun peut être soit constitutif de la possibilité de l'expérience – ce serait alors une faculté originaire et naturelle existant en l'homme –, soit simplement régulateur en vue de fins plus élevées – et il impliquerait l'idée d'une faculté encore à acquérir *(zu erwerbenden)* et artificielle *(künstliche)*. Kant tranchera dans la Déduction en faveur du régulatif. C'est dire que le sens commun est à la fois ouverture au futur et produit de l'art. Par une sorte de ruse de la raison, sous chaque jugement de goût, nous le présupposons. Comment cela se discerne-t-il ? Toute l'analyse kantienne relève presque d'une pragmatique : il constate ce que nous disons, la prétention qui anime tel ou tel énoncé, les conditions d'usage comme conditions de possibilité, et en tire la conclusion que, pour qu'un jugement de goût soit porté, il faut présupposer un sens commun, dont on ne peut qu'affirmer le caractère régulateur.

Puisque artifice il y a, voyons si l'art saurait nous aider à comprendre ce qu'il en est du jeu et de la liberté dans les jugements de goût. Au § 43, il s'agit pour Kant de définir l'art en général. Pour cela il le distingue de la nature, de la science et du métier.

Par rapport à la nature qui est agir ou causer en général *(agere)*, l'art est un faire *(facere)*, mais un faire produit seulement par liberté, c'est-à-dire avec intentionalité : « Une représentation de ce qu'elle est a dû dans sa cause précéder sa réalité sans que toutefois cette cause ait pu précisément penser l'effet » – l'intentionalité est un court-circuit du temps qui pense au présent l'effet futur, sans pouvoir néanmoins le penser dans son effectivité puisqu'il lui manque justement la durée de sa production.

Par rapport à la science qui est à la fois savoir et pouvoir, l'art est savoir sans pouvoir : « Seul ce que l'on ne possède pas l'habileté de faire (*Geschicklichkeit,* le savoir-faire), même si on le connaît parfaitement, relève de l'art. » L'art ne serait donc qu'une compétence sans performance actualisable.

Par rapport au métier qui reçoit salaire, attirant ainsi des mercenaires alors même qu'il est désagréable, l'art est dit libéral car il ne réussit qu'en tant que jeu, « c'est-à-dire comme une activité en elle-même agréable ». Kant ne dit pas que l'art ne mérite pas de salaire, mais que sa finalité n'en relève pas. Le métier est séduisant par ce qu'il y au-delà de son activité (l'argent), l'art est agréable par l'activité elle-même sans souci d'autre chose.

Qu'il y ait anthropocentrisme dans la distinction entre art et nature ne fait pas de doute, mais l'intérêt réside dans cette ponctuation temporelle de la différence. De même entre art et métier, la séparation ne saurait être aussi simple (Kant lui-même le note), mais elle offre tout de même cette caractéristique de l'art, à savoir sa relative indépendance des fins. La distinction qui paraît la plus curieuse est celle du milieu. On attendrait en effet que l'art soit plutôt défini comme ce qui ne relève pas de l'ordre de la compétence, mais bien de la performance. L'analyse platonicienne reposait justement sur le fait qu'il y avait performance sans compétence. La position kantienne dit-elle vraiment le contraire ? En fait, non. Chez Platon, l'artiste savait quelle était l'image du lit, mais il ne pouvait faire que l'image de l'image du lit : il n'avait pas le savoir-faire de l'artisan, *a fortiori* celui du démiurge. L'art se définit bien comme un faire, mais un faire qui consiste seulement en du savoir : ainsi le poète peut-il être versé en histoire, en psychologie ou en logique, son poème n'est pourtant pas œuvre de logicien, d'historien ou de psychologue ; un romancier, pour parler parfois comme un médecin, serait certainement poursuivi s'il se mettait à donner des consultations. Le problème de l'art vient de ce qu'il n'a en fin de compte aucune légitimité à performer le savoir qu'il sait. Deux exemples que Kant repousse en note indiquent la difficulté : dans son pays, nous confie-t-il, l'homme du commun sait que le problème de l'œuf de Christophe Colomb « n'est pas de l'art, il ne s'agit que d'une science », et de même l'illusionnisme ; par contre ce même compatriote de Kant « ne répugnera pas à nommer art l'adresse du danseur de cordes ». Où se situe l'opposition ? Le danseur de cordes joue d'une instabilité sans cesse renouvelée, l'illusionniste ou Colomb avec son œuf forcent à une stabilité ce qui n'en avait pas. L'exemple, qui sonne pour nous de toute la matière nietzschéenne, signale l'instabilité foncière de la position, et sa jouissance : composer de l'équilibre à coups d'incessants déséquilibres.

Si l'art est un savoir sans pouvoir, on conçoit le manque d'équilibre d'un tel découplage : c'est la nécessité de la référence qui fait défaut, la possibilité de découper de l'actuel dans de l'existant, du légitime dans du sensible. Cela suppose, paradoxalement, une certaine *anesthésie* là précisément où l'esthétique s'instaure – le désintéressement est un autre nom de cette anesthésie. Qu'est-ce que cette anesthésie ? Sur quoi joue-t-elle ? Quelle est sa nécessité ?

Il faut bien concevoir que la légitimité du sens commun n'est certainement pas de l'ordre d'un simple consensus empirique, et qu'elle se situe en fait au sein de nos activités, au niveau de la grammaire même de nos actions. Si le sens commun n'est pas ce qui résulte de nos jugements, par contre le fait de juger implique l'idée d'un sens commun. Lorsque nous jugeons d'une couleur, par exemple : « c'est vert », l'important est de voir qu'il y a là une décision effectuée dans un temps présent par un sujet habitué à prendre des décisions, à posséder des concepts de couleurs, à exprimer ses impressions. Mais ce jugement n'a de validité que dans certaines circonstances. Nous n'avons pas l'habitude de dire « c'est vert » chaque fois que nous rencontrons sur notre chemin la couleur verte ; nous l'énoncerons s'il y a un doute sur la couleur, ou si le conducteur d'une auto ne s'est pas aperçu du changement de lumière des feux de circulation, ou s'il s'agit d'enseigner un concept de couleur, etc. Nous n'apprenons pas quelque chose en référence à un consensus, mais seulement en fonction de jugements et de décisions particuliers qu'un tel et un tel nous enseignent cas par cas. Cependant le mode même du jugement suppose l'effectivité d'un consensus. Comme le dit Wittgenstein : « Sans doute notre jeu de langage ne peut s'instaurer que s'il y a un certain consensus, mais le concept de consensus n'intervient pas dans le jeu de langage. » Et il ajoute cette image d'une loterie borgesienne : « Si le consensus était parfait, son concept pourrait demeurer totalement inconnu. »[1]

Le consensus est mal conçu tant qu'on le cherche à l'origine nécessaire de nos jugements. Si on pose qu'un consensus empirique, statistique suffit à valider *a priori* nos énoncés dans leur vérité ou leur fausseté, le premier sceptique venu pourra facilement invalider notre position, car c'est avouer que la règle ne détermine pas nécessairement l'action. L'alternative apparaît alors comme une perspective platonicienne où la règle de détermination d'une action devient un fait nécessairement supra-empirique. Entre les deux, on a l'impression d'une absence de choix. Or, il s'agit à chaque fois de la même illusion : on pose une distance artificielle entre la règle et son application, et c'est cette distance qui devient problématique. Alors que dans la pratique il n'y a pas de distance, mais juste au contraire une connexion interne extrêmement résistante qui fait de chaque événement d'une application *l'immédiat événement de la règle* – une connexion de type grammatical[2].

La question du sens commun ne trouve de résolution que dans l'échange et l'usage constants, mouvants, instables qui donnent à la règle la force de l'événement. Autrement dit cette question recoupe de près celle de savoir ce que c'est que « suivre une règle ». Chez Kant, la présupposition du sens commun marque comme une fin de l'enquête : le sens commun est une régulation nécessaire si l'on veut comprendre la cohérence de jugements singuliers et, néanmoins, prétendant à l'universel. À l'occasion des jugements esthétiques se repose le même problème qui avait animé la *Critique de la raison pure,* à savoir la possibilité des jugements synthétiques *a priori,* mais la solution du sens commun n'ouvre qu'une voie relative, celle du régulatif. Si Wittgenstein

1. Ludwig Wittgenstein, *Fiches,* trad. J. Fauve, Paris, Gallimard, 1971, § 430.

2. Pour une présentation du problème sceptique de la règle, voir Saül Kripke, *Wittgenstein on Rules and Private Language,* Cambridge, Harvard University Press, 1982 ; contre cette position et celle d'un consensus empirique, G. Baker, P. M. S. Hacker, *Scepticism, Rules and Language,* Oxford, Blackwell, 1984.

reprend ce problème, il semble le faire de manière inverse, à l'instar déjà de Nietzsche :

> Il est temps enfin de remplacer la question de Kant : « Comment des jugements synthétiques *a priori* sont-ils possibles ? » par cette autre question : « Pourquoi la croyance en de tels jugements est-elle *nécessaire* ? » Il faut comprendre en effet que c'est pour la conservation d'êtres de notre espèce que ces jugements doivent nécessairement être *tenus* pour vrais, ce qui n'empêche pas, bien sûr, qu'ils puissent être faux ! [...] c'est une croyance de premier plan [*Vordergrunds,* littéralement un fondement mis de l'avant], une évidence [*Augenschein,* c'est-à-dire en même temps une *apparence*] qui appartient à la perspective et à l'optique de la vie[1].

L'inversion tient au remplacement d'une possibilité de l'être par une nécessité du croire, mais en fait on voit combien ce renversement est implicite dans la notation kantienne qui fait du sens commun un *effet purement régulateur.* Ce que Kant figure comme une *ruse* de la raison devient chez Nietzsche et Wittgenstein une *forme* de notre vie. Poser la question « pourquoi » et non « comment », penser la nécessité et non la possibilité, conduit à une disparition pure et simple du problème : c'est la pratique de nos activités qui répond et fournit le fondement, instable certes, mais suffisant. Que maintenant ces jugements soient vraiment nécessaires, c'est ce dont il faut rendre compte.

Jacques Bouveresse, à la suite de certains commentateurs, note le parallèle des solutions entre Kant et Wittgenstein, mais selon lui la ressemblance s'arrête au moment où Kant pense trouver une justification de la technique du calcul dans l'intuition pure du temps et de l'espace, car, pour Wittgenstein, « la technique du calcul des égalités arithmétiques nous procure l'intuition dont nous avons besoin, mais ne repose pas elle-même sur une forme d'intuition qui préexisterait d'une façon quelconque à l'adoption et à la pratique du calcul »[2]. Le partage n'est pourtant pas aussi net que cela, dans la mesure où ce qui arrive à certaines propositions lorsqu'on les déclare *a priori* n'est pas d'anticiper

1. Friedrich Nietzsche, *Jenseits von Gut und Böse : par-delà le bien et le mal,* trad. de G. Blanquis, Paris, Aubier-Montaigne, 1978, § 11 (trad. modifiée).
2. Jacques Bouveresse, *La force de la règle : Wittgenstein et l'invention de la nécessité,* Paris, Minuit, 1987, p. 89.

l'expérience sous la forme d'une vérité antérieure à l'expérience, mais « sous la forme d'une règle pour la description de l'expérience »[1] : si tel est bien en effet le propos de Wittgenstein, l'intuition pure du temps et de l'espace ne dit pas vraiment autre chose, puisque ce n'est jamais une « vérité », mais bien une règle de description de ce qui arrive. Wittgenstein rend seulement plus claire et plus économique la solution de Kant. Encore que l'on puisse remarquer ceci : si l'on garde présente à l'esprit cette référence au temps, on comprend plus aisément une des caractéristiques importantes des jugements synthétiques *a priori,* selon Wittgenstein, à savoir le fait qu'ils se donnent comme un blocage du temps : « "Rouge est une couleur pure" est une proposition sur l' "essence" de rouge, le temps n'y a pas de place ; on ne peut pas s'imaginer que *cette* couleur puisse *ne pas* être simple. »[2] Le critère d'une proposition *a priori* est que sa négation ne peut s'imaginer : celle-ci ne fait pas partie de nos règles de description. Dans les jugements *a priori,* le temps s'arrête afin que les autres propositions puissent graviter et circuler autour d'eux. Là est la raison de l'intérêt de Wittgenstein pour les propositions qui sont d'ordre empirique et qui jouent, pourtant, un rôle manifestement *a priori* :

> Il arrive souvent que l'usage des propositions soit à la limite de la logique et de l'empirie, de sorte que leur sens change de part et d'autre de cette limite et qu'elles vaillent tantôt comme expression d'une norme, tantôt comme expression d'une expérience[3].

> Il y a bien des choses qui pour nous semblent solidement fixées et qui disparaissent de la circulation. Elles sont pour ainsi dire poussées sur une voie de garage. [...] Or elles donnent leur forme à nos façons de voir. Peut-être en a-t-on disputé un jour. Mais peut-être ont-elles appartenu depuis des temps immémoriaux à l'*échafaudage* de toutes nos façons de voir. (Chaque être humain a des parents)[4].

1. Jacques Bouveresse, *La force de la règle,* p. 89.
2. Ludwig Wittgenstein, *Bemerkungen über die Philosophie der Psychologie : Remarks on the Philosophy of Psychology,* Oxford, Blackwell, 1980, § 622 (ma traduction).
3. Ludwig Wittgenstein, *Remarques sur les couleurs,* trad. Gérard Granel, Mauvezin, TER, 1984, I, § 32.
4. Ludwig Wittgenstein, *De la certitude,* trad. J. Fauve, Paris, Gallimard, 1976, § 210-211.

« Chaque être humain a des parents » est bien un constat empirique, mais sa négation serait difficile à imaginer, sauf peut-être pour un anthropologue tombant sur une tribu où les enfants seraient faits, pour ainsi dire, « anonymement » et pris en charge par la communauté dans son ensemble, ou encore pour nos propres enfants habitués qu'ils le seront peut-être dans quelques décennies aux manipulations génétiques et aux bébés-éprouvettes. On a là des « *a priori* historiques » qui ont été retirés de la circulation ordinaire du langage afin de fonctionner comme paradigmes et règles : *pour le moment, le temps ne vaut pas pour eux. Mais c'est néanmoins dans le temps qu'ils se constituent.*

Le paradoxe de la règle vient en effet d'une confusion sur le temps. Nous avons l'impression, lorsque nous connaissons le sens d'un mot, que nous devrions connaître tous les usages *futurs dès maintenant* (comme si nous n'avions plus rien à faire dans l'avenir qu'à agir mécaniquement), alors qu'en fait nous maîtrisons l'usage *présent,* et nous maîtriserons de même ses usages futurs, *pour autant* que notre jugement s'y exercera. C'est pourquoi Wittgenstein souligne qu'un accord sur les définitions ne suffit pas, il y faut aussi un accord sur les jugements[1]. Le paradoxe de la règle ne reçoit de solution qu'en référence à nos formes de vie.

Les § 241-242 sont parmi les plus importants des *Philosophische Untersuchungen,* non seulement parce qu'ils résument ce qu'il en est, pour Wittgenstein, de la *vérité* : comment décider de ce qui est vrai et de ce qui est faux ; mais aussi en ce qu'ils articulent les deux manières dont il tente de traiter le problème (paradoxes de la règle et du langage privé). Les deux arguments sont symétriques et, contrairement à ce que prétend Kripke, le second apporte vraiment du nouveau à la discussion, en permettant, d'une part, de montrer que le mouvement du sceptique naît toujours de la même erreur (poser des questions là où il n'y a rien à demander, confondre l'empirique et le grammatical), et, d'autre part, de signaler combien le langage se règle, non sur la possibilité, mais sur la *nécessité de l'entendre publiquement.*

1. Ludwig Wittgenstein, *Investigations philosophiques,* trad. Pierre Klossowski, Paris, Gallimard, 1986, § 241. Je modifierai la traduction de Klossowski.

Ce qui fonde donc l'accord *(Übereinstimmung)*, c'est précisément le langage dans les structures de parole *a priori* qu'il implique. C'est pourquoi ce n'est pas un accord sur les opinions (consensus sociologique), mais sur des formes de vie. Cette entente *(Verständigung)*[1] à travers la langue ne requiert pas seulement, comme le ferait le consensus, un accord sur les définitions – et c'est aussi pourquoi le fait que le locuteur privé s'obstine sur le modèle de la définition ostensive le bloque dans sa position –, mais un accord sur les jugements eux-mêmes. On doit pouvoir reconnaître un comportement de douleur et juger, par exemple, s'il est simulé ou non. S'il était impossible de s'accorder sur de tels jugements, la définition de la simulation ne servirait plus à rien. Néanmoins, cet accord sur les jugements paraît miner le fondement même de l'argumentation contre le sceptique : la logique – que reste-t-il de l'*a priori* si même les jugements requièrent un accord ? En fait, cet accord supporte au contraire la possibilité du logique, car c'est un accord sur des modes d'agir et sur le langage basé sur ces modes d'agir. La fondation du logique ne naît pas de conditions transcendantales, mais l'aprioricité n'en est pas pour autant abandonnée, bien au contraire, simplement elle est issue de la pratique même, des formes de vie que les hommes partagent. C'est pourquoi l'*a priori* n'est pas inaltérable et éternel comme les essences ou les idées métaphysiques (§ 250 et 252), puisqu'il est toujours issu d'un certain environnement *(Umgebung)* ; c'est aussi pourquoi il assure un lien rigide, non entre le mot et la chose, mais entre l'expression et sa compréhension ou son usage. C'est précisément ce lien contre lequel bute le solipsiste, et que méconnaît par ailleurs la métaphysique.

Cela ne veut pas dire non plus que toute la vérité se réduise *uniquement* au langage : « Une chose est de décrire la méthode de mesure [accord sur les définitions], une autre, de trouver et d'énoncer les résultats de la mesure [accord sur les jugements]. Mais ce que nous nommons "mesurer" est aussi déterminé par une certaine constance des résultats de la mesure [résistance du "monde"] » (§ 242). Le langage

1. Il est important de conserver l'idée de compréhension *(verstehen)* et d'entendement *(Verstand)*, en même temps que celle d'accord.

donne seulement les conditions de possibilité d'appréhension et de description du monde (là se trouve l'*a priori*), le monde, quant à lui, peut les valider ou les invalider à des degrés différents. À moins d'une certaine constance dans les définitions, dans les jugements et dans les résultats empiriques, l'activité humaine ne saurait jamais mener à une entente dont dépendent l'apprentissage, la compréhension et l'usage quotidien du langage et des comportements.

Qu'est-ce alors que suivre une règle, lorsqu'en matière d'esthétique il semble que la seule règle prédicable soit de ne pas suivre de règles ? S'agit-il vraiment d'une *suspension* des règles, d'un cas particulier dans l'application de la règle ? Partir dans cette voie nous oblige à donner aux œuvres d'art un statut ontologique bizarre. Si l'on veut éviter les apories habituelles, il faut partir avec l'idée d'une continuité de l'art et des autres formes d'activité et voir si l'on peut comprendre quand même la position originale de l'art.

Prenons le concept de « voir comme » *(sehen als)* dont le paradigme le plus connu est le « canard-lapin » de Jastrow. La tentation que veut critiquer ici Wittgenstein est celle qui consiste à croire que le changement dans la perception qui me fait voir la même figure, tantôt comme un canard, tantôt comme un lapin, implique qu'il doit exister une impression visuelle interne différente du dessin lui-même. Un peu comme s'il fallait qu'il y eût une « organisation » *en plus* des formes et des couleurs, afin que l'on puisse expliquer le changement perceptif. En fait, si on voulait reproduire l'image intérieure, on ne ferait que recopier la figure originale – de la même façon « la limite de la langue se montre dans l'impossibilité de décrire le fait qui correspond à une proposition (qui est sa traduction) sans justement répéter la proposition »[1]. La perception du canard-lapin comme canard ne consiste donc pas dans la perception des formes et des couleurs *plus* quelque chose qu'on ne pourrait décrire. Ce qu'on peut fort bien décrire et qui, précisément, nous aide à voir le canard-lapin comme canard, ce sont différentes représentations de canard. C'est-à-dire qu'il

1. Ludwig Wittgenstein, *Remarques mêlées*, p. 20.

me faut tout un contexte pour que je puisse *interpréter* le canard-lapin *comme* canard.

Le problème se résout donc ainsi : « Ce n'est pas le changement d'aspect que l'on voit, mais le changement d'interprétation. »[1] Autrement dit, réception et interprétation ne sont pas des opérations séparables. Mais on a tendance à considérer que le « voir comme » relève soit d'une expérience vécue (une *Erlebnis*), soit d'une pensée, alors que « le substrat de cette expérience est la maîtrise d'une technique »[2]. Il peut arriver que je ne puisse communiquer exactement mon impression visuelle (au sens vraiment psychologique ou même physiologique du terme), mais je peux aussi la communiquer sans problème parce que j'interprète l'image et que je la vois comme je l'interprète, et cette interprétation se fait à l'intérieur de et grâce à une culture commune. Comme le souligne Jacques Bouveresse : « C'est seulement de quelqu'un qui est susceptible de dire et de faire certaines choses que cela a un *sens* d'admettre qu'il éprouve une certaine impression esthétique. Et c'est pourquoi l'expérience esthétique est en un certain sens essentiellement communicable. »[3]

Ce qui est ainsi communiqué, c'est justement ce changement de vision, cette interprétation. Mais Wittgenstein insiste aussi sur le fait que l'œuvre d'art, elle-même, est ce qui apporte un changement de perspective :

> Imaginons un théâtre : le rideau se lèverait et nous verrions un homme seul dans sa chambre, allant et venant, allumant une cigarette, s'asseyant, etc. de telle sorte que nous verrions un homme du dehors, comme nous ne pouvons jamais nous voir nous-mêmes [...] c'est la vie même que nous verrions. – Mais c'est là ce que nous voyons tous les jours, et cela ne nous fait pas la moindre impression ! – Soit ! Mais nous ne les voyons pas dans *cette* perspective[4].

Cette perspective nouvelle, à la fois *espacement* et *cadrage,* a cependant quelque chose de plus que la simple critique : le changement d'inter-

1. Ludwig Wittgenstein, *Fiches,* § 216.
2. Ludwig Wittgenstein, *Investigations philosophiques,* p. 208.
3. Jacques Bouveresse, *La rime et la raison,* Paris, Minuit, 1973, p. 203.
4. Ludwig Wittgenstein, *Remarques mêlées,* p. 14.

prétation vient aussi de ce qu'elle prend l'objet de l'extérieur, comme un *monde* propre et avec le monde entier comme toile de fond :

> L'œuvre d'art, c'est l'objet vu *sub specie æternitatis* [...] Dans la façon de voir ordinaire, on considère les objets pour ainsi dire en se plaçant parmi eux ; dans la façon de voir *sub specie æternitatis,* on les considère de l'extérieur. De telle sorte qu'ils ont le monde entier comme fond de décor. C'est un peu comme si l'on voyait l'objet *avec* le temps et l'espace, au lieu de le voir *dans* le temps et l'espace ? [...] la chose vue *sub specie æternitatis* est la chose vue avec l'ensemble de l'espace logique[1].

À l'instar des propositions *a priori,* l'art semble instaurer un rapport particulier au temps, différent du temps empirique. Mais où les propositions *a priori* arrêtent en quelque sorte le temps et s'y aveuglent (d'où parfois l'impression de suivre une règle aveuglément), l'art anesthésierait notre passage dans le temps, c'est dire que, loin de le bloquer, il en suivrait le cours mais comme de l'extérieur (d'où l'impression parfois de voir et l'événement et le temps qui l'accompagne, l'événement des événements).

Kant soulignait que, si le principe d'un accord est réclamé dans le jugement de goût, son application peut souvent faillir. Est-ce en contradiction avec ce qui vient d'être affirmé : que c'est l'événement de l'application qui fait la règle, que la correction de l'application vient des corrections que, dans la pratique renouvelée du jugement, on peut apporter ? En fait, non. On apprend tout un système de jugements qui reposent les uns sur les autres et qui assurent le minimum homogène d'une culture. Avec l'art, la difficulté vient du fait que chaque œuvre est l'expression de toute une culture et que, pour l'apprécier, il faut alors soi-même se mettre à la hauteur, tenter de maîtriser la multiplicité de ce monde.

L'art touche au transcendantal. La remarque suivante de Wittgenstein le montre très clairement ; il s'interroge sur la question de la nécessité dans une œuvre d'art (ce caractère qui fait qu'on ne saurait changer un mot ou une note à ce qui nous paraît d'une parfaite logicité), et il élimine la réponse qui voudrait qu'il y eût un paradigme

1. Ludwig Wittgenstein, *Carnets,* 7 octobre 1916.

(mental, historique ou autre) *hors* de l'œuvre, ainsi que la banalité de la référence au beau, mais c'est pour préciser aussitôt qu'il existe bien un paradigme hors de l'œuvre, à condition de le comprendre comme ce qui détermine les conditions mêmes de l'existence de l'œuvre et de sa possible compréhension par ses récepteurs, paradigme cependant essentiellement *mobile* puisque le thème et sa répétition viendront s'y ajouter, donnant ainsi une nouvelle configuration à notre langue, à notre pensée et à notre sensibilité :

> « La répétition est *nécessaire.* » En quoi est-elle nécessaire ? Eh bien chante-le donc [le thème], tu verras que seule la répétition lui donne la force extraordinaire qui est la sienne. – N'est-ce pas comme si pour nous il fallait qu'un modèle pour ce thème existât dans la réalité, modèle dont il ne se rapprocherait, auquel il ne correspondrait, qu'à la condition que cette partie soit répétée ? Ou dois-je me contenter de cette platitude : « Il sonne de façon plus belle si on le répète ? » [...] Et cependant il n'*existe* justement aucun paradigme en dehors du thème. Et cependant il *existe* de nouveau un paradigme en dehors du thème : je veux dire *le rythme de notre langue, de notre pensée et de notre sensibilité* [mes italiques]. Et le thème est en outre à son tour une *nouvelle* partie de notre langue, il est incorporé à elle ; nous apprenons là un nouveau *geste.* Le thème est en interaction avec la langue[1].

La difficulté du jugement esthétique ne tient pas seulement à la nécessité d'en passer par toute une culture, mais aussi de se placer au niveau même de l'espace logique, de la constitution et de la répétition des règles de description, des modes et formes de donation du monde, autrement dit du *rythme.* Il ne saurait y avoir de règles en esthétique, parce que l'esthétique parle déjà dans l'idiome des règles, or il n'y a pas de méta-règle : l'esthétique montre les règles, elle ne peut les dire. Elle montre le temps, l'espace, ce qu'est une description, la constitution d'un sens ou la prise d'une valeur.

Tel est ce qu'il faut entendre sous le terme d'exemplarité chez Kant. Si le génie est appelé par un autre génie à produire une œuvre nouvelle qui ne respecte pas les règles qu'on pouvait tirer *a posteriori* de l'œuvre précédente, c'est qu'à chaque fois l'espace logique est autre. « Toute une culture » ne signifie pas la somme des représentations de chaque individu

1. Ludwig Wittgenstein, *Remarques mêlées,* p. 64.

participant à une culture donnée, quelque chose comme une *Weltanschauung,* mais ce qui est le *partage* d'un individu au sein d'une société : c'est-à-dire aussi bien le commun que le différent. L'universalité en jeu dans les œuvres d'art vient d'un double déplacement : de l'auteur vers les autres et du lecteur vers ce monde autre. Le jugement est toujours l'exercice d'un mouvement, d'une invention de l'autre.

Produire des images, c'est faire entrer dans l'ordre du calcul l'immédiateté du visible. Or, la nécessité en passe par l'imagination, ou plus précisément, puisque les règles et les paradigmes que sont les propositions *a priori* n'ont guère d'autre critère que l'impossibilité d'une proposition contradictoire (c'est-à-dire d'une description contraire), c'est la faillite de l'imagination qui désignera à rebours la proposition nécessaire. Si les règles sont en fait l'ordonnance d'un calcul (ce pourquoi Wittgenstein choisit de manière privilégiée l'exemple de l'arithmétique), c'est l'incalculable qui marquera les frontières du sens. Face à une impression esthétique, « de toute évidence, ce à quoi nous aspirons, ce n'est pas [...] un calcul, un procès-verbal de réactions »[1].

L'art joue de l'invention. Il y a là un événement non prévisible, mais descriptible, qui signale un changement de rythme, une accélération ou un ralentissement par rapport à la temporalité du savoir et de la reproduction. Mais en même temps, dans cette singularité de l'événement prend place l'itérabilité de sa production. L'invention réclame à la fois de l'altérité et du commun : elle a besoin d'un statut, c'est-à-dire d'une stabilité, d'un sens, pour être reconnue comme événement. Un choc ne saurait suffire. Cela n'est un paradoxe que si l'on présume qu'une invention remet tout en cause, reprend tout sur d'autres bases. Or, ce n'est jamais le cas. Et pourtant rien ne sera plus comme avant puisqu'une nouvelle vitesse est donnée à l'ensemble. *L'invention est un partage* – comme l'augure traçant dans le ciel, du bout de son bâton, un cercle, en lequel tout ce que le temps amènera d'oiseaux et de nuages fournira matière à interprétation et à calcul du temps.

1. Ludwig Wittgenstein, *Lectures on Aesthetics,* III, 8 (ma traduction).

# Chapitre VIII

## Le comme-un

Si l'invention est un partage, encore doit-on s'entendre sur cette communauté d'usage. Et même sur la communauté d'ordre temporelle qui paraît impliquée par le recours aux auteurs anciens. À quoi sert, par exemple, de revenir obstinément à Platon ? En quoi les obstacles antiques apportés au jeu de la *mimesis* ou à la positivité de la *doxa* peuvent-ils encore nous importer dans un monde contemporain devenu si étranger aux façons de faire, aux mots échangés, aux conflits tacites qui en simplifiaient ou en resserraient autrefois les richesses ? Mais n'est-ce pas là, précisément, ce qu'il s'agissait de penser : les modes de survie d'œuvres qui continuent à obséder notre présent, ici philosophie, ailleurs littérature ?

À l'évidence, Platon ne nous dit rien sur ce que nous appelons littérature, même quand il parle d'Homère. Mais il déploie un dispositif complexe de lecture qui n'a pas encore fini de dilater notre présent[1]. Platon est aussi notre contemporain. Qu'est-ce que cela veut dire ? Y aurait-il une secrète continuité par où nous serions toujours les héritiers

1. Ce dispositif de lecture provient aussi de la façon dont Platon lui-même a organisé son héritage : les dialogues écrits ne contredisent pas sa méfiance envers l'écriture, dans la mesure où l'Académie fondée par Platon avait pour charge de transmettre les opérations orales nécessaires pour *faire parler* de manière légitime les écrits. Sur ce point, voir Jesper Svenbro, *Phrasikleia : anthropologie de la lecture en Grèce ancienne,* Paris, La Découverte, 1988.

d'une ontologie instaurée à Athènes voici vingt-cinq siècles ? Ou bien les éternelles questions de l'esprit humain ont-elles trouvé une de leurs plus éminentes manières d'être posées dans les dialogues socratiques ? Ni l'un, ni l'autre, je crois. Même si on peut bien penser que les problèmes les plus importants (c'est-à-dire les plus riches) sont en nombre limité, même s'il existe, certes, un « héritage » de la pensée grecque (mais nous sommes aussi, nous occidentaux, marqués par la théologie juive, par sa réécriture chrétienne, par le déplacement latin des philosophies grecques, sans compter les cultures spécifiques des « barbares », les fascinations orientales, les merveilles américaines, etc. – sans compter aussi le poids de nos institutions ou de nos technologies qui informent nos expériences de façon bien éloignée de celles de l'Athènes du IVe siècle avant Jésus-Christ), Platon n'est pas notre contemporain de toute éternité, mais il nous est présent (pour sauter à un autre penseur) *sub specie æternitatis*.

## NOTIONS COMMUNES ET COMPOSITION DES CAS

*Sub specie æternitatis :* cette formule de Spinoza (que reprend Wittgenstein pour parler de l'œuvre esthétique) oppose à la vision dans le temps, prise tout entière dans la contingence d'un ici et maintenant, un « regard d'éternité » qui est aussi le partage des hommes. Concevoir les choses et les événements d'un œil éternel est possible, pour Spinoza, parce que l'entendement propre aux hommes est aussi partie de l'entendement divin, en ce qu'il est susceptible de *résister* au temps[1]. Le verbe *remaneo* qu'utilise Spinoza signifie « rester », « demeurer », « séjourner », « subsister » et ne fait qu'accentuer les sens déjà de *maneo* qui veut dire « rester », « séjourner » , « persister », mais aussi « attendre quelque chose ou quelqu'un », « être réservé à » : la résistance au temps

1. Baruch Spinoza, *Éthique,* trad. Bernard Pautrat, Paris, Le Seuil, 1988, V, XXIII et son scolie.

est attente d'un autre moment du temps où l'éternité sera saisie, où elle pourra séjourner. Dans la contingence aussi bien que dans la durée de la causalité, les événements s'effacent ; il faut un regard particulier pour que ce qui était inscrit dans le temps s'écrive dans l'éternité. En effet, hors du seul temps diffracté de la contingence d'où sourd une immédiateté qui s'échappe à elle-même et hors de la durée continue de la causalité où s'édifie l'ordre des médiations, il est une autre immédiateté, plus complexe que la médiation, où l'instant qui attendait son salut trouve l'instant qui attendait de le sauver : une immédiateté de la résistance. Dans le vocabulaire de Spinoza, cette immédiateté ressortit non de la nature naturée mais de la nature naturante, non du résultat mais du geste[1]. En cela elle ne tient pas dans le seul point de vue de Dieu, mais bien dans l'existence finie d'individus historiques.

Il ne faudrait pourtant pas penser que la résistance joue au seul niveau du réactif : la résistance est affirmation d'un problème par le regard qui transforme un cas en situation, les rapports de force en composition des forces[2]. Les « notions communes », comme les appelle Spinoza, sont des modes de composition des rapports vécus, des manières d'organiser les bonnes rencontres, d'élever les individus à la puissance supérieure par l'expérimentation de notions élevées, elles-mêmes, à la puissance supérieure grâce à la généralisation des rapports singuliers[3]. Les notions communes sont fabriquées à partir d'une composition des cas, elles ne sont pas données d'avance ou acquises à jamais : elles mobilisent des valeurs et des significations, elles densifient des événements, elles ralentissent l'inlassable cinétique du vivant, elles permettent de lire, dans le discontinu imprimé par ce qui arrive, l'affirmation d'un problème.

Comment, en effet, souscrire au principe de discontinuité historique sans sacrifier au démon du relativisme généralisé (démon, non

1. Voir Chantal Jaquet, *Sub specie æternitatis : étude des concepts de temps, durée et éternité chez Spinoza,* Paris, Kimé, 1997, p. 113-115. Contre les traductions courantes par « espèce », « aspect » ou « sorte », Chantal Jaquet propose, avec de bonnes raisons à ce qu'il me semble, de traduire par « regard d'éternité » l'expression créée par Spinoza.

2. Voir Laurent Bove, *La stratégie du conatus : affirmation et résistance chez Spinoza,* Paris, Vrin, 1996, en particulier p. 306-308, ainsi que Françoise Proust, *De la résistance,* Paris, Le Cerf, 1997, p. 15-47.

3. Baruch Spinoza, *Éthique,* II, XL, scolies I et II.

pour la relativité qu'il implique, mais par la contradiction qu'il recèle : le véritable relativisme ne saurait être général, mais seulement relatif) ? L'erreur à ne pas commettre consiste à établir, au nom des singularités de chaque présent, des différences de nature entre tous les moments du temps, quand les différences ne peuvent être que de degrés. Faisons encore une fois appel à des conceptions anciennes (dont a su hériter Spinoza), de celles que les auteurs des Temps modernes ont vigoureusement rejetées, non pour le charme du révolu ou par souci antiquaire, mais afin de relativiser, là aussi, les préjugés modernes ou la nature des discontinuités invoquées, afin de mettre au jour moins l'être problématique du passé que l'être-problème de l'Autrefois[1].

## LA TOPIQUE : VITESSE DES LIEUX COMMUNS

Le grand tort de la topique, dans nos sociétés modernes, tiendrait, d'une part, à son caractère purement formel (un *topos* serait une « case vide » de l'argumentation), d'autre part, à son apparence doxale (que de banalité on trouverait dans le *topos*)[2]. Deux moyens inverses de disqualifier la valeur sociale de la topique : d'un côté, en en faisant l'affaire d'un formalisme logique hérité d'Aristote ; de l'autre, en n'y décelant que des contenus déjà prédigérés selon le modèle de Cicéron. Avec le philosophe grec, la topique est trop abstraitement logique, avec l'orateur romain, elle s'avère trop concrètement idéologique. Arnauld

1. Peter Sloterdjik a critiqué l'utopie cinétique de la modernité et, en particulier, le concept de « mobilisation » (*La mobilisation infinie : vers une critique de la cinétique politique,* trad. Hans Hildebrand, Paris, Christian Bourgois, 2000 [1989]). Mais, dans la résistance, la mobilisation est aussi un ralentissement et l'intensification, une densité.

2. On pourrait, d'ailleurs, trouver un superbe paradoxe dans le fait que les sociétés hiérarchiques anciennes s'appuient volontiers sur l'univers de la *doxa,* tandis que nos sociétés démocratiques le dévalorisent, jusqu'à rabattre le *topos* sur le cliché : le sens du commun est devenu soupçon de banalité. Penser avec tous les autres, c'est renoncer au tremblement ou à la souplesse des significations, c'est se désister de sa singularité, c'est laisser pour compte les ressauts de sa liberté.

et Nicole, à un moment fort de la réaction contre la topique, en ont donné les deux possibles versions : les règles des lieux communs sont inutiles car, par leur laborieuse mise en forme logique, ils ralentissent l'esprit qui, de toute façon, avait naturellement trouvé les raisons à invoquer : « L'on traite tous les lieux dans les discours les plus ordinaires, & l'on ne saurait rien dire qui ne s'y rapporte ; mais ce n'est point en faisant une réflexion expresse que l'on produit ces pensées, cette réflexion ne pouvant servir qu'à ralentir la chaleur de l'esprit, & à l'empêcher de trouver les raisons vives & naturelles qui sont les vrais ornements de toute sorte de discours » ; et, par ailleurs, l'abondance des arguments que permettraient les lieux empêche un jugement personnel plus à même de trouver ce qu'appelle chaque sujet spécifique hors des raisonnements tout faits : « Rien ne rend un esprit plus stérile en pensées justes & solides, que cette mauvaise fertilité de pensées communes. L'esprit s'accoutume à cette facilité, & ne fait plus d'effort pour trouver les raisons propres, particulières, & naturelles, qui ne se découvrent que dans la considération attentive de son sujet. »[1] Raisons contraires, mais efficaces, pour donner, au nom d'une transparente nature, une tournure décidément opaque aux lieux communs. À partir du moment où cette transparence est remise en question l'intérêt de la topique peut réapparaître.

Il n'est pas sûr que, pour autant, les autorités d'Aristote ou de Cicéron reprennent leur ancienne aura. En repliant les formes d'argumentation recensées dans la *Topique* sur des schèmes universaux, on en rate l'économie propre et on tombe dans un réductionnisme hâtif (mais, avec pour récompense, un sublime sentiment de pouvoir sur les idéologies déjouées et de supériorité sur les anciens auteurs ainsi ramenés à des présupposés inaperçus) : « Son but [à Aristote] était d'enlever aux raisonnements une diversité qu'il ne croyait qu'apparente. Il s'agissait de rattacher *tous* les raisonnements, si variés et inconciliables qu'ils parussent, à des propositions régulatrices *universellement* acceptables. L'accord qui se

1. Antoine Arnauld, Pierre Nicole, *La logique ou l'art de penser,* Paris, Flammarion, 1978 [1683], p. 295 et 296, dans le chapitre éloquemment intitulé : « Des lieux, ou de la méthode de trouver des arguments. Combien cette méthode est de peu d'usage. »

faisait dans un auditoire donné n'était plus alors aléatoire ou circonstanciel : cet accord n'était que la réalisation d'une entente préexistant dans la sphère rationnelle. »[1] S'il en allait vraiment de la sorte, on ne verrait plus ce qui distingue la dialectique qui porte seulement sur le probable, donc sur des événements relevant d'une communauté, de la logique qui, elle, est la véritable science à portée universelle. Loin de verser les opinions au compte courant des idées universelles, Aristote, dans la topique, souligne en fait deux éléments : d'abord, il y a de la pensée dans les énoncés à valeur doxale ; ensuite, cette pensée suit des règles argumentatives et narratives repérables.

Il existe, bien sûr, des résistances à voir dans la *doxa* un exercice de pensée ; ainsi que le note Georges Molinié, « la véritable difficulté pour l'esprit occidental du début du XXI^e^ siècle, ce n'est pas *doxique,* mais *pensée* du doxique »[2]. Le *topos* ne consiste pas dans la répétition assommante d'une vérité autoritairement reçue, il cherche à trouver dans l'économie de chaque cas singulier de quoi le déterminer, donc le penser et, du coup, l'autoriser en sa possible généralité, l'instituer en sa valeur pour chacun. Aux yeux des linguistes qui analysent les procédures argumentatives implicites dans la langue de tous les jours, il est clair que les *topoï* opèrent comme « des garants des enchaînements discursifs »[3]. L'idée n'est pourtant pas de mettre simplement au jour ce qui préexiste au discours : façon de vider l'événement de parole de sa portée, de sa valeur, de son actualité, autrement dit, de sa vie singulière, de sa temporalité propre. L'entente, même si elle repose sur un appel à

1. Marc Angenot, « Présupposé, topos, idéologème », *Études françaises,* avril 1977, 13, 1-2, p. 23. La façon « par réductions successives » de constituer des « ensembles idéologiques », ou, comme le dit Oswald Ducrot, de « chercher dans tout texte le reflet implicite des croyances profondes de l'époque » (cité par Marc Angenot, p. 25) s'avère très efficace, mais a pour effet de figer, par avance, dans un résultat, les fabrications occasionnelles : parce que l'on fait d'énonciations singulières les résultats d'idéologèmes, on les retrouve effectivement comme résultats plutôt que comme « inventions ». C'est encore une fois s'illusionner et mettre, *a posteriori,* de façon confortable, le possible avant le réel et le reflet avant l'image.

2. Georges Molinié, *Sémiostylistique : l'effet de l'art,* Paris, PUF, 1998, p. 59.

3. Jean-Claude Anscombre, « De l'argumentation dans la langue à la théorie des topoï », *Théorie des topoï,* sous la dir. de Jean-Claude Anscombre, Paris, Kimé, 1995, p. 50.

un passé commun, à des valeurs connues, à des sens déjà partagés, ne peut fonctionner que dans la mesure où l'instant présent les réinterprète et les réaménage. La topique ne constitue, donc, pas un répertoire de clichés éternellement valables, elle détermine les manières de faire travailler les discours et de produire des effets sur un public temporellement circonscrits, de façon à former une communauté momentanée de sens et de valeurs : le lieu commun n'est pas simplement un donné ou, pire, un résultat acquis, mais un défi et une résultante des forces en présence, bref, un *geste*.

La topique tient manifestement lieu de machine de guerre contre les idées platoniciennes, en les ramenant aux questions vitales pour les apparences – quantité (combien ?), qualité (laquelle ?), cause (comment, avec quel effet ?) : « Il n'y a en effet Idée de rien de ce qui est apparent, mais il semble bien que l'Idée est toujours dite par rapport à une Idée : par exemple, l'Appétit-en-soi est celui de l'Agréable-en-soi, du Bien-en-soi ; ce ne sera donc pas du bien apparent ni de l'agréable apparent, car l'existence d'un Bien-apparent-en-soi ou d'un Agréable-apparent-en-soi est une absurdité. »[1] L'idée platonicienne ne se situe pas seulement hors du monde des apparences, mais surtout se prive totalement de pouvoir y prendre part, même sous la figure du modèle, car il manque toujours l'instance de passage. Pour que l'idée imprègne bien la chose apparente, il est nécessaire de transiter par une médiation, or cette médiation, si elle est encore du domaine des idées, a besoin elle aussi d'une médiation pour passer dans le sensible, et ainsi de suite à l'infini. Pour Aristote, le problème de la théorie des idées porte bien sur la question de la médiation. Inversement, la topique est un *lieu* de passage, non de l'intelligible dans le sensible ou réciproquement, mais du singulier dans le général, de l'*aisthesis* dans la *theoria*. Les *topoi* forment moins des outils de la médiation que des opérations de l'immédiateté. Là où les idées, si elles sont en nous, doivent être immobiles, alors que nous sommes sans cesse en mouvement, la topique permet d'articuler l'effet de repos dans le jeu immédiat des apparences.

1. Aristote, *Topiques*, trad. J. Tricot, Paris, Vrin, VI, 8, 147 *a* 6-10.

## VALEUR SOCIALE DES EXEMPLES

La topique qui requiert de faire apparaître dans tel ou tel événement particulier la faveur d'un exemple ou l'autorité d'un général oblige à penser les manières de construire et de valider ces *paradigmes.* Car la rhétorique fonctionne, pour beaucoup, à l'exemple. Avec l'enthymème, le paradigme est la preuve commune à tous les genres de la rhétorique. Qu'est-ce qu'un enthymème ? quelque chose comme un syllogisme troué : enchaînement de propositions logiquement liées entre elles, le syllogisme relève de la science du vrai, avec l'enthymème, c'est une dialectique du vraisemblable où il peut manquer un élément du syllogisme, comme avec la maxime il manque un élément de l'enthymème. Par exemple, un syllogisme complet dirait : Chaque homme est esclave ou de la fortune ou de l'argent ; or être esclave est le contraire d'être libre ; donc il n'y a point d'homme qui soit libre. L'enthymème va plus vite : il n'y a point d'homme qui soit libre, car chaque homme est esclave ou de l'argent ou de la fortune. La maxime ramasse encore cela : il n'y a point d'homme qui soit libre[1]. Condensation maximale, d'un côté, extension la plus grande, de l'autre. Ou, pour le dire autrement, vitesse maximale ici, ralentissement le plus fort là, au point de provoquer, dans la généralité de l'argument, un effet de repos : en cela, l'intelligible ne se situe pas dans un ailleurs du sensible, mais, au contraire, il s'agit d'une expérience qui « prend », au point de former la gelée transparente du général.

Il en va de même pour l'exemple, qui oscille entre deux configurations : tantôt il est considéré comme « l'induction de la rhétorique »[2] et suit donc le mouvement argumentatif propre à l'induction qui entraîne les parties vers le tout ( « l'induction est l'ascension qui, par les particu-

1. Pour ces exemples, voir Aristote, *Rhétorique,* trad. Médéric Dufour, Paris, Les Belles Lettres, 1967, II, 21, 1394 *b* 1-6.
2. Aristote, *Rhétorique,* I, 1356 *b.*

liers, atteint au général » )[1], tantôt « l'exemple ne présente les relations ni de la partie au tout, ni du tout à la partie, mais seulement de la partie à la partie, du semblable au semblable, lorsque les deux termes rentrent dans un même genre mais que l'un est plus connu que l'autre »[2]. Tantôt il a une valeur argumentative générale, tantôt il repose sur l'implicite (et les variations) de la *doxa.*

Cela n'est contradictoire que si l'on cherche des différences de nature entre particulier et général ; or le propos d'Aristote consiste, au contraire, à saisir les fines différences de degré qui les constituent[3]. Dans le cas particulier qui devient exemplaire, le petit événement est extrait du flux historique, coupé de ses racines temporelles afin de mieux l'exhiber et lui assurer un autre type de circulation que celui d'un banal souvenir : à l'enthymème, il manquait une des propositions du syllogisme, à l'exemple, font défaut des éléments de son contexte. La présentation rhétorique est toujours une représentation trouée, une manière de ne pas être parfaitement présent à soi-même : *la rhétorique est le langage du déphasage de l'instant eu égard à lui-même.*

Si l'exemple n'a d'existence que par sa contingence, mais une contingence subitement immobilisée et érigée en unité de sens, tout le problème est de fonder la portée de ce sens, de légitimer la configuration d'un destin. L'exemple ne peut mettre en scène que des lectures partielles (de partie à partie, sans passer forcément par une généralité donnée d'avance). Ce sont encore des configurations de sens sans doute, mais modestes. Elles reposent sur toute une culture, tout un enchevêtrement d'expériences et de connaissances dont ils forment comme des nœuds sur la tapisserie infinie de l'histoire. À la différence des événements singuliers (dont ils conservent néanmoins la dynamique et l'effet de concret), ils ont pour vocation de se répéter (précisément parce qu'ils figurent des événements « arrêtés », donc réitérables).

1. Aristote, *Topiques,* I, 12, 105 *a* 13
2. Aristote, *Rhétorique,* I, 1357 *b* 26.
3. C'est là aussi ce qui retient certains linguistes comme Oswald Ducrot : « Non seulement les prédicats topiques sont scalaires, mais la relation qui les unit à l'intérieur du topos est elle-même graduelle » (Oswald Ducrot, « Topoï et formes topiques », *Théorie des topoï,* p. 87). Pour une analyse de ces valeurs scalaires, voir aussi Oswald Ducrot, *Les échelles argumentatives,* Paris, Minuit, 1980.

Un exemple est, en effet, ce que l'on a retiré de la circulation usuelle des discours, ce que l'on a immobilisé dans sa singularité afin de le faire valoir pour de multiples occasions. Le problème est justement de saisir comment un événement quelconque peut acquérir une telle portée. C'est à quoi sert la philosophie : dans le choix des exemples, qu'ils soient le récit de faits passés, ou l'invention de paraboles ou de fables (car la fiction peut devenir aussi exemplaire que les événements de l'histoire), intervient à chaque fois « la faculté de voir le semblable *[to homoion oran],* tâche que facilite la philosophie »[1]. Dans cette ordonnance du relatif, autrement dit dans cette mise en scène des relations, la philosophie s'affirme comme l'art politique de la prudence : « La définition de ce à quoi une chose est naturellement relative, c'est ce à quoi la chose serait employée par l'homme prudent en tant que prudent et par la science propre à cette chose. »[2]

## LES STRATÉGIES DU COMME-UN[3]

Le lieu commun rassemble ainsi différentes expériences dans un espace *comme-un* : il n'implique, donc, pas seulement des stratégies de discours, mais bien un sens du politique, voire, plus radicalement encore, de l'éthique[4]. Mais il permet aussi au philosophe (ou, chez Cicéron, à l'orateur) d'entériner sa position singulière : dominant les effets de discours, percevant le jeu des analogies et des différences, il peut encore les ordonner selon sa visée théorique.

1. Aristote, *Rhétorique,* II, 1394 *a* 5.
2. Aristote, *Topiques,* VI, 6, 145 *a* 25-27.
3. Cette désignation provient d'un article de Paul Zumthor, « Tant de lieux comme un », *Études françaises,* avril 1977, 13, p. 3-10. Michel Deguy l'a par ailleurs élaborée dans des textes plus récents.
4. Comme le signale Mary Carruthers, « Aristotle's word for the "special topics", as distinct from the general categories such as antithesis or similarity, is *eithê,* a word related to "ethics", and they were so called because they belong to the practical, particularized realm of political and ethical life, and furnish rethoric with its enthymemes and propositions » (*The Book of Memory : A Study of Memory in Medieval Culture,* Cambridge, Cambridge University Press, 1990, p. 175).

Là où Platon ruine systématiquement les discours concurrents du poète ou du sophiste (ces autres « maîtres de vérité »), Aristote les intègre, au contraire, afin de mieux en saisir les règles rhétoriques ou poétiques et en évaluer les réussites ou les échecs, mais à l'aune de la seule valeur philosophique. Il est clair, en effet, que ce lieu *comme-un* est un lieu de tensions, de conflits, un champ de forces, un espace où s'entremêlent les désirs de domination ou les appétits de soumission des uns et des autres. Des résultantes s'imposent, bien sûr, mais irrégulières, mais tortueuses.

À ce lieu hérissé d'angles imprévisibles où circulent, dans l'ombre, des désirs aux échelles inaccordables, sinon par la contrainte et le nivellement, devrait-on alors préférer le jaillissement clair du *kairos,* et opposer l'art du juste temps et la technique de l'espace quadrillé ? C'est la forte suggestion de Barbara Cassin : « La rhétorique est l'invention de l'ontologie pour domestiquer – pour spatialiser – le temps dans le discours. [...] Bref, il s'agit de faire passer du fil de l'à-suivre et de la saisie du *kairos,* pointe du temps, au *topos* et aux *topoi,* lieux du bien parler. »[1] Il est, certes, toujours possible de rabattre la topique sur la pesanteur de l'idéologie ou sur du prêt-à-penser, mais on peut aussi bien replier le *kairos* sur une illusoire soumission au temps ou sur un trivial opportunisme. Par sa référence au tissage, le *kairos* ne désigne pas seulement l'occasion temporelle, il relève également d'une distribution spatiale. De même, le *topos* est condensation de l'espace autant que contraction du temps. Ce qui se nomme condensation peut s'appeler épaisseur, tout dépend de l'aspect sous lequel on se place – car là est encore le propre de la topique : l'énumération oratoire n'est pas une manière de nombrer une physique des arguments, mais de concentrer *(cogere)* dans un seul lieu les arguments dispersés tout au long du discours, en les soumettant à un aspect *(reminiscendi causa unum sub aspectum subiciuntur)*[2]. Cela réclame et une distribution dans l'espace et un sens du juste moment.

Les *topoï* sont ce en quoi « tombent de nombreux enthymèmes *[polla enthumemata empiptei]* »[3] : moins rangement bien ordonné que

1. Barbara Cassin, *L'effet sophistique,* p. 413. Pour une opposition circonstanciée du *kairos* et du *topos,* voir p. 466-470.
2. Cicéron, *De Inventione,* I, LI, 98.
3. Aristote, *Rhérorique,* II, 1403 *a* 17. Et non simplement « des chefs sous lesquels se rangent maints enthymèmes » comme le traduit J. Tricot.

mouvement de tombée, comme des bribes d'île glissent au fond du fleuve et se changent en alluvions presque immobiles. Cicéron retrouve exactement le même verbe : dans le lieu commun, le signe du probable *tombe* sous le sens du public ( « signum est quod sub sensum aliquem *cadit* » )[1]. Nos perceptions circulent sur le fond comme-un des multiplicités concentrées de cas singuliers.

La communauté de sens, de valeurs, de récits, d'autorités, d'évidences, de folies est affaire de comparaisons des formes ou de compositions des forces : il faut de l'expérience pour voir apparaître les différences et les ressemblances, pour voir ceci « comme cela »[2], sentir la densité *maximale* de la généralité *pointer* sous le cas particulier. *Kairos* et *topos* sont bien tous deux des arts de la pointe. Mais des arts qui ne sont jamais séparés de la pratique des singularités : le commun est une fiction d'unité, une image momentanée, un aspect élu – impératif catégorique du sens commun : agis *comme si* une multiplicité pouvait se concentrer dans l'Un. La topique suppose une idée régulatrice, non une idée platonicienne, une idée *implicite,* qui dit justement qu'une idée n'est pas de nature différente d'une expérience, qu'une généralité n'est pas radicalement coupée d'un événement, qu'une règle n'est pas autre chose qu'une contraction de cas individuels. Il s'agit donc avant tout d'un jeu des apparences où la médiation des *topoï* s'efface sous l'immédiateté du regard, de même que les arts de mémoire suscitent immédiatement les souvenirs qui se sont assemblés en certains lieux[3].

1. Cicéron, *De Inventione,* I, XXIX, 48.

2. Les lieux communs « ne peuvent être traités avec élégance et poids, sinon par ceux qui, grâce à une longue expérience qui leur a permis d'acquérir une abondance *(copiam)* de mots et d'idées *(verborum et sententiarum),* sont à même de comparer *(comparaverint)* » (Cicéron, *De Inventione,* II, XV, 50). C'est bien aussi le propos sophistique du mythe de Protagoras : à l'égalité devant la parole et la justice ne se superpose pas une égalité de parole et de justice, car certains, il faut bien l'admettre, sont « plus égaux » que d'autres – la supériorité du sophiste fait la différence, parce qu'il est plus sensible aux minces différences des discours et des êtres, donc à leurs assemblages renouvelables ou reconductibles, qui proviennent de la multiplicité égale des cas singuliers.

3. « De même, en effet, que les lieux confiés à la mémoire suffisent à nous rappeler immédiatement le souvenir des choses elles-mêmes, ainsi les dispositions dont nous parlons rendront plus capable de raisonner, du fait qu'on a devant les yeux des propositions définies en nombre » (Aristote, *Topiques,* VIII, 14, 163 *b* 28-32).

## LA RÉVOCATION MODERNE DE LA TOPIQUE

Mais de cette immédiateté-là, les Modernes semblent avoir perdu le goût. La condamnation de la topique suit celle de la mémoire : le lieu commun vire au cliché, l'exemple tourne à l'anecdote, le passé prend le poids de l'histoire, la tradition devient un fardeau. Une autre immédiateté s'impose : non plus la pointe du temps dans le grand médium de l'imagination où se croisaient encore, pour la philosophie médiévale, le sensible et l'intelligible, mais un point d'énonciation où s'articulent *res extensa* et *res cogitans,* « rien qu'un point qui fût fixe et assuré » *(firmum et immobile)* comme le réclamait Archimède, afin de pouvoir lever le monde de la connaissance, ce point d'énonciation est le fameux *cogito* cartésien[1]. *Cogitare* n'est qu'un fréquentatif de *cogere* (rassembler, concentrer) : là où le *topos* ramasse des expériences comme un dépôt de sédiments, le *cogito* réitère l'expérience d'une énonciation d'où se diffuse le sujet. « D'où l'expulsion de l'imagination, qui se manifeste dans la nouvelle manière de caractériser sa nature : dans le passé, elle ne relevait pas du "subjectif", elle se définissait plutôt comme la *coïncidence* du subjectif et de l'objectif, de l'intérieur et de l'extérieur, du sensible et de l'intelligible ; désormais, c'est son caractère combinatoire et hallucinatoire, jadis relégué à l'arrière-plan, qui occupe le devant de la scène. »[2] Les productions phantasmatiques de l'imagination, liées aux *imagines agentes,* les images actives de la mémoire, s'appuyaient sur les *topoï* afin de fabriquer des scénarios exemplaires pour la vie de tout un

1. « Archimède pour tirer le Globe terrestre de sa place, et le transporter en un autre lieu, ne demandait rien qu'un point qui fût fixe et assuré. Ainsi j'aurai droit de concevoir de hautes espérances, si je suis assez heureux pour trouver seulement une chose qui soit certaine et indubitable. [...] De sorte qu'après y avoir bien pensé, et avoir soigneusement examiné toutes choses : Enfin il faut conclure, et tenir pour constant, que cette proposition *[hoc pronuntiatum], je suis, j'existe,* est nécessairement vraie, toutes les fois que je la prononce *[profertur],* ou que je la conçois en mon esprit » (René Descartes, *Méditations métaphysiques,* trad. duc de Luynes, Paris, Vrin, 1970, p. 24-25).

2. Giorgio Agamben, *Enfance et histoire,* p. 34.

chacun, désormais, le point d'énonciation du *cogito,* et, par extension, toute expérience mène à la connaissance parce qu'elle est isolée : elle ne se partage pas, elle est reproductible (parce que mesurable).

Mais ce point d'énonciation oublie en route deux éléments constitutifs : d'abord, qu'il s'agit justement d'une *énonciation* et que le cogito relève donc du langage (la vogue et la critique soutenues au XVIIe siècle de la « pointe » qui n'est qu'un jeu d'esprit est le pendant mondain du point d'énonciation du *cogito* qui, lui, débouche sur l'expérience de la *mens,* de l'esprit) ; ensuite que ce *point* d'énonciation, comme tout point, isole des droites et des plans de la géométrie de la vie ordinaire (le pendant politique, cette fois, du *cogito* est l'affirmation de la souveraineté qui, selon Cardin Le Bret, n'est « pas plus divisible que le point en géométrie » : le *cogito* n'ouvre pas seulement à un savoir, mais à un pouvoir moderne). Même si cette expérience nouvelle se donne dans du récit – et du récit « exemplaire » –, on n'y voit plus apparaître une condensation commune d'expériences, mais une dilatation du médium de l'expérience ou de l'expérience comme médium en laquelle se déploient *res extensa* et *res cogitans.* L'imagination devient alors une production de fables imprévisibles sans extension et la mémoire une simple répétition du passé sans intelligence.

L'intrigue, qui consistait, dans la tradition aristotélicienne, à nouer et dénouer, à tisser les fils de l'Un et du multiple en cherchant un *poros,* un passage, de péripétie en péripétie, consiste, chez les Modernes, à contracter et dilater des expériences suivant le chemin d'une méthode empirique où la nature humaine devient la voie de sa propre culture.

Dans une phrase jetée comme un filet sur la proie du temps, Friedrich Schiller tâche, de manière exemplaire, de capturer l'étrange animal qu'est l'homme : « Les pas que la nature avait anticipé avec lui *[mit ihm antizipierte],* il possède la capacité, par la raison, de les parcourir à nouveau à reculons *[durch Vernunft wieder rückwärts zu tun].* »[1] Dans cet accolement immédiat du « de nouveau » *(wieder)* et du « à reculons »

1. Friedrich Schiller, *Lettres sur l'éducation esthétique de l'homme : Briefe über die ästhetische Erziehung des Menschen,* trad. Robert Leroux, Paris, Aubier, 1992, p. 92 (je modifie la traduction).

*(rückwärts)* est planté le décor de l'expérience. Le travail de médiation qu'est la formation d'une culture – et, en ce sens, il n'existe de culture que moderne – semble à la fois anticipation de la nature où l'avenir de l'homme et de sa culture recouvre l'immédiateté de la nature et recul vers le passé par sa reproduction à venir où s'annule et se déploie le temps. À la médiation des images et des phantasmes qui liaient le présent à tout le passé dans l'immédiateté de la mémoire répond l'immédiateté du point mental par où se produisent, projetées dans l'avenir, les médiations de la culture. Toute intrigue, tout récit témoigne, dès lors, du caractère imprévisible du passé. Mais, ainsi que le note Pascal Quignard, « quand le passé revient de façon imprévisible, ce n'est pas le passé qui revient : c'est l'imprévisible »[1]. Alors que, pour la topique, c'est bien le passé qui revient, les sédiments d'expériences, de phantasmes qui ne glissent jamais dans l'imprévisible, puisqu'ils tombent dans la cédille du présent comme une aumône des Anciens. De là, le sentiment moderne que le passé paraît tout entier prévu et qu'il ne génère aucune expérience au sens fort du terme, aucun péril à traverser, aucun risque à courir : il apparaît comme un résultat, alors qu'il pouvait opérer comme une résistance.

## L'ART DES SITUATIONS ET LE SENS DES APPROPRIATIONS

Comment est-il alors possible de faire encore l'expérience de la topique antique ? De quel masque moderne affubler l'ancienne rhétorique pour qu'elle nous paraisse accueillante, pour que nous y décelions notre visage ? Au nom de quoi aller chercher pour nous comprendre des raisonnements, des sensations, des images qui nous sont devenues si étrangères ? Mais c'est un autre mouvement qui s'impose en fait : le sens des scénarios anciens devient visible parce que l'art des situations nous

1. Pascal Quignard, *Rhétorique spéculative,* Paris, Gallimard, 1997, p. 189.

est aujourd'hui présent. Le tressage de l'événement et de la règle chez un Ludwig Wittgenstein nous fait relire le tissage du *kairos* et du *topos* de la rhétorique antique. *Le passé touche à ce que nous vivons parce que nous le lisons dans ce que nous sommes. Les changements d'aspect du passé relèvent, en définitive, des changements d'interprétation du présent.*

Malgré l'indéniable étrangeté de l'Autrefois, les cas spécifiques que le rhéteur, dans une sorte d'éternel présent, rassemble sous un aspect particulier afin de leur donner une mensuration commune, le regard de l'historien, recherchant l'intempestif du passé, les ramasse, lui aussi, dans une perspective singulière afin de leur attribuer une signification *comme-une.* Certaines mises en perspective s'effacent derrière leur temps, elles y résonnent un bref instant et plongent aussitôt dans le lit du fleuve, emportées, disséminées, alimentant le cours indistinct des alluvions, tandis que d'autres, de notre rive, semblent encore courir sur la crête des petites vagues qu'elles ont engendrées, en cercles concentriques, jusqu'à venir nous toucher, comme les échos de sédiments où le temps lui-même se dépose.

L'héritage devient alors une méthode et le recyclage, un ressourcement, qui permettent de tourner chaque *objet* du monde en objet du *monde.* L'histoire n'y paraît pas simplement dans des *dispositifs linéaires de succession,* mais dans des *séries discontinues de problèmes* : le passé n'est pas cause du présent, le présent est réponse au passé. Les groupements d'événements ne se distribuent pas selon des enchaînements suivis, mais selon des mutations en éventail[1]. Dans un cas, la durée est spatialisée et produit des interprétations du passé ; dans l'autre, le temps est contracté et légitime une expérimentation du temps.

Cela permet aussi de réunir deux soubassements conceptuels longtemps tenus pour hétérogènes : d'une part, la conception du langage

1. À côté des séries de formes successives, « il arrive que la gamme d'états ou de formes soumises à l'épreuve stratigraphique se révèle formée de termes, non point espacés dans la Durée, mais approximativement simultanés (cas par exemple des mutations "en éventail" se produisant à l'origine première des grands groupes zoologiques). Et, en une pareille occurrence, il devient clair que la série considérée ne correspond plus à une trajectoire, mais à une "onde explosive" de formes » (Pierre Teilhard de Chardin, *La vision du passé,* Paris, Le Seuil, 1957, p. 338).

comme ce que nous recevons et habitons sans possibilité de le dominer, d'autre part, le déploiement de la rhétorique comme un art de la maîtrise des discours et des façons de persuader. Autant celle-là suppose une désappropriation de soi, autant celui-ci impose une appropriation des autres. L'opposition nous ouvre, en fait, une autre dimension du rapport au langage et à autrui : le bon rhéteur est celui qui sait reconnaître le scénario générique sous le cas particulier, faire d'un lieu quelconque du discours le *topos* recevable pour tous, et, donc, habitable par chacun. Du coup, c'est la notion même d'*appropriation* qu'il faut repenser.

À la différence de Michel Foucault qui désirait repérer la norme d'un système d'éducation sous l'appropriation sociale des discours[1], des historiens comme Daniel Roche et Roger Chartier, en s'inspirant des travaux de Michel de Certeau ou de Carlo Ginzburg, proposent une vision peut-être plus fine : « L'appropriation telle que nous l'entendons vise une histoire sociale des usages et des interprétations, rapportés à leurs déterminations fondamentales et inscrits dans les pratiques spécifiques qui les produisent. [...] L'essentiel est donc de comprendre comment les mêmes textes – en des formes imprimées possiblement différentes – peuvent être diversement appréhendés, maniés, compris. »[2] Le texte n'est pas porteur d'un sens toujours identique à lui-même dont l'historien devrait retrouver les références spécifiques et les valeurs d'origine, mais il traverse le temps pour autant qu'il est traduit dans des pratiques de lecture, d'assimilation, de valorisation qui en déplacent parfois énormément les premières significations repérables.

Pour Michel de Certeau, la consommation n'est pas la simple réception d'un produit, mais elle est, elle aussi, productive : pour le dire en d'autres termes, non réactive, mais affirmative. La différence s'introduit par l'avantage de la *ruse* : invisible, puisqu'elle n'a pas de

1. « Tout système d'éducation est une manière politique de maintenir ou de modifier l'appropriation des discours, avec les savoirs et les pouvoirs qu'ils emportent avec eux » (Michel Foucault, *L'ordre des discours, op. cit.*, p. 46).

2. Roger Chartier, *Au bord de la falaise : l'histoire entre certitudes et inquiétude*, Paris, Albin Michel, 1998, p. 74-75 (reprise d'un article paru dans les *Annales, ESC*, n° 6, 1989).

produits propres, elle s'en distingue par ses « *manières d'employer* les produits imposés par l'ordre économique dominant »[1]. De lieux de discours identiques, il est possible de s'approprier des configurations particulières, de ramasser et de réordonner des expériences de lecture, de faire apparaître d'autres régularités, voire d'autres événements, à l'instar de l'activité stratégique de la topique qui contracte des cas singuliers et s'approprie des soucis communs afin de disposer au regard de tous un tableau d'intérêt général.

Une pareille disposition à l'égard du passé semble pourtant éminemment suspecte : « On peut juger du sens historique d'une époque à la façon dont elle *traduit,* dont elle cherche à s'assimiler les vieux siècles et les vieux livres. Les Français, au temps de Corneille, voire au moment de la Révolution, s'emparent de l'Antiquité romaine avec des gestes dont nous n'aurions plus le courage, à cause du développement de notre sens historique. Quant à l'Antiquité latine... avec quelle violence, et quelle naïve violence ! ne faisait-elle pas main basse sur tout ce qu'il y avait de grand et de beau dans ce qui était la Grèce ancienne à cette époque ! Comme ces Romains transposaient dans le présent ! [...] De fait on conquérait alors en traduisant [...] non point avec l'idée de voler ; non, de la meilleure conscience du monde, celle de l'*imperium romanum.* »[2] Est-ce à dire qu'en valorisant désormais l'appropriation, l'historien sacrifie à la dénégation de l'histoire ou à sa fin supposée ? Loin de là, comme on s'en doute. Faire l'histoire sociale des appropriations vise à maintenir chaque passé à sa place dans la durée, mais en ouvrant plus volontiers tout événement à ses procédures singulières de réappropriation de ce qui le précède.

Cependant l'attention allouée aux régimes d'appropriation suppose que la tradition soit redevenue porteuse de sens. Malgré les manifestes modernistes, il n'est pas sûr que la tradition ait jamais perdu toute son ancienne puissance, de son maintien dans les habitudes paysannes jusqu'à sa fonction publicitaire pour redonner du lustre à des valeurs

1. Michel de Certeau, *L'invention du quotidien,* I : *Arts de faire,* Paris, UGE, 1980, p. 11.
2. Friedrich Nietzsche, *Gai Savoir,* p. 120, § 83.

d'usage rapidement périmées. Mais son heure de gloire semble bien avoir resonné à nos oreilles depuis une vingtaine d'années : patrimoine, commémorations, folklore, mémoire orale, témoignages d'antan mobilisent sans peine leurs bataillons d'*aficionados*. On ne saurait y voir un pur et simple retour des usages, jadis si populaires, de la tradition, mais à la fois une mise à distance des impératifs modernes (l'idée de progrès, par exemple, qui garde sa puissance créative en ayant sans doute perdu de son idéal prophétique) et une reprise en compte du passé et de la mémoire. Là où, dans les temps que l'on dit modernes, la culture avait pris, en quelque sorte, le relais de la tradition et avait ancré relations aux autres, au temps, à la société dans des modèles bien différents (non plus réception et dette, mais autoproduction, non plus passé inséminant le présent, mais présent propulsé vers son avenir), voici que ces inventions d'un *comme-un* redonnent une saveur à ce qu'elles avaient disqualifié et suscitent, du coup, un nouvel entendement de notre rapport à l'histoire. Les « notions communes » de Spinoza ou la topique d'Aristote, les valeurs du *kairos* ou de la *memoria* témoignent, aujourd'hui, de la résistance de conceptions et d'œuvres anciennes, mais aussi du nouveau visage qu'elles prennent lorsque notre modernité cherche à y répondre.

# Notice 7

## *Sur la reprise*

Comment, alors, *reprendre* le passé, plutôt que de s'en déprendre ouvertement ? Quel style de réponse faut-il valoriser et quel genre de répétition favoriser ? Quelle mémoire peut recevoir droit de cité et quel oubli avoir son monument ? Le *comme-un* insiste bien sur le sens des continuités, mais aussi sur la saveur des simulacres. À quoi en reconnaître les jeux ? Pour répondre à ces interrogations, un exemple : celui d'un style de réflexion qui permettra de mettre en situation le problème, de considérer justement le problème comme situation.

En 1954, Rimbaud aurait eu cent ans. Peut-être eût-il beaucoup aimé l'affrontement dont il fut l'occasion. Cent ans, c'était un bel anniversaire à commémorer : ceux qui se voulaient ses héritiers ne pouvaient le passer sous silence. Les surréalistes, André Breton en tête, imaginèrent de célébrer le poète disparu, le trafiquant des mots, avec certaine avant-garde de l'époque : l'Internationale lettriste (qui deviendra, par la suite, l'Internationale situationniste). Mais ce mouvement d'avant-garde, qui se voulait aussi politiquement révolutionnaire, décida d'exclure le responsable qui l'avait ainsi compromis dans la pseudo-mémoire des officielles commémorations. Dans le n° 12, du 28 septembre 1954, de la revue *Potlatch* (organe favori des lettristes), à la façon caricaturale des autocritiques tant aimées des communistes, ce responsable (André-Frank Conord) avoua le détournement et renonça à sa participation. En guise de représailles, André Breton fit circuler un pamphlet contre les lettristes que ceux-ci se firent un plaisir de reproduire dans le n° 14 de *Potlatch*. Breton les accusait, entre autres, de songer plus à leur propre publicité qu'à honorer le sort fait à Rimbaud. Il donnait, pour témoignage de leur foncière malhonnêteté, les falsifications de citations auxquelles ils se livraient : « Ils en font autant avec Lénine dont ils déforment le témoignage, prouvant ainsi jusqu'à l'évidence qu'ils sont dépourvus du sens le plus élémentaire de la loyauté envers les idées, qui était précisément la qualité dominante du grand révolutionnaire russe *[sic]* et demeure celle de tout révolutionnaire authentique. »

À quoi s'adjoignait cette note :

> Dans un projet de déclaration commune, les lettristes avaient fait figurer, sans le donner pour tel, un texte altéré de Lénine : « Dans une société fondée sur la lutte des classes, il ne saurait y avoir d'histoire littéraire impartiale. » Ils n'ont fait aucune difficulté à reconnaître qu'ils avaient remplacé le mot de *science* du texte original (?) [le point d'interrogation vient, bien sûr, des lettristes] par *histoire littéraire* et, emportés par ce bel élan, se citant eux-mêmes dans un récent factum en remplaçant à son tour *histoire littéraire* par *critique littéraire* : où sont les faussaires[1] ?

Avec sa perspicacité coutumière, André Breton a repéré une des manières privilégiées des lettristes d'argumenter et de raisonner : le détournement de la citation, le travestissement des sources, la contrebande des paroles d'autorité[2]. Mais, pris dans sa polémique personnelle, il n'y a pas reconnu beaucoup plus que la falsification : une entreprise

1. *Potlatch (1954-1957),* présenté par Guy Debord, Paris, Gallimard, 1996, p. 89-90.

2. Pas de cachotterie des lettristes sur ce point : dans une pseudo-émission radiophonique intitulée « La valeur éducative » et montée par Guy Debord, la fin du texte publiée dans *Potlatch,* n° 18, 23 mars 1955, reconnaît que « toutes les phrases de cette émission radiophonique ont été détournées de Bossuet, *Panégyrique de Bernard de Clairvaux* ; Demangeon et Meynier, *Géographie générale, classe de sixième* ; *France-Soir,* du 5 novembre 1954 ; Livres de Jérémie, des Psaumes, de Samuel ; Marx et Engels, *Manifeste communiste* ; Saint-Just, *Rapports et Discours à la Convention* ». Réciproquement, la rédaction de *Potlatch* avise ses lecteurs que « tous les textes publiés dans *Potlatch* peuvent être reproduits, imités, ou partiellement cités, sans la moindre indication d'origine », n° 22, 9 octobre 1955. On peut aussi se reporter au « Mode d'emploi du détournement » dans Guy Debord, *In girum imus nocte et consumimur igni,* Paris, Gallimard, 1999, p. 82-93.

de réflexion sur ce que c'est que penser dans une société de la fausse conscience généralisée. La société du spectacle, dont Guy Debord, membre des plus actifs de l'Internationale lettriste, fera la description treize ans plus tard, ne peut être appréhendée sans prendre garde aux détournements systématiques et aux illusions génératrices qu'elle suppose. La question d'André Breton est donc bien une question cruciale, mais la réponse ne se situe probablement pas là où il l'attendait.

Comment, alors, montrer l'ordre du spectacle sans être pris au piège du spectaculaire ? La solution est de le faire tourner sur ses gonds : la manière de dire, donc aussi de penser, devient une façon de voir, donc aussi de faire voir. Le style conceptuel fonctionne au retournement, il opère selon une dialectique du génitif qui vaut également pour qualifier le travail stylistique : « La théorie critique doit *se communiquer* dans son propre langage. C'est le langage de la contradiction qui doit être dialectique dans sa forme comme il l'est dans son contenu. [...] Il n'est pas une négation du style, mais le style de la négation. »[1] Le style ne sert ni d'ornement pour mieux séduire, ni de machinerie rhétorique pour mieux convaincre, mais d'un moment de langage où la profondeur fait surface, où les contradictions apparaissent sous la guise de tours d'écriture, où les contradictions, littéralement, *prennent forme* dans les retournements du langage : il faut, à chaque fois, penser le style, parce que c'est, à chaque fois, un style de pensée.

Prenons, presque au hasard, telle citation de Debord thématisant cette question du renversement : « Dans le monde *réellement renversé,* le vrai est un moment du faux » (§ 9). Il n'y a pas là que Debord à parler, mais aussi Hegel et Marx, la préface à la *Phénoménologie de l'esprit* et la postface à la deuxième édition du *Capital.* Lorsqu'il tente d'expliquer le mouvement spécifique de la dialectique, Hegel montre que vrai et faux s'excluent l'un l'autre, mais trouvent dans leur dépassement une forme d'identité qui en modifie radicalement la teneur, au point de ne faire du faux un moment du vrai qu'à condition de renverser totalement le sens du faux : « Pour désigner le moment de l'*être-autre complet,* ces

1. Guy Debord, *La société du spectacle,* Paris, Gallimard, 1996 [1967], p. 196, § 204. Pour les citations suivantes, je noterai seulement la référence aux paragraphes.

termes de vrai et de faux ne doivent plus être utilisés là où leur être-autre est supprimé [...] dans leur unité ils n'ont donc plus le sens que leur expression énonce ; c'est justement ainsi que le faux n'est plus comme faux, un moment de la vérité. »[1] Par conséquent, énoncer comme principe dialectique que le faux est un moment du vrai ne vaut que dans la mesure où faux et vrai prennent un tout autre sens dans leur unité que celui qu'ils possédaient dans leurs « moments » propres. Au sens strict, il faudrait même éviter de les utiliser. Debord, en renversant la formule pour en faire « le vrai est un moment du faux », fausse donc profondément le sens du texte hégélien. En fait, il en renverse même la portée implicite, pour mieux faire saisir la transformation radicale que suppose notre monde du spectacle, « monde *réellement renversé* ». La dialectique hégélienne n'a pas transformé le monde réel, c'est le monde réellement renversé qui a transformé la dialectique hégélienne.

Ce renversement (de la) dialectique relève aussi d'une histoire connue, celle du passage Hegel-Marx où il ne s'agit plus de comprendre, mais de transformer le monde, et pour transformer le monde réel, transformer la dialectique spéculative. Dans la postface au *Capital,* Marx l'énonce dans un passage célèbre :

> Dans son principe ma méthode dialectique est non seulement distincte de la méthode hégélienne – mais bien son contraire direct. [...] Le côté mystificateur de la dialectique hégélienne, voilà trente ans je l'ai critiqué [...] j'allais même jusqu'à flirter *[ich kokettirte mit]* ici et là avec sa manière particulière de s'exprimer. La mystification que la dialectique subit entre les mains de Hegel n'empêche en aucune manière qu'il ait été le premier à en exposer, avec ampleur et conscience, les formes de mouvement générales. Elle est chez lui la tête en bas. Il faut la renverser pour découvrir dans la gangue mystique le noyau rationnel[2].

Renverser la dialectique hégélienne qui marche la tête en bas, la remettre sur ses pieds afin qu'elle retrouve le sol du réel : formule qui a

1. G. W. F. Hegel, *Phénoménologie de l'esprit,* trad. Jean Hyppolite, Paris, Aubier-Montaigne, 1975 [1941], p. 35.

2. K. Marx, *Le Capital,* postface à la 2e édition ; je reprends ici la traduction très proche du texte allemand que donne Althusser dans *Pour Marx,* Paris, Maspero, 1977 [1965], p. 88, n. 2, plutôt que les traductions usuelles, plus éloignées de l'original.

connu des heures de gloire. Mais, comme le fait remarquer Althusser, le texte de Marx cumule deux images : le renversement, d'un côté ; l'extraction, de l'autre. Il faut, du même mouvement, retourner la dialectique et arracher de la gangue mystificatrice le noyau de vérité. La dialectique marxiste ne consiste pas simplement dans l'image inverse de la dialectique hégélienne, c'est « une opération qui transforme ce qu'elle extrait »[1].

Ce qu'Althusser note ainsi dans l'ordre du théorique est exactement ce que, de façon contemporaine, Debord pratique. Debord *flirte* avec les expressions philosophiques de la dialectique pour mieux en faire apparaître les secrètes métamorphoses, comme Marx l'avait fait avec les manières d'écrire de Hegel. Il ne se vautre pas dans les références hégéliano-marxistes avec le sentiment de sécurité qu'ont cru y trouver tant de ses contemporains, il les frôle, les effleure, leur donne une rotation inattendue, une tournure surprenante qui les rendent simultanément présentes et fantomatiques.

Du coup, le renversement stylistique devient coup d'œil sur le renversement qui a touché notre monde, puisque le spectacle « est une vision du monde qui s'est objectivée » (§ 5), puisque « le spectacle qui inverse le réel est effectivement produit. En même temps la réalité vécue est matériellement envahie par la contemplation du spectacle [...] : la réalité surgit dans le spectacle, et le spectacle est réel » (§ 8). L'inversion et la transformation de la dialectique hégélienne ne tiennent donc pas simplement aux aventures habituelles des idées ou à une plaisante voltige stylistique, elles se trouvent immédiatement liées aux avanies et au vertige du monde du spectacle qui a fait du renversement même du réel notre quotidienne réalité. Et, de même que chez Marx, l'image du renversement n'empêche pas la référence à un noyau de vérité : pour Debord, il faut l'extraire des opérations du langage lui-même. D'où le travail de transformation, de recyclage de citations bien connues.

Ainsi, la citation de Marx : « Sous son aspect rationnel, elle [la dialectique] est un scandale et une abomination pour les classes dirigeantes et leurs idéologues doctrinaires, parce que dans la conception positive

1. Althusser, *Pour Marx,* p. 91.

des choses existantes, elle inclut du même coup l'intelligence de leur négation fatale, de leur destruction nécessaire »[1], devient, chez Debord : « Dans son style même, l'exposé de la théorie dialectique est un scandale et une abomination selon les règles du langage dominant, et pour le goût qu'elles ont éduqué, parce que dans l'emploi positif des concepts existants, il inclut du même coup l'intelligence de leur *fluidité* retrouvée, de leur destruction nécessaire » (§ 205).

Sur la trame de phrases identiques, les petites variations de termes prennent une importance cruciale : le style prend la place de la rationalité, l'idéologue doctrinaire se change en éducateur du goût, et la négation devient fluidité. Autrement dit, le renversement dialectique ne connaît d'efficience sociale qu'à passer par des modifications stylistiques, l'idéologie s'enracine, non dans les idées, mais dans la promotion spectaculaire du goût, la si fameuse négation dialectique n'est plus qu'affaire de fluidité. Le travail de la négation, les appâts de l'idéologie, le développement obligé de la dialectique se retrouvent *mobilisés,* à la fois comme instruments révolutionnaires de la pensée et comme conceptions rendues soudain mobiles et fluentes. Il s'agit de rendre mobile ce que la domination a figé (même la domination conceptuelle) et d'immobiliser la labilité des apparences spectaculaires. Pour Guy Debord, manifestement, la mobilisation politique passe d'abord par une mobilisation stylistique, de même qu'un véritable renversement politique commence par un renversement rhétorique[2].

S'il faut adopter semblable dispositif, c'est que l'on doit décrire un état social qui se présente en même temps comme séparé et unitaire. Il y a eu séparation du réel et des apparences, du vécu dans sa représentation.

1. Marx, *Le Capital,* in *Œuvres,* éd. M. Rubel, Paris, Gallimard, « Bibliothèque de la Pléiade », 1977, vol. I, p. 558.

2. Ces variations de termes permettent aussi de montrer, de la manière la plus *immédiate,* des structures de pensée : ainsi dans un texte intitulé « Les réflexes conditionnés », publié dans *Potlatch,* n° 18, on voit comment un commentaire d'Aragon au IIe Congrès des Écrivains soviétiques peut être éclairé par le détournement : « "C'est que le fait même de discuter de la technique du vers ramène forcément au vers forgé patiemment et longuement par des siècles d'expérience des poètes..." – N'est-elle pas une preuve de même valeur que ce genre de constatation : "C'est que le fait même de discuter de théologie ramène forcément à la religion forgée patiemment et longuement par des siècles d'expérience de l'Église..." »

Mais ce n'est pas là reconduire des thèses platoniciennes ou nietzschéennes, dans la mesure où, pour Debord, le réel n'a pu passer tout entier dans le régime de l'apparence qu'à la condition de devenir une apparence objectivée dans un rapport social. C'est pourquoi le spectacle n'est pas tant un ensemble d'images, voire l'abus ou l'omnipotence de ces images, qu'un *rapport social* médiatisé par des images.

Qu'il en aille de la sorte provient certes d'une certaine domination de l'économie (« L'économie transforme le monde, mais le transforme seulement en monde de l'économie », § 40), mais c'est aussi l'héritage du projet philosophique et de la rationalité technique qui se sont toujours articulés dans les modalités du *voir*. De par la mise à distance de l'objet, de par le cadrage nécessaire pour assurer les limites et établir la profondeur de champ, le pouvoir de *médiatisation* est, si l'on peut dire, *immédiatement* évident dans la vision. La rationalité philosophique ne saurait, dès lors, échapper à ce doublon : pensée du pouvoir séparé et pouvoir de la pensée séparée. Doublon qui reproduit la dualité déjà au service de l'institution des religions, par où ciel et terre sont séparés afin de mettre hors de portée des hommes le pouvoir qu'ils pourraient avoir sur eux-mêmes. Quand les sociétés modernes rapatrient la puissance sociale sur terre et en font l'objet des décisions humaines, loin de révoquer les illusions du pouvoir séparé, ils en reconduisent insidieusement les façons et les formes, en faisant de l'opacité mystérieuse de la puissance divine l'opacité présente du pouvoir des hommes.

Prenons un autre exemple du rapport entre voir, savoir et pouvoir :

> L'imbécillité croit que tout est clair, quand la télévision a montré une belle image, et l'a commentée d'un hardi mensonge. La demi-élite se contente de savoir que presque tout est obscur, ambivalent, « monté en fonction de codes inconnus ». Une élite plus fermée voudrait savoir le vrai, très malaisé à distinguer clairement dans chaque cas singulier, malgré toutes les données réservées et les confidences dont elle peut disposer[1].

La gradation mise en scène est d'autant plus claire qu'elle nous montre les degrés de l'opacité. De l'ordinaire imbécile, qui croit savoir

1. Guy Debord, *Commentaires sur la société du spectacle,* Paris, Gallimard, 1992 [1988], p. 83.

quand il ne comprend rien, au membre intelligent et introduit dans les centres de pouvoir qui comprend tout au plus qu'il ne parvient jamais à savoir vraiment ce qui se passe même s'il en cherche la secrète vérité, en passant par la demi-élite qui sait que tout est obscur et n'en sait rigoureusement pas plus, la montée dans l'ordre de la connaissance n'apporte manifestement pas de vérité supplémentaire : seule l'opacité demeure, différemment éclairée ou différemment aveuglante. Mais, encore là, le jeu des références compte, dans la mesure où le lecteur reconnaîtra dans ce passage une transformation d'une des pensées de Pascal :

> Le peuple honore les personnes de grande naissance ; les demi-habiles les méprisent disant que la naissance n'est pas un avantage de la personne mais du hasard. Les habiles les honorent, non par la pensée du peuple, mais par la pensée de derrière. Les dévots qui ont plus de zèle que de science les méprisent malgré cette considération qui les fait honorer par les habiles, parce qu'ils en jugent par une nouvelle lumière que la piété leur donne, mais les chrétiens parfaits les honorent par une autre lumière supérieure.
>
> Ainsi se vont les opinions succédantes du pour au contre selon qu'on a de lumière[1].

La structure de la gradation est bien celle que reprend Debord, même si la question est différente et le traitement, en fin de compte, inverse. Pour Pascal, il s'agit de montrer comment la vérité se distribue *à chaque niveau* selon sa position et ses lumières ; chaque position dans la spirale du savoir représentant un moment de la vérité, quand bien même on va du pour au contre à chaque fois[2]. La perspective chrétienne, au sommet du cône, domine les autres par sa capacité à en épouser les vérités momentanées, sans faire erreur sur les parts d'ombre que chaque lumière partielle jette sur les affaires du monde.

1. Blaise Pascal, *Pensées,* éd. M. Le Guern, Paris, Gallimard, 1993, p. 97, § 83.
2. Pour « éclairer » le contenu quelque peu elliptique de cette pensée, on peut dire que le peuple a raison d'honorer les nobles dans la mesure où la paix sociale et la hiérarchie qui la constitue sont ainsi assurées ; les demi-habiles ne se trompent pas en n'étant pas dupes des pseudo-privilèges de la naissance ; les habiles savent bien que la paix sociale demande un maintien de la hiérarchie : il faut donc honorer les grands sans se faire pour autant d'illusions sur leur valeur intrinsèque ; les dévots, que la religion a éclairés, voient juste en méprisant les grands de ce monde, qui sont aussi pécheurs que les gens du peuple ; les chrétiens parfaits, enfin, grâce à la lumière de la charité, savent apprécier à leur exacte valeur l'honneur des nobles et les biens d'ici-bas.

Debord renverse le propos de Pascal, en faisant d'une gradation des lumières une graduation de l'ombre : tout ce qui est gagné au sommet de la spirale de l'élite est un mince savoir des opacités et des résistances, un savoir piégé par l'obscurité que cette élite, elle-même, contribue partiellement à créer pour mieux maintenir son statut social. La reprise, pourtant, du dispositif pascalien témoigne non seulement de la valeur intrinsèque de ce style de pensée, mais aussi de la possibilité de modifier la perception usuelle de la dialectique : par ce mouvement de spirale bloqué dans un cône, il y a moins travail du négatif et dépassement ultime que tableau des méconnaissances et vertige arrêté du savoir. La dynamique de la dialectique ne réside plus dans le mouvement de la synthèse, elle est tout entière dans la puissance de l'image fixe, dans la *vitesse* de l'image fixe[1].

S'y aveugle quiconque ignore la nécessité d'une perspective : la pseudo-critique ne produit que des illusions lorsqu'elle n'établit aucun point de fuite par où ordonner la profondeur de champ des événements[2]. Comme Pascal adopte les positions de chacun pour mieux en montrer le moment de vérité, tout en les soumettant au point de fuite de la charité, Debord entend se mettre du point de vue des acteurs (suivant en cela la leçon de Clausewitz[3]) afin de mieux mettre en valeur les aveuglements et les jeux d'ombre, tout en les soumettant au point de fuite des rapports de force. Dialectique qui n'apparaît statique que pour ceux qui se font du temps une conception physique homogène, selon, comme le disait Aristote, l'avant et l'après. Mais la vitesse induite par le point de fuite infini de la perspective suppose un temps fait de moments hétérogènes, un temps troué, lacunaire, aux valeurs différentes d'ombre et de lumière.

Debord s'avère, ici, fort proche de la conception benjaminienne de la dialectique qui repose, là encore, sur une conception du temps non homogène. De même que la transformation est aussi extraction du noyau de vérité, la synchronisation n'est pas synthèse, mais renversement et révélation d'une vérité enfin remplie de temps. On comprend mieux, dès lors, l'enjeu de ce travail de reprise, de déformation, de

1. Sur cette question, voir Notice 5.
2. Cf. Debord, *Commentaires...*, p. 102.
3. *Ibid.*, p. 127.

relance, de dévoilement qui fait la matière même du style (de pensée) de Guy Debord. La citation n'est pas exploitée aux fins des belles références, de la valeur d'autorité ou du clin d'œil ironique et élitiste, elle œuvre comme synchronisation de l'Autrefois et du Maintenant, comme vitesse de la dialectique à l'arrêt.

Le caractère brusque des fragments, aux arêtes sévèrement découpées, aide même à cette mise en scène de la vitesse de l'image fixe. Mais est-ce bien le parfum romantique du fragment que nous pouvons sentir dans *La société du spectacle* de Guy Debord ? On pourrait le penser, puisque, loin de tout développement théorique ordonné, Debord ne cesse, en effet, de nous brusquer à coups de formules lapidaires. Mais ce serait une illusion de plus de s'y fier. S'il fallait absolument jouer le jeu des références anciennes, c'est du côté de La Rochefoucauld et de Gracián qu'il faudrait aller – Gracián dont Debord, en fin connaisseur de la rhétorique sociale proposée par le jésuite espagnol, cite un passage de *L'homme de cour* en exergue au chapitre sur (comme par hasard) « le temps spectaculaire » ! Ou, si l'on veut une comparaison moderne et pour rester dans le champ du visible, on dira qu'il s'agit non de fragments, mais de flashes. Au caractère lisse d'un style littéralement éblouissant s'ajoutent les coups de projecteur que Debord jette sur nos sociétés. Pas le moindre romantisme, donc, sinon recyclé comme style : Debord donne à la profondeur spéculative du fragment la platitude *flashy* de notre monde.

Penser la vitesse de l'image fixe, non dans l'absolu contesté de son instantanéité, mais dans le dépliage de ses durées, de ses rythmes, de ses bifurcations, oblige à concevoir une autre forme de temporalité : hétérogène, tourbillonnaire, kairotique. Au temps linéaire qui noue passé et présent s'opposent des fonctions non linéaires de la durée qui édifient des figures selon des attractions momentanées. Les dangers de l'image spectaculaire tiennent à sa facture temporelle : elle est immédiateté parce qu'elle conjoint deux moments homogènes du temps ou, plutôt, parce qu'elle les fait passer pour homogènes. Alors que l'image dialectique implique la synchronisation de figures hétérogènes dans l'immédiateté du moment de vérité. Avec la photographie et la télévision, la réalité, toute la réalité (ou le phantasme d'une accessibilité à la totalité du réel) est abordable, immédiate : les choses parleraient pour elles-mêmes. En fait, elles ne parlent que le langage supra-sensible de la marchandise et du fétichisme :

> Le monde à la fois présent et absent que le spectacle *fait voir* est le monde de la marchandise dominant tout ce qui est vécu. Et le monde de la marchandise est ainsi montré *comme il est,* car son mouvement est identique à l'*éloignement* des hommes entre eux et vis-à-vis de leur produit global (§ 37).

L'immédiateté de l'image spectaculaire prend de court l'hétérogénéité de la durée, l'immédiateté de l'image dialectique prend de vitesse l'homogénéité du temps. De la même façon que « le spectacle est l'autre face de l'argent : l'équivalent abstrait de toutes les marchandises » (§ 49), le temps spectaculaire est le revers de la monnaie : l'équivalent abstrait de toutes les apparences. Car le spectacle « ne dit rien de plus que "ce qui apparaît est bon, ce qui est bon apparaît" » (§ 12).

On conçoit la méfiance que Debord entretient envers le régime des images. Non qu'à ses yeux l'image ne penserait pas (seul l'ordre du langage permettrait d'articuler de la pensée), mais juste au contraire parce qu'elle ne pense que trop, parce qu'elle produit des effets de sens, mais sans indiquer le lieu d'où elle les produit et la façon dont elle les construit. Debord ne dénonce pas l'image, mais le pouvoir de l'image, « non la pseudo-pensée de l'image, mais l'image de la pseudo-pensée » (§ 222). Autrement dit, il ne s'agit pas d'accepter le fait que l'immédiateté de l'image lui ôterait tout accès conceptuel ou logique au monde, mais le fait que cette immédiateté a pour fonction de faire croire à la logique du spectacle qui, elle, fait de la pensée une illusion de pensée : une pensée de l'illusoire en même temps qu'une pensée illusoire.

L'immédiateté spectaculaire donne l'impression de tout ramener au présent, de libérer le présent de l'héritage du passé ou de l'angoisse de l'avenir[1]. Et cependant, « parce que le travail mort continue de dominer le travail vivant, dans le temps spectaculaire le passé domine le pré-

1. « La construction d'un présent où la mode elle-même, de l'habillement aux chanteurs, s'est immobilisée, qui veut oublier le passé et qui ne donne plus l'impression de croire à un avenir, est obtenue par l'incessant passage circulaire de l'information, revenant à tout instant sur une liste très succincte des mêmes vétilles, annoncées passionnément comme d'importantes nouvelles » (*Commentaires...*, p. 27).

sent » (§ 156). L'immédiateté dialectique vise, au contraire, à faire de l'héritage du passé la vérité d'un moment présent. Le travail de la citation permet de ramener, de façon *non identique,* le style de l'Autrefois dans la figure du Maintenant. Là où le spectacle repose sur un temps identique à lui-même qui autorise les *échanges*[1], la dialectique fait de la non-identité de ce qui revient, de la transformation de ce qui arrive, la présentation d'un noyau de vérité.

> Le détournement est le contraire de la citation, de l'autorité théorique toujours falsifiée du seul fait qu'elle est devenue citation [...]. Le détournement est le langage fluide de l'anti-idéologie. Il apparaît dans la communication qui sait qu'elle ne peut prétendre détenir aucune garantie en elle-même et définitivement. Il est, au point le plus haut, le langage qu'aucune référence ancienne et supra-critique ne peut confirmer. C'est au contraire sa propre cohérence, en lui-même et avec les faits praticables, qui peut confirmer l'ancien noyau de vérité qu'il ramène (§ 208).

La *fluidité* réinventée du langage, voilà la révolution du style qui promet de faire tourner sur elle-même la planète du spectacle. La garantie ne s'en trouve pas dans le passé, ni dans l'illusion de l'actualité, mais seule la cohérence du langage et des faits permet la juste synchronisation du Maintenant et de l'Autrefois. Ce retour de l'ancien noyau de vérité a lieu justement dans le caractère non échangeable, non identique des deux moments synchronisés : il est ce qui donne au temps la figure de la mémoire.

À l'opposé du temps linéaire de l'échange, la mémoire suppose une temporalité du *kairos* ou de l'*occasio* : ce n'est pas une physique ou une économie, mais une rhétorique sociale du temps. C'est un temps du surgissement, de l'opportunité, de la *saisie.* D'où son lien éminent avec une dialectique à l'arrêt qui, seule, parvient à rendre intelligible, voire sensible, la logique du spectacle. Ainsi, « ce sont les lois de la pensée dominante, le point de vue exclusif de l'*actualité,* que reconnaît la volonté abstraite de l'efficacité immédiate [...]. Au contraire, la critique

1. « Le temps de la production, le temps-marchandise, est une accumulation infinie d'intervalles équivalents. C'est l'abstraction du temps irréversible, dont tous les segments doivent prouver sur le chronomètre leur seule égalité quantitative. Ce temps est, dans toute sa réalité effective, ce qu'il est dans son caractère *échangeable* » (§ 147).

qui va au-delà du spectacle doit *savoir attendre* » (§ 220). L'immédiateté naît de l'attente comme l'émerveillement de l'ennui, sauf à faire de l'immédiat la marchandise de l'actualité. La mémoire est la rencontre immédiate (donc émerveillante) des figures du passé et du présent.

De même, pourtant, qu'il existe une immédiateté minée par les effets du spectacle, la revendication aujourd'hui omniprésente d'une mémoire individuelle ou collective témoigne de la promotion spectaculaire de la mémoire. Qu'il s'agisse de biographies des stars ou de commémorations des vieilles gloires nationales, du patrimoine culturel ou des danses traditionnelles, le devoir de mémoire fait de tous côtés sonner ses trompettes[1]. Au lieu d'assurer un dialogue des figures de l'Autrefois et du Maintenant, chargeant immédiatement de temps le présent, la mémoire est devenue la publicité du passé, dont les moments quelconques (on fait un événement de n'importe quoi : le tricentenaire de *Phèdre* ou le centenaire de la soupe Campbell), échangeables contre tout autre moment dont la valeur a été rendue équivalente, ne représentent plus qu'un présent vidé de sa propre présence. Dans la mesure où la mémoire produit des effets d'immédiateté, on conçoit l'intérêt pour la société du spectacle de la réinvestir dans la publicité de la valeur d'échange du temps. Ce que Debord remarque à propos de l'histoire vaut pour les développements récents du rapport à la mémoire : « C'est parce que l'histoire elle-même hante la société moderne comme un spectre, que l'on trouve de la pseudo-histoire construite à tous les niveaux de la consommation de la vie, pour préserver l'équilibre menacé de l'actuel *temps gelé* » (§ 200).

Les sociétés modernes ont construit leur rapport au temps de façon à thésauriser le passé dans le discours de l'histoire et à exploiter le futur dans la valeur du progrès. La mémoire traditionnelle n'est plus considérée que sous l'angle d'un fardeau, d'un poids mort, d'un obstacle, dont il faut se débarrasser pour mieux créer de la nouveauté : au cycle

1. Que l'on puisse utiliser le sentiment d'urgence et la nécessité éthique de cette expression « devoir de mémoire » pour d'anciens cafés d'artistes comme pour le génocide des juifs donne vraiment la mesure de l'équivalence à laquelle nous contraint le temps homogène de l'économie spectaculaire.

de la pseudo-répétition des héritages (car on ne répète jamais sans innover secrètement) fait place le pseudo-cycle de la production des innovations (car on ne fabrique sans cesse du nouveau que selon l'illusionnisme du progrès). *Le monde de la tradition était la tradition d'un monde ; l'univers moderne du spectacle est le spectacle de la modernité de l'univers.*

Si la mémoire revient depuis quelques décennies sur la scène du spectacle, c'est qu'elle sert à donner un sens du *legato* du temps que l'histoire, sans doute, ne parvient plus à fournir. Elle recharge le présent du courant continu du passé et, du coup, le vide de son sens des occasions et des révolutions. Tout devient homogène sous le règne de la « mondialisation » et de la « fin des idéologies » : règne qui n'existe vraiment qu'à passer par sa publicité dans les nouvelles et dans le lot des illusoires réflexions qu'elle génère. La suractivité récente de la mémoire ou la grande vogue de l'histoire (dans les succès des ouvrages biographiques de grandes ou de modestes figures du passé jusqu'à la mode des films historiques) ne doivent pas tromper sur ce point : elles ne servent guère qu'à fourbir les armes du grand spectacle. Pourtant histoire et mémoire ne sont pas réductibles au temps homogène : « Le spectacle, comme organisation sociale de la paralysie de l'histoire et de la mémoire [...] est *la fausse conscience du temps* » (§ 158). Le temps conserve sa portée révolutionnaire avec le sens de l'*occasio,* de la *situation,* qu'il octroie : encore doit-on développer suffisamment ruses et stratégies – bref, trouvailles stylistiques –, pour mettre à mal cette fausse conscience du temps. Le détournement et la falsification forment des ruses opératoires, des « braconnages » (pour *récupérer* le terme de Michel de Certeau) en plein territoire de la fausse conscience : le recyclage conceptuel est une *politique de la citation.*

Mais le recyclage conceptuel est aussi une technique de mémoire. Loin de la fixité légaliste de l'écrit, la mémoire traditionnelle, de formation orale, suppose une loyauté de la variation. Loyauté, certes, malgré ce qu'en prétend André Breton. Car le déplacement des termes, l'appropriation des formules reposent sur une connaissance attentive des héritages, sur un travail savant des rythmes et des images mises autrefois en œuvre : on ne fausse vraiment que ce que l'on connaît parfaitement. Dans ses premières recherches sur la transmission orale des contes traditionnels et dans ses remarques sur l'épopée homérique, Milman Parry[1] avait montré que les conteurs ou les aèdes composaient leurs histoires à partir de formules, de rythmes et de trames narratives qu'ils arrangeaient, complétaient ou renouvelaient selon les besoins du moment : public, lieu, circonstances et invention propre – bref, *occasions*. Loin d'être, bien entendu, une pure et simple application des usages de la mémoire traditionnelle, la manipulation intellectuelle dont Debord se sert relève pourtant de ses techniques autant que des principes de l'argumentation écrite. Il reprend des phrases peut-être moins pour leur contenu que pour leur rythme ou pour leur frappe spécifique, comme un éclairage jeté à la fois sur l'ancienne citation détournée et sur son nouveau visage, révélant que la matérialité d'une phrase (sa mélodie, sa couleur, sa tonalité) produit aussi d'*immédiats* effets de sens. Et l'on peut supposer que cet art mémoriel de la citation est une manière de travailler contre les usages culturels de la référence.

Car l'enjeu est bien contre-culturel : ce qui ne signifie pas simplement contre la culture marchande de notre modernité, mais aussi contre ce qui a donné aux sociétés modernes leur visage culturel. Guy Debord ne se fait pas une représentation universaliste de la culture, par où toute société fabriquerait son stock de savoirs et de représentations dont les multiples configurations seraient uniformément subsumables sous le concept de culture. À l'inverse, il soutient la thèse d'une correspondance entre un moment historique et l'*invention de la culture* : « La culture est la sphère générale de la connaissance et des représentations du vécu dans la société historique divisée en classes » (§ 180). La culture, suscitée par les sociétés modernes, a pour principe moteur « la lutte de la tradition et de l'innovation, qui [...] ne peut être poursuivie qu'à travers la victoire permanente de l'innovation » (§ 181). La mémoire ancienne ne fonctionne donc pas simplement comme un repoussoir de la culture des modernes, elle est aussi intégrée à la logique culturelle sous le visage de la tradition. Plus encore, si la cul-

1. Milman Parry, « Studies in the epic technique of oral verse-making », *Harvard Studies in Classical Philology*, n° 41, p. 73-147, et n° 43, p. 1-50.

ture est inscrite dans l'histoire, elle repose aussi sur la valeur sociale du développement proprement historique : « La culture est issue de l'histoire qui a dissous le genre de vie du vieux monde, mais en tant que sphère séparée elle n'est encore que l'intelligence et la communication sensible qui restent partielles dans une société *partiellement historique* » (§ 183).

Or, ce que nous vivons n'est peut-être rien d'autre que la fin de la culture sous couvert de sa dissémination radicale : depuis l'industrie culturelle jusqu'aux politiques de la culture dont on connaît maints avatars depuis les années 1960, on voit combien la culture « devenue intégralement marchandise doit aussi devenir la marchandise vedette de la société spectaculaire » (§ 193). Tel est déjà le diagnostic de Guy Debord en 1967 : « La fin de l'histoire de la culture se manifeste par deux côtés opposés : le projet de son dépassement dans l'histoire totale, et l'organisation de son maintien en tant qu'objet mort, dans la contemplation spectaculaire » (§ 184). L'innovation constante entraîne la culture à se réaliser totalement dans l'histoire, à faire des moments historiques ces « constellations » dont parle Benjamin : en ce sens, la culture disparaît pour avoir nourri l'hétérogénéité du temps, elle disparaît transfigurée. Inversement, la culture meurt aussi de ne recharger plus que la consommation de figures indéfiniment échangeables, elle meurt défigurée.

On peut faire l'hypothèse que, des deux côtés, la mémoire acquiert d'autant plus d'importance que la culture, au mieux, renoue avec le type de présence qu'elle procure, au pire, recherche le genre d'identité qu'elle fournit. Là où la culture, pour les modernes, a remplacé la mémoire comme mode de représentation du temps, de la transmission et de l'identité collective – autrement dit, dans ses modes de médiation et dans ses effets d'immédiateté, dans ses styles les plus avoués ou les plus surprenants –, voici que ses plus récents retournements donnent à sa vieille ennemie un regain d'importance inattendu, tantôt sous la figure d'une culture de la mémoire, tantôt sous l'apparence d'une mémoire acculturée. Ainsi, nous ne serions pas seulement dans une culture du recyclage, mais dans le recyclage même de la culture sous la forme d'industries aussi bien que de traditions.

De même qu'une révolution qui ne serait pas, d'abord ou aussi, stylistique n'aurait de révolutionnaire que l'enseigne clignotante, l'immédiateté qui ne parviendrait pas à conjoindre les figures dialectiques de l'Autrefois et du Maintenant ne deviendrait que le vertige d'un instant vide, et la mémoire qui ne saurait pas ramener le noyau de vérité ancien dans la chair du présent ne paraîtrait qu'un masque de jour sans fête. Il est certain que rien n'est plus ambigu que la soudaine valorisation du style, de l'immédiateté et de la mémoire. Sous le style se sont glissées toutes les apparences et leur déficit d'être, sous l'immédiateté sont apparus la prévention de la bêtise et le manque des médiations, sous la mémoire ont proliféré les héritages les plus douteux, les mouvements identitaires les plus suspects, les étroitesses les plus dangereuses. Il devient, donc, d'autant plus nécessaire de récupérer le pays ainsi occupé et de montrer que des différences de nature séparent immédiateté dialectique et immédiateté spectaculaire, révolutions du style et défilés de mode, mémoire donatrice et mémoire échangeable.

# Chapitre IX

## L'entre-deux

De même donc qu'il faut pouvoir différencier l'immédiateté comme juste effet de médiations et l'immédiateté comme spectacle des fausses intensités, on doit distinguer le pesant engrenage des idéologies et l'indispensable pesanteur des notions communes. Mais en quoi ces distinctions permettent-elles de répondre à la question de départ : comment comprendre la survie posthume de certaines œuvres ? Il semblerait, au contraire, que cette nécessaire assise dans la *doxa* d'une époque circonscrite, de mœurs aux usages délimités, d'institutions particulières devrait empêcher que l'intérêt ou le goût pour des ouvrages étrangers y demeure.

### AUTONOMIE DE LA LITTÉRATURE ?

À moins de souligner qu'il serait possible de reconnaître l'ancrage de tout texte dans les discours ordinaires de la *doxa* et de chercher à préserver, néanmoins, une autonomie du littéraire qui justifierait de son exceptionnelle pérennité. Que les discours quotidiens tiennent de formatages topiques leurs validités, soit. Mais les effets proprement esthétiques de la littérature, la prise en charge d'une voix irrémédiablement singulière, la mise à distance des habitudes de discours et des banalités coutumières, semblent déterminer un lieu qui soit rien moins que topique. Entre littérature et langage quotidien, il existerait une différence de nature. Faut-il voir là – ou dans le souci philosophique qui permet de traiter de questions qui ne cessent de revenir – ce qui permet à ces œuvres de durer au-delà de leur contexte d'écriture ?

Ce serait oublier que l'autonomie du littéraire est un effet social qui n'installe des différences que relativement, là encore, à un état de culture. Il peut être stratégiquement nécessaire de faire passer des différences de degré pour des différences de nature, mais l'analyste ne doit pas s'y tromper. Les usages topiques innervent aussi bien les textes littéraires que les opuscules journalistiques ou les conversations de bistrot. L'admettre conduit à rechercher alors les fines différences de degré qui existent.

C'est même à partir de là que l'on pourrait concevoir certains effets et certains enjeux de l'écriture littéraire : une façon de faire habiter des mondes de paroles et d'idées. Si, avec l'autonomie de la littérature, s'est parfois glissée l'opinion que narration et argumentation, univers de l'écriture et connaissance du monde relevaient de territoires étrangers, une approche topique permet de reconnaître que la littérature est savoir du monde et qu'une idée n'est jamais qu'un scénario, une intrigue tenue dans sa contraction maximale.

Dès lors, en rapportant les textes littéraires à leurs conditions rhétoriques d'invention, la topique permet de repenser l'ancien ordre de la littérarité. La nature du *topos* tient à son identification – autrement dit, il nécessite l'horizon d'un public pour lequel, dans certaines conditions, il existe des textes, en effet, « littérarisables ». À la dimension grammaticale de tout arrangement de *topoï* s'articule ainsi une dimension rhétorique et expérimentale, ouvrant la sémantique sur le sens variable des traditions et sur l'incontournable saveur des détournements. Mais avons-nous pour autant la clef de la durée étonnante de ces ouvrages ?

## L'EXCEPTION ET LA RÈGLE : LES PHÉNOMÈNES DE LA SUR-VIE

Si l'on continue à voir les œuvres littéraires comme une exception dans le régime ordinaire des temporalités de lecture, il n'est pas sûr que l'on puisse vraiment trouver la réponse que le problème méritait. On ne pourra qu'invoquer le statut à part de ces productions, aux côtés des grands textes philosophiques, et renouer imperturbablement avec l'incompréhensible surgissement des génies ou avec la mystérieuse reconduction de questions essentielles. Est-ce à dire qu'une intarissable continuité des temps, dont la tradition figurait peut-être dans les époques anciennes ou dans d'autres sociétés un modèle sans égal, doit aujourd'hui reprendre vie contre les discontinuités de tout poil qui forment notre sens historique ? Cela conduirait à chercher dans la vertu d'antiques exemples une vérité hors du temps. Nous sommes tous trop forgés par l'histoire pour croire à cette espèce de rouleau indéfini qu'on appellerait le temps. Comment souscrire au principe de raison historique sans tomber dans l'atemporalité abyssale, et, surtout, sans ressaut critique, sans résistance possible, sans expérimentation imaginable ?

Tant que l'on séjourne dans la temporalité propre au temple de l'histoire, la double altérité temporelle (du présent par rapport au passé et du présent par rapport à lui-même) fausse les perspectives. Dès lors qu'une immédiateté plus complexe que les médiations se joue dans chaque présent qui passe, dans tout moment de l'histoire, il est possible aux acteurs qui s'y trouvent pris d'en évaluer les intensités propres et les compositions de force (cette égalité de principe des acteurs ne conduit pas à une équivalence de leurs inscriptions dans l'histoire, car, selon le principe sophistique, certains sont « plus égaux » que d'autres, donc plus « libres »). Les œuvres que nous rassemblons aujourd'hui sous le nom de « littérature » ou de « philosophie » sont des témoignages de telles inscriptions (quand bien même elles ne furent pas créées en accord avec les critères modernes de ces genres d'écrit), dans la mesure où elles s'installent dans la lenteur du présent immédiat et trouvent leur assiette dans le fleuve du temps, comme ces chrétiens dont parle Pascal qui, loin de se laisser aller dans les fleuves de Babylone qui « coulent et tombent, et entraînent », s'asseyent au contraire « sur ces fleuves, non sous ou dedans, mais dessus, et non debout mais assis, pour être humbles étant assis, et en sûreté étant dessus »[1]. Et il demeure important, pour nous, d'y répondre, non par souci d'un pouvoir sur le passé, non par habitude de se défaire des temps anciens, non par désir d'en extraire des modèles ou d'en tirer des causes, mais par volonté de porter le présent à son point critique en le chargeant de moments d'histoire qui formaient déjà autant de points de résistance dans la trame trouée du temps.

Il s'agit, donc, de *renverser* exactement la formulation usuelle du problème (car là résidait la source du faux problème qui se posait quant à la survie de ces œuvres et à leur statut singulier) : non pas comprendre comment il se fait que des œuvres résistent au temps alors que l'évanouissement des individus, des institutions, des vocabulaires, des signes et des gloires devrait les avoir envoyées toutes aux enfers de l'histoire, mais saisir que ces œuvres nous dévoilent justement le fonctionnement même de la temporalité historique : elles ne forment pas des exceptions, mais l'exemple par excellence de la tournure de l'histoire.

Telle était déjà l'intuition de Walter Benjamin au sortir de la première guerre mondiale : « La compréhension "historique" doit être conçue fondamentalement comme une survie *[Nachleben]* de ce qui est compris, et il faut considérer, par conséquent, ce qui est apparu dans l'analyse de la "survie des œuvres", de la "gloire" *[Ruhmes]*, comme le fondement de l'histoire en général *[als die grundlage der Geschichte überhaupt zu betrachten]*. »[2] Dans la temporalité classique, la survie des œuvres apparaissait comme un paradoxe et une énigme. Dans la temporalité « kairotopique », elle résonne comme un exemple.

On avait, pourtant, raison de trouver en ces œuvres des exceptions, mais on avait tort d'oublier que les exceptions ne sont pas seulement ce

1. Blaise Pascal, *Pensées,* § 716 (Lafuma, § 609).
2. Walter Benjamin, *Paris, capitale du XX^e^ siècle : le livre des passages,* p. 477, N 2, 3.

qui sort de la règle, mais aussi ce qui règle le sort de l'existence. Le donné premier n'est jamais normal, mais exceptionnel : « Les états extrêmes, les situations d'urgence révèlent la nature du droit : une exception destinée à réguler les exceptions [...]. "Que disparaisse, écrit Benjamin, la conscience de la présence latente de la violence dans une institution de droit et celle-ci se déchire. Les parlements, à notre époque, en donnent un exemple. Ils offrent le spectacle lamentable bien connu parce qu'ils ont perdu conscience des forces révolutionnaires auxquelles ils doivent leur existence." Il s'agit donc d'arracher à la règle de droit les moments d'exception pure, à eux-mêmes leur exception, et que la règle n'est pas encore parvenue à retourner en leur contraire, et d'ouvrir ainsi la chance d'une justice. »[1] Toute institution est digne tant qu'elle présente en elle les signes de sa dette envers le moment d'exception qui l'a fondé et dont elle déploie encore les marques ; les compositions de forces qui ont présidé à la création de règles doivent continuer à exhiber les convenances nouvelles qui s'y sont stylisées. Le droit peut bien s'instaurer dans les tables des lois, la justice s'écrit sur le registre des exceptions, car le droit interprète et décide, alors que la justice expérimente et évalue.

Mais ce mouvement est constant. Sacrifier aux institutions par fétichisme de leur instauration vise à statufier des valeurs qui, justement, ne servent plus à évaluer. La valeur de la survie des institutions dépend de la survie des valeurs qui forment les dettes : « La barbarie est cachée dans le concept même de culture, comme un trésor de valeurs qui est considéré indépendamment, certes non du processus de production dans lequel elles sont nées, mais indépendamment du processus dans lequel elles survivent. »[2] De même qu'il faut penser l'histoire à partir de la survie, on doit penser le temps à partir des survivants : sans survivants, il n'existe plus de morts. Ils forment l'exception qui règle la production de l'histoire, parce qu'ils témoignent, en deçà de cette

1. Françoise Proust, *L'histoire à contretemps : le temps historique chez Walter Benjamin*, Paris, Cerf, 1994, p. 92-93.

2. Walter Benjamin, *Paris, capitale du XX^e^ siècle : le livre des passages*, p. 485, N 5 *a*, 7.

production, d'une dette en laquelle chaque vie se tient. Tel est ce qui donne à la mort la puissance d'une présence. La survie est ce qui délivre la mort de sa certitude et l'ouvre aux signes tenaces et imprévisibles de la résistance.

La lutte contre l'anéantissement passe, paradoxalement peut-être, par le souci de la disparition. Disparaître en l'autre ne consiste pas à s'abolir, mais à s'affirmer justement dans cette relation, dans ce geste : ni désappropriation de soi, ni appropriation de l'autre. Prendre l'autre en son étrangeté, en son caractère problématique. Il faudrait proposer le verbe « disparêtre ». Le *disparêtre* suit l'être comme son ombre sans pourtant tomber dans le pur et simple non-être ; il renvoie au mouvement, au passage de l'être, au fait que l'être soit passage : passage du présent qui fuit et passage du présent dans le passé. *Dispar, disparis* désigne le dissemblable, le différent, l'inégal ; c'est le *disparêtre* qui fait le temps dans ce dédoublement inégal, cette bifurcation impérative qui scande nos présents. La disparition n'est pas tant ce qui touche les existences en leur universelle fin, que ce qui rythme chaque présent de la vie en sa singularité. On peut, certes, la sentir comme puissance de mort, et ce n'est pas faux. Mais la mort y prend un visage inattendu, celui de la joie de mourir. Seul ce qui disparaît est l'occasion d'un style : *disparêtre,* c'est « faire la différence ». Le regard de l'historien ne peut jamais se détacher de ce visage de la disparition : il y voit la face de Méduse obliquement, non dans le vertige direct du regard qui pétrifie, mais dans le miroir indirect du visage immédiatement aboli, tranché dans le corps du temps. L'historien est un artisan de la survie, parce qu'il tisse des existences avec les fils de la disparition.

L'immédiateté est donc loin d'avoir affaire simplement à l'effervescence vitale, au plaisir du moment, à la plénitude de l'éphémère. Les médiations multiples demeurent dans le logis de la vie, l'immédiateté glisse dans le partage entre survie et mort. Contrairement à ce que l'on pense parfois, la vérité ne se situe pas du côté des médiations et la vie du côté de l'immédiat, l'existence est faite de médiations, l'immédiateté est la vérité de l'instant qui survit ou la survie de l'instant de vérité.

## SCÉNARIOS DES EXPÉRIENCES

Sommes-nous renvoyés à l'opposition que repérait Georg Simmel[1] entre attitude romantique (vie dans l'immédiateté, action arrachée à la trame globale de la vie, jeunesse et aventure) et attitude historique (maintien concentré, objectivité des contenus de vie, vieillesse et vision du monde) ? Oui et non. L'écriture de l'histoire a eu partie liée avec l'instauration d'un pouvoir non seulement sur les vivants, mais aussi sur les morts. Dans les temps modernes, l'historiographie relève, plus largement, d'une modalité culturelle : là où la tradition instaurait un lien social en même temps qu'un rapport au passé, la culture réordonne la société autour de son propre développement et suppose une histoire qui arraisonne le passé et ouvre sur l'avenir. C'est en ce sens que l'histoire risque toujours d'apparaître comme celle des vainqueurs : elle rappelle où est l'élite et impose des modèles de reproduction des élites. La littérature, quoique l'on veuille dire de son désintéressement ou quoique l'on veuille croire de sa capacité subversive dans la modernité, participe de cette promotion et reproduction d'une institution culturelle, de la culture comme institution d'élite. Eu égard à cet aspect de l'histoire et de la culture, il faut bien en relever le caractère *âgé* et l'allure hautaine : on y capitalise des expériences, on ne les fait pas. Comment ne pas valoriser contre la production de l'histoire (pour rester dans les termes mêmes de la modernité) la jeunesse et l'aventure ? Il ne s'agit pourtant plus de ce que nous vivons, et l'opposition marquée par Georg Simmel, malgré (ou par) sa cohérence historique, a perdu aujourd'hui de ses points d'ancrage. L'immédiateté dont je parle n'est, encore une fois, pas celle de l'instantanéité de la vie contre la morbidité de l'histoire ; elle offre, en fait, le double spectacle permanent de la mort et de la survie, elle découvre une vieillesse aventureuse où il rede-

1. Georg Simmel, *Philosophie de la modernité : la femme, la ville, l'individualisme*, trad. Jean-Louis Vieillard-Baron, Paris, Payot, 1989, p. 318-321.

vient peut-être possible à la fois de faire et d'avoir des expériences à partir du présent.

On devrait moins y voir un surinvestissement de l'individualisme conquérant qu'une manière fondamentale de se défaire de soi. Bien entendu, en focalisant ainsi sur le présent, se développe une plus grande attention à soi, mais en soi, c'est l'histoire qui est sédimentée et qui se dépose dans une image. Le présent n'est pas une découpe du temps, mais la résultante inattendue de la rencontre des forces du passé et de l'avenir : pour Hannah Arendt, cette résultante est l'image même de la pensée, diagonale qui pointe vers l'infini mais qui demeure limitée et enracinée dans un présent, même si c'est seulement en pensée que l'on peut habiter cette trouée du temps (non ce trou *dans* le temps) entre passé et futur[1]. La topique, dans sa mise en scène spatiale, dessine les contours flottants, l'image hésitante de cette trouée du temps où la singularité la plus condensée peut se dilater en une valeur de vérité qu'elle porte et qui la dépasse. Par pensée ou vérité, il ne faut pas entendre des contenus hors du langage. « De même que la lumière manifeste à la fois elle-même et les ténèbres, de même la vérité est norme d'elle-même et du faux »[2], de même le signe est signe de lui-même et de ce qu'il désigne. La démarche est toujours la même qui trouve dans l'autoréférence la puissance d'une disparition pour que lumière, vérité et signe puissent installer en eux ce qu'ils ne sont pas. En creux, lumière et vérité ont épousé la disposition du signe : dans l'immédiateté oubliée de sa présence à lui-même s'effectue la médiation occultée par laquelle il renvoie à une chose absente – à moins que ce ne soit l'inverse et que le signe ne reprenne tacitement les dispositifs de la vérité et de la lumière.

Quoique nous n'ayons affaire sans cesse qu'à des singularités, à des événements que le temps soustrait à notre saisie, nous y lisons plus qu'ils ne réservent. Mais dans chaque idée qui est tramée se glissent des scénarios portant la marque de l'aujourd'hui. Ainsi de ce vocabulaire : appa-

1. Voir Hannah Arendt, *Between Past and Future : Eight Exercices in Political Thought,* Harmondsworth, Penguin, 1993 [1961], p. 11-13.

2. Spinoza, *Éthique,* p. 173, II, 43, scolie. Sur ce caractère autoréférentiel de la vérité, voir Étienne Balibar, *Lieux et noms de la vérité,* La Tour d'Aigues, Éditions de l'Aube, 1994.

rence, appropriation, dette, discontinuité, événement, image, immédiat, intensité, *kairos,* lecture, mémoire, présent, production, résistance, singularité, vitesse. Termes dont on sent fortement les investissements récents, mais qu'il s'agit d'employer dans les richesses qu'ils recèlent (comme tout lexique) plutôt que dans les pauvretés qu'ils suscitent (comme toute idéologie), sans s'illusionner trop sur les enracinements ainsi révélés[1]. Il en va de la *doxa* d'une époque comme de chaque « grand » auteur : deux lectures en sont possibles, soit on les réduit à leurs misères et à leurs faiblesses constitutives, soit on y cherche les ressauts d'une séduction et d'une intelligence des phénomènes. Et ce n'est pas forcément en rejetant les faiblesses qu'on y résiste le mieux, mais bien en repérant les richesses là où l'on ne les croyait plus jouables : répondre au passé ne suffit pas, on doit aussi répondre à (et répondre de) son propre présent. La topique comme l'histoire, en décrivant les imprévisibles aventures de la banalité, permettent d'accepter l'irrémédiable banalité des aventures.

L'écriture de l'histoire trouve aujourd'hui dans le nouveau souci de la mémoire un autre rapport au temps. En cherchant dans les qualités de son ancienne ennemie, la tradition ou la mémoire collective, non seulement des contenus mais des formes de connaissance du passé et du présent, l'histoire déplace la relation au temps qui passe. Pour Walter Benjamin, déjà, l'histoire est science, bien sûr, mais aussi forme de remémoration[2]. Même quand le présent ne cherche pas d'autre horizon que lui-même, il enclôt encore ce passé devenu mémorisable, non plus en ses seuls événements grandioses, mais dans les petits faits d'un quotidien longtemps tenu pour inessentiel. L'histoire des mentalités, quoique histoire de la longue durée, est en fait une histoire du présent, mais d'un présent dilaté par la vertu des petits faits.

1. Sur ces « lieux communs », voir Michel Maffesoli, *L'instant éternel : le retour du tragique dans les sociétés postmodernes,* Paris, Denoël, 2000. Du point de vue historique, François Hartog a défini trois régimes d'historicité : passé qui éclaire le futur jusqu'au XVIII^e^ siècle, futur qui éclaire le passé jusque vers les années 1960, enfin « présentisme » où le présent est à lui-même son propre horizon (« Temps et histoire », *Annales HSS,* n° 6, p. 1219-1236 et *Régimes d'historicité : présentisme et expériences du temps,* Paris, Le Seuil, 2003).

2. Voir Walter Benjamin, *Paris, capitale du XX^e^ siècle : le livre des passages,* p. 489, N 8, 1, ainsi que « Thèses sur la philosophie de l'histoire », *Essais 2,* trad. Maurice de Gandillac, Paris, Denoël/Gonthier, 1983, p. 207, XVIII B.

## L'IMMANENCE ESTHÉTIQUE

Les phénomènes esthétiques ne s'inscrivent pas en retrait du sens commun. C'est le contraire qui se passe. L'esthétique relève du considérable, de ce que les Grecs nommaient *doxa*. Dans ce terme s'offrent différents sens : 1 / la considération comme gloire ; 2 / la considération comme simple regard jeté sur des états de chose ; 3 / le fait d'être « considéré comme », d' « avoir l'air de », d'où l'idée d'apparence comme pur semblant ; 4 / l'avis qu'un ou des hommes se forment, d'où l'idée d'opinion courante. L'esthétique supporte le poids de tous ces sens : aucun ne doit lui être retiré. Le travail de l'artiste se fait à même celui des artisans de la cité, à même le singulier multiple des choses fabriquées. Le faire esthétique ne s'écrit ni sur le fond de l'être ni sur l'insondable du non-être ; il est sans transcendance, il n'a ni extériorité, ni intériorité. Il ne fait que prendre en écharpe, traverser tous les discours sociaux sans jamais prendre racine dans aucun : s'il le fait, il dépérit. L'ouvrage esthétique se nourrit de tout, le rend toujours, mais *diverti* ; il vit de la matérialité des gestes et des discours, il ne dit jamais rien d'autre. C'est pourquoi, banalement, il peut faire sens. Le semblant n'est pas la simulation : celle-ci ne se reconnaît que sur le fond de celui-là. Si le semblant était toujours simulation, nous ne saurions même plus donner du sens au concept particulier de simulation, car il désignerait alors la trame de toutes nos actions, de toutes nos paroles, de toutes nos pensées.

Comme la « littérature » est de date récente, l' « esthétique », en tant que discipline, n'a pris forme qu'il y a peu. Les discussions platoniciennes sur la poésie d'Homère ou sur la beauté peuvent bien être lues sur le fond de ce que nous appelons littérature et esthétique, celles-ci peuvent s'en voir enrichies et celles-là accentuées, elles ne recoupent pas les mêmes domaines, les mêmes enjeux, ni les mêmes obsessions. Pourtant, dans ces signes d'un temps à jamais évanoui et, pour une part, incompréhensible, la lecture découvre des nœuds de résistance, des apparences qui durent, des moments qui deviennent monuments. Comme la mer se retire et laisse derrière elle, dans de provisoires creux de sable, ce qu'on appelle des « bâches d'eau », le temps abandonne ce que nous nommons des œuvres où se recueille un peu des expériences d'une marée. Celles-ci ne sont pas tant des interprétations de leur époque que des occasions d'expérimentation avec ce que le temps leur procure et ce sont ces réseaux sensibles de problèmes, de questions, d'expériences qui sont transportables et réappropriables, qui nous transportent et nous réapproprient. Par « problèmes », on ne devrait pas entendre d'interminables profondeurs, mais *le sens des dispositifs sensibles,* une affaire de surface où le romanesque blagueur de Queneau est aussi « problématique » que les coups de gueule de Céline ou l'érotisme de Bataille.

L'esthétique, comme discipline savante, apparaît à peu près au moment où la littérature se constitue comme posture sociale. Au XVIII^e^ siècle, les revenus du sensible augmentent aussi bien dans leur version scientifique que poétique. Au début du siècle les deux sont encore liés[1]. Mais au moment où les sciences naturelles vont se détacher de manière assurée de la métaphysique, se crée comme région autonome ce que l'on va justement nommer « esthétique »[2]. La *theoria* comme méthode s'éloigne donc de sa connotation contemplative du ciel des idées pour s'enter dans la terre de l'*aisthesis*. Mais pas de n'importe quelle *aisthesis* : il lui faut s'épurer du contingent, faire le tri du vain détail, atteindre « la perfection de la connaissance sensible en tant que telle »[3]. Il existe, pour Baumgarten, une logique « analogue » à celle de la raison qui permet de connaître universellement le sensible, logique qui montre, en fait, la colonisation du sensible par la raison, son

1. Houdart de la Motte, dans ses *Réflexions sur la critique* (1715), considère qu'entre art poétique et science, c'est toujours au fond la même marche du raisonnement, et Crousaz, dans son *Traité du beau* (1715), parle autant de science que d'éloquence ou de musique. Sur cette question, voir *L'esthétique naît-elle au XVIII^e^ siècle ?,* éd. Serge Trottein, Paris, PUF, 2000.

2. Le nom est de Baumgarten qui publie en 1750 une *Esthetica,* époque où, par exemple, Buffon produit son premier *Discours d'histoire naturelle* (1748) et Maupertuis sa *Dissertatio inauguralis* (1751).

3. Alexander Gottlieb Baumgarten, *Esthétique,* trad. et annot. Jean-Yves Pranchère, Paris, Éditions de l'Herne, 1988, p. 203.

« arraisonnement ». Avec l'héritage platonicien, mais surtout chrétien, l'œuvre d'art devient la présentation sensible du Vrai. L'autonomie de l'esthétique n'a de portée effective qu'à emprunter les voies souveraines de la logique du dévoilement et de la présentation de ce qu'elle n'est pas : elle n'est sauvée qu'à passer par la médiation.

Parallèlement, l'artiste, sous la figure du « génie », sera le Voyant, celui qui saura dire l'Être véritable, le Réel secret des choses, etc., mais à la seule condition de se vouer au pur sensible, au non-savoir, à l'impossible : comment, en effet, penser l'*aisthesis* sur le mode de la *theoria* alors qu'un abîme ontologique les a séparés, sinon comme manque ou non-savoir ? Ce système de la négativité et du paradoxe est le bon moyen pour hisser l'*aisthesis* au niveau d'élocution de la *theoria.*

L'autonomie de l'esthétique trouve pourtant chez Kant une mesure quelque peu différente. Une fois l'entendement et la raison dissociés afin de répondre à la fois aux critiques empiristes et à la nécessité de maintenir les fins dernières de la raison, le problème devient celui de leur liaison, de leur *communication* puisqu'il doit y avoir une harmonie et un accord entre les facultés. Et cet accord est basé sur un sens commun qui se donne donc comme la condition subjective de toute « communicabilité ». Qu'est-ce alors qui fonde ce sens commun ?

De l'opposition *theoria-aisthesis,* Kant nous a placés dans une autre opposition *theoria-praxis :* philosophie théorique qui prend en compte la réduction de la valeur antique allouée à la *theoria,* philosophie pratique qui reprend à son compte cette valeur suprême. Par là, c'est l'*aisthesis* qui se trouve libérée. La remarquable astuce de Kant consiste à la réamorcer en lui faisant indiquer à la fois le passage entre les facultés et l'événement du sens commun. Le jugement esthétique étaye la communication dans sa double dimension de *passage* et de *communauté.* Il n'y a là rien qu'un sentiment et cependant je réclame de tout le monde qu'il s'accorde avec mon sentiment. Cette exigence n'ayant pas la validité du concept, et cependant ayant toujours lieu, Kant en infère qu'elle doit faire signe en direction d'un sens commun que nous partageons antérieurement même au jugement logique et qui légitime seul notre jugement esthétique. Autrement dit, on retrouve là l'idée d'une *theoria* comme *aisthesis* légitimée.

Est-ce là simple histoire des idées ? Rien n'est moins évident, dans la mesure où l'esthétique s'écrit dans le prolongement de deux dynamiques sociales : l'une qui voit dans le jugement de goût un greffon du jugement critique sur le politique, l'autre qui trouve dans les processus de civilité la première esthétisation des relations mondaines. L'esthétique figure la cristallisation dans des textes, des pratiques intellectuelles, des habitudes mentales, des institutions de sens de rapports nouveaux, aux XVII^e^-XVIII^e^ siècles, que les hommes entretiennent à ce qu'ils sont ou à ce qu'ils devraient être. Que l'interrogation sur l'art devienne le lieu, par excellence, de l'expérience esthétique participe de la mise en place du processus de civilisation[1].

## LE DISPOSITIF SENSIBLE DU LITTÉRAIRE

Faut-il alors voir le littéraire comme « indicateur privilégié » de l'historien ? Michel Vovelle montre que l'histoire des mentalités est une histoire des résistances, c'est-à-dire des lenteurs à changer, mais aussi des discordances et des cristallisations d'où sourd une mutation, de même « la littérature véhicule les images, les clichés, les souvenirs et les héritages, les productions sans cesse gauchies et réemployées de l'imaginaire collectif. [...] Mais je préfère, en apparente et paradoxale contradiction (car elle n'est que d'apparence), réserver en premier à cette source littéraire cet autre privilège qu'est la mobilité. La littérature, support électroscope, frémit et enregistre aussi plus vite les frissons de la sensibilité collective »[2]. Au nom de quelle mystérieuse activité médiumnique la « littérature » aurait-elle ce pouvoir ? De même que le

1. Noter cela, c'est aussi penser la possibilité d'une esthétique qui ne soit pas impeccablement repliable sur une doctrine de l'art, mais au contraire articuler une éventuelle appréhension des diverses productions artistiques sur le fond d'une pensée sociale de l'*aisthesis*. Sur ce point, voir Jean-Marie Schaeffer, *Adieu à l'esthétique,* Paris, PUF, 1998, et Richard Schusterman, *La fin de l'expérience esthétique,* Pau, Presses de l'Université de Pau, 1999.

2. Michel Vovelle, *Idéologies et mentalités,* p. 57, le terme d' « indicateur privilégié » apparaît à la p. 56 et la double résistance des mentalités à la p. 271.

Beau était présentation sensible du Vrai, l'œuvre littéraire serait-elle présentation sensible de vérités historiques ? Ce serait lire trop rapidement les opérations de médiations sociales qui sont mobilisées dans les textes que nous disons « littéraires ».

La littérature n'est *medium* de la sensibilité sociale qu'à partir du moment où, arrimée aux constants jeux du langage, elle traverse et transporte *immédiatement* des dispositifs sensibles d'énonciation. Ce n'est pas que les œuvres littéraires aillent plus vite ou moins vite que l'imaginaire collectif (comment déterminer d'ailleurs la vitesse de croisière de cet imaginaire ?), mais qu'elles se synchronisent avec des discours, des rôles, des scénarios, des idées, des institutions dont elles mettent au jour les « problèmes » en les laissant ou en les faisant parler. Par cette synchronisation se construit un *effet d'immédiateté* dans lequel on reconnaîtra une « expérience esthétique ». Les œuvres littéraires ne disent donc pas ce qu'il en est de l'être du temps mieux qu'aucun autre discours, elles en suscitent la conception ou l'image dans la mesure où elles reposent sur une production d'immédiat où les médiations sont rejouées[1] (et, du coup, en partie déjouées).

En cela, la « littérature » ne saurait se déprendre d'institutions spécifiques, de rituels reconnus, de trajectoires sociales acceptées. L'histoire de la littérature doit donc bien passer par une histoire de ces institutions, voire de l'institutionnalisation de la « littérature » telle que nous la connaissons aujourd'hui. Elle devrait également se retourner sur son propre concept et saisir ses modes de fabrication, ses voisinages et ses rejets, son inclusion moderne dans la culture et son rapport tendu à la tradition. Il n'existe en cela pas de différence fondamentale avec l'histoire du droit ou de la politique.

Mais, entendue comme art du langage, la « littérature » peut traverser alors tous les langages ; entendue comme art des scénarios, elle peut

1. Richard Schusterman a essayé de débrouiller les quatre dimensions de l'expérience esthétique que l'histoire de la discipline a longtemps emmêlées : les dimensions évaluative, phénoménologique, sémantique, distinctive. Mais, en restreignant l'immédiateté à la seule dimension phénoménologique, il ne parvient pas à voir le travail des valeurs et des significations, ainsi que des distinctions socialement construites, sous les figures immédiates de l'expérience esthétique.

redisposer toutes sortes de scénarios : à ce double titre, elle apparaît comme une arabesque d'idées tressées sur la bordure des âges ou encore comme une manière de coller aux plis du temps. Sans apparaître liés d'office à des discours spécifiques, sans manifester de compétences particulières pour tenir tel ou tel rôle social, les ouvrages qui relèvent pour nous du littéraire ont ceci de particulier qu'ils disparaissent derrière les légitimités qu'ils ne possèdent pas.

Entre les questions esthétiques du plaisir et les problèmes épistémologiques du pseudo, entre le signe d'histoire et la résistance à l'histoire, entre la trace et la dette, entre la signification et le témoignage, entre la médiation et l'immédiateté, se glissent ces œuvres qui, du fond de leur diversité, continuent à donner un foyer au désir de langage, au désir d'un lointain et d'un proche, au désir d'un savoir et d'une remémoration – bref, à l'art du posthume.

# Bibliographie


TEXTES ANTÉRIEURS À 1900

Aristote, *De sensu,* in *Parva Naturalia,* trad. J. Tricot, Paris, Vrin, 1951.
Aristote, *Éthique à Nicomaque,* trad. J. Tricot, Paris, Vrin, 1994.
Aristote, *Physique,* trad. H. Carteron, Paris, Les Belles Lettres, 1961.
Aristote, *Poétique,* éd. et trad. par R. Dupont-Roc et J. Lallot, Paris, Le Seuil, 1980.
Aristote, *Les politiques,* trad. Pierre Pellegrin, Paris, GF, 1993.
Aristote, *Rhétorique,* trad. Médéric Dufour, Paris, Les Belles Lettres, 1967.
Aristote, *Topiques,* trad. J. Tricot, Paris, Vrin, 1988.
Antoine Arnauld, Pierre Nicole, *La logique ou l'art de penser,* Paris, Flammarion, 1978.
Alexander Gottlieb Baumgarten, *Esthétique,* trad. et annot. Jean-Yves Pranchère, Paris, Éditions de l'Herne, 1988.
Henri Bergson, *Matière et mémoire,* Paris, PUF, 1993.
Henri Bergson, « Le possible et le réel », *La pensée et le mouvant. Essais et conférences,* Paris, F. Alcan, 1939, p. 115-134.
Jean Bodin, *Les six livres de la République,* Paris, Fayard, 1986.
Jean Boivin, *Apologie d'Homere et bouclier d'Achille,* Paris, François Jouenne, 1715.
Cicéron, *De officiis,* trad. Charles Appuhn, Paris, Garnier, 1950.
Cicéron, *De Inventione,* trad. Guy Achard, Paris, Les Belles Lettres, 1994.
Cicéron, *De l'orateur,* trad. Edmond Gurland, Paris, Les Belles Lettres, 1985.
René Descartes, *Méditations métaphysiques,* trad. Duc de Luynes, Paris, Vrin, 1970.
Pierre-Valentin Faydit, *La Telemacomanie ou La Censure & la Critique du roman*

*intitulé, les Avantures de Telemaque, fils d'Ulysse,* Eleuterople, Pierre Philalethe, 1700.

François de Salignac de La Mothe Fénelon, *Les Avantures de Télémaque,* éd. Jacques Le Brun, Paris, Gallimard, 1995.

Jean Hardouin, *Apologie d'Homere, où l'on explique le veritable dessein de son ILIADE, & de sa Theomythologie,* Paris, Imprimerie royale, 1716.

G. W. F. Hegel, *La phénoménologie de l'Esprit,* trad. Jean Hippolyte, Paris, Aubier-Montaigne, 1975.

*L'histoire d'Homère à Augustin, préfaces des historiens et textes sur l'histoire,* éd. François Hartog, trad. Michel Casevitz, Paris, Le Seuil, 1999.

Thomas Hobbes, *Du citoyen,* trad. Sorbière, Paris, GF, 1982.

Friedrich Hölderlin, « Remarques sur Œdipe », *Œuvres,* sous la dir. de Philippe Jaccottet, Paris, Gallimard, « Bibliothèque de la Pléiade », 1989.

David Hume, *A Treatise of Human Nature,* Londres, J. M. Dent, 1939.

Emmanuel Kant, *Critique de la faculté de juger,* trad. Alexis Philonenko, Paris, Vrin, 1984.

Emmanuel Kant, *Critique de la raison pure,* trad. A. Tremesaygues et B. Pacaud, Paris, PUF, 1986.

Jean de La Fontaine, *Œuvres complètes. Fables et contes,* Paris, Gallimard, « Bibliothèque de la Pléiade », 1991.

Antoine Houdar de La Motte, *L'Iliade. Poëme. Avec un Discours sur Homere,* Paris, Grégoire Dupuis, 1714.

Gotthold Lessing, *Laocoon,* trad. Courtin, Paris, Hermann, 1990.

Lucien, « A slip of the tongue in greeting », *Works,* trad. K. Kilburn, Cambridge, Harvard University Press, Loeb Classical, 1959, t. VI, p. 173-189.

Karl Marx, *Le Capital,* in *Œuvres,* éd. M. Rubel, Paris, Gallimard, « Bibliothèque de la Pléiade », 1977.

Karl Marx, *Introduction générale à la critique de l'économie politique,* in *Œuvres,* trad. M. Rubel, L. Évrard, Paris, Gallimard, « Bibliothèque de la Pléiade », t. I, 1977.

Friedrich Nietzsche, *Crépuscule des idoles ou Comment philosopher à coups de marteau,* trad. Jean-Claude Hemery, Paris, Gallimard, 1974.

Friedrich Nietzsche, *Gai savoir,* trad. Alexandre Vialatte, Paris, Gallimard, 1950.

Friedrich Nietzsche, *Généalogie de la morale,* trad. Isabelle Hildenbrund et Jean Gratien, Paris, Gallimard, 1991.

Friedrich Nietzsche, *Jenseits von Gut und Böse : par-delà le bien et le mal,* trad. de G. Blanquis, Paris, Aubier-Montaigne, 1978.

Friedrich Nietzsche, *Considérations inactuelles,* trad. Pierre Rusch, Paris, Gallimard, 1990.

Parménide, *Poème,* in Nestor-Luis Cordero, *Les deux chemins de Parménide,* Paris, Vrin, 1984.

Blaise Pascal, *Pensées,* éd. Michel Le Guern, Paris, Gallimard, 1993.
Platon, *Alcibiade,* trad. Maurice Croiset, Paris, Les Belles Lettres, 1959.
Platon, *Phédon,* trad. Léon Robin, Paris, Les Belles Lettres, 1965.
Platon, *Phèdre,* trad. Luc Brisson, Paris, GF, 1989.
Platon, *La République,* trad. par É. Chambry, Paris, Les Belles Lettres, 1982.
Platon, *Sophiste,* trad. de A. Diès, Paris, Les Belles Lettres, 1950.
Plutarque, *Vie des hommes illustres,* trad. Jacques Amyot, Paris, Gallimard, 1951.
Jean-Jacques Rousseau, *Essai sur l'origine des langues,* Paris, Bibliothèque du Graphe, 1969.
Adam Smith, *An Inquiry into the Nature and Causes of the Wealth of Nations,* éd. E. Cannan, University of Chicago Press, 1976.
Friedrich Schiller, *Lettres sur l'éducation esthétique de l'homme / Briefe über die ästhetische Erziehung des Menschen,* trad. Robert Leroux, Paris, Aubier, 1992.
Baruch Spinoza, *Éthique,* trad. Bernard Pautrat, Paris, Le Seuil, 1988.
Abbé Terrasson, *Dissertation critique sur l'*Iliade *d'Homere,* Paris, François Fournier, 1715.
Xénophon, *Économiques,* trad. Pierre Chantraine, Paris, Les Belles Lettres, 1971.

## TEXTES CONTEMPORAINS

Giorgio Agamben, *Enfance et histoire : dépérissement de l'expérience et origine de l'histoire,* trad. Yves Hersant, Paris, Payot, 1989.
Simon Agbéko Amegbleame, « La littérature orale comme mode de connaissance et méthode d'investigation », *Présence africaine,* n° 139, 1986.
Louis Althusser, *Pour Marx,* Paris, Maspero, 1977.
Marc Angenot, « Présupposé, topos, idéologème », *Études françaises,* 13, 1-2, avril 1977, p. 16-29.
Jean-Claude Anscombre, « De l'argumentation dans la langue à la théorie des topoï », *Théorie des topoï,* sous la dir. de Jean-Claude Anscombre, Paris, Kimé, 1995.
Hannah Arendt, *Between Past and Future : Eight Exercices in Political Thought,* Harmondsworth, Penguin, 1993.
Hannah Arendt, *Condition de l'homme moderne,* Paris, Presses Pocket, 1983.
Philippe Ariès, *Le temps de l'histoire,* Paris, Le Seuil, 1986.
Raymond Aron, *Dimensions de la conscience historique,* Paris, Plon, 1985.
Pierre Aubenque, *Le problème de l'être chez Aristote,* Paris, Vrin, 1962.
Gaston Bachelard, *La dialectique de la durée,* Paris, Boivin.
Alain Badiou, « Le détour historique et la critique », *(Auto)critique de la science,* éd. Alain Jaubert, Jean-Marc Lévy-Leblond, Paris, Le Seuil, 1975, p. 206-207.

G. Baker, P. M. S. Hacker, *Scepticism, Rules and Language,* Oxford, Blackwell, 1984.

Mikhaïl Bakhtine, *Esthétique et théorie du roman,* trad. Daria Olivier, Paris, Gallimard, 1987.

Étienne Balibar, *Lieux et noms de la vérité,* La Tour d'Aigues, Éditions de l'Aube, 1994.

Roland Barthes, « L'ancienne rhétorique : aide-mémoire », *Œuvres complètes,* Paris, Le Seuil, 1994.

Roland Barthes, « Histoire ou littérature », *Sur Racine,* Paris, Le Seuil, 1976.

Roland Barthes, *L'obvie et l'obtus : essais critiques III,* Paris, Le Seuil, 1982.

Jean Baudrillard, *De la séduction,* Paris, Galilée, 1979.

Jean-Jacques Becker, *Nouvelle histoire de la France contemporaine : crises et alternances, 1974-1995,* Paris, Le Seuil, 1998.

Walter Benjamin, *Paris, capitale du XIXe siècle : Le livre des Passages,* trad. Jean Lacoste, Paris, Cerf, 1993.

Walter Benjamin, « Thèses sur la philosophie de l'histoire », *Essais 2,* trad. Maurice de Gandillac, Paris, Denoël/Gonthier, 1983.

Walter Benjamin, « Über die Wahrnehmung in sich », *Gesammelte Schriften,* VI : *Fragmente Autobiographische Schriften,* éd. Rolf Tiedemann, Hermann Schweppenhaüser, Francfort, Suhrkamp, 1991.

Émile Benveniste, *Problèmes de linguistique générale,* Paris, Gallimard, 1982, vol. II.

Marc Bloch, *Les rois thaumaturges,* Paris, Albin Michel, 1923.

Marc Bloch, *Apologie pour l'histoire ou le métier d'historien,* Paris, Armand Colin, 1997.

Peter de Bolla, *The Discourse of the Sublime,* London, Blackwell, 1989.

Yves Bonnefoy, *L'improbable et autres essais,* Paris, Gallimard, 1992.

Jacques Bouveresse, *La force de la règle : Wittgenstein et l'invention de la nécessité,* Paris, Minuit, 1987.

Jacques Bouveresse, *La rime et la raison,* Paris, Minuit, 1973.

Laurent Bove, *La stratégie du conatus : affirmation et résistance chez Spinoza,* Paris, Vrin, 1996.

Rémi Brague, *Aristote et la question du monde : essai sur le contexte cosmologique et anthropologique de l'ontologie,* Paris, PUF, 1988.

Fernand Braudel, *Les ambitions de l'histoire,* Paris, Éditions de Fallois - Le Livre de poche, 1997.

Fernand Braudel, *La Méditerranée et le monde méditerranéen à l'époque de Philippe II,* Paris, Armand Colin, 1949.

Mary Carruthers, *The Book of Memory : A Study of Memory in Medieval Culture,* Cambridge, Cambridge University Press, 1990.

Barbara Cassin, *L'effet sophistique,* Paris, Gallimard, 1995.

Michel de Certeau, *L'invention du quotidien,* I : *Arts de faire,* Paris, UGE, 1980.

Michel de Certeau, *L'écriture de l'histoire,* Paris, Gallimard, 1975.

Ross Chambers, *Story and Situation : Narrative Seduction and the Power of Fiction,* introd. Wlad Godzich, Minneapolis, Manchester University Press ; University of Minnesota Press, 1984.

Roger Chartier, *Au bord de la falaise : l'histoire entre certitudes et inquiétude,* Paris, Albin Michel, 1998.

Roger Chartier, « Le regard d'un historien moderniste », *Écrire l'histoire du temps présent : en hommage à François Bédarida,* Paris, CNRS Éditions, 1993.

François Chesneaux, *Du passé faisons table rase ? À propos de l'histoire et des historiens,* Paris, François Maspero, 1976.

Pierre Clastres, *La société contre l'État,* Paris, Minuit, 1974.

Giorgio Colli, *Philosophie de l'expression,* trad. Marie-José Tramuta, Combas, L'Éclat, 1988.

Guy Debord, *Commentaires sur la société du spectacle,* Paris, Gallimard, 1992.

Guy Debord, *In girum imus nocte et consumimur igni,* Paris, Gallimard, 1999.

Guy Debord, *La société du spectacle,* Paris, Gallimard, 1996.

Gilles Deleuze, *Différence et répétition,* Paris, PUF, 1989.

Gilles Deleuze, *Logique du sens,* Paris, Minuit, 1969.

Jacques Derrida, *Marges – de la philosophie,* Paris, Minuit, 1972.

Jacques Derrida, *Le monolinguisme de l'autre, ou la prothèse d'origine,* Paris, Galilée, 1996.

Vincent Descombes, *Grammaire d'objets en tous genres,* Paris, Minuit, 1983.

Marcel Detienne, *Les maîtres de vérité dans la Grèce archaïque,* Paris, La Découverte, 1990.

Marcel Detienne, Jean-Pierre Vernant, *Les ruses de l'intelligence. La métis des Grecs,* Paris, Flammarion, 1974.

Bassirou Dieng, « Du mode d'ancrage culturel des contes », *Annales de la Faculté des Lettres et Sciences humaines,* n° 20, 1990.

Birago Diop, *Contes d'Amadou Koumba,* Paris, Présence africaine, 1961.

E. R. Dodds, *Les Grecs et l'irrationnel,* trad. Michael Gibson, Paris, Flammarion, 1977.

Georges Duby, *Le chevalier, la femme et le prêtre,* Paris, Hachette, 1981.

Oswald Ducrot, *Les échelles argumentatives,* Paris, Minuit, 1980.

Oswald Ducrot, « Topoï et formes topiques », *Théorie des topoï,* Paris, Kimé, 1995.

Georges Dumézil, *« ... Le moyne noir en gris dedans Varenne », Sotie nostradamique,* Paris, Gallimard, 1984.

Fernand Dumont, *L'avenir de la mémoire,* Québec, Nuit blanche, 1995.

Fernand Dumont, *Le lieu de l'homme : la culture comme distance et mémoire,* présentation de Serge Cantin, Montréal, Bibliothèque québécoise, 1994.

Fernand Dumont, *Le sort de la culture,* Montréal, L'Hexagone, 1995.

Florence Dupont, *L'invention de la littérature : de l'ivresse grecque au livre latin,* Paris, La Découverte, 1994.

Florence Dupont, « Cicéron, sophiste romain », in *Langages,* n° 65, mars 1982, p. 24-41.

Alphonse Dupront, « Problèmes et méthodes d'une histoire de la psychologie collective », *Annales ESC,* janvier-février 1960.

*L'esthétique naît-elle au XVIIIe siècle ?,* éd. Serge Trottein, Paris, PUF, 2000.

Lucien Febvre, *Combats pour l'histoire,* Paris, Armand Colin, 1992.

Robert Fossier, *Le travail au Moyen Âge,* Paris, Hachette, 2000.

Michel Foucault, *L'archéologie du savoir,* Paris, Gallimard, 1984.

Michel Foucault, *L'ordre du discours,* Paris, Gallimard, 1971.

Robert Frank, « Préface », *Écrire l'histoire du temps présent : en hommage à François Bédarida,* Paris, CNRS Éditions, 1993.

Northrop Frye, *Anatomy of Criticism,* Princeton, Princeton University Press, 1957.

Bernard Gallet, *Recherches sur* kairos *et l'ambiguïté dans la poésie de Pindare,* Bordeaux, Presses Universitaires de Bordeaux, 1990.

Louis Gernet, « Choses visibles, choses invisibles », *Revue de philosophie,* n° 146, 1956, p. 79-86.

Maurice Godelier, *L'énigme du don,* Paris, Fayard, 1996.

Wlad Godzich, « Afterword », *in* Samuel Weber, *Institution and Interpretation,* Minneapolis, Minnesota Press, 1987.

Wlad Godzich, « The tiger on the paper mat », introd. à Paul de Man, *The Resistance to Theory and Other Essays,* Minneapolis, University of Minnesota Press, 1986.

Victor Goldschmidt, *Temps physique et temps tragique chez Aristote : commentaire sur le Quatrième livre de la* Physique *(10-14) et sur la* Poétique, Paris, Vrin, 1982.

Julien Gracq, *En lisant, en écrivant,* Paris, José Corti, 1980.

Bernard Guenée, *Histoire et culture historique dans l'Occident médiéval,* Paris, Aubier-Montaigne, 1980.

Bernard Guenée, « Temps de l'histoire et temps de la mémoire au Moyen Âge », *Annuaire-Bulletin de la Société de l'histoire de France,* 1976-1977, p. 25-35.

Hans-Ulrich Gumbrecht, « Literaturgeschichte. Fragment einer geschwundenen Totalität », *Fragment und Totalität,* éd. Lucien Dällenbach, Christiaan Hart Nibbrig, Francfort, Suhrkamp, 1984.

Marguerite Haillant, *Culture et imagination dans les œuvres de Fénelon « ad usum Delphini »,* Paris, Les Belles lettres, 1983.

Fernand Hallyn, « *Ut pictura poesis* : la correspondance dans les études interdisciplinaires », *Les méthodes du discours critique dans les études seiziémistes,* éd. G. Mathieu-Castellani, Paris, SEDES, 1987.

François Hartog, « Temps et histoire », *Annales HSS,* n° 6, p. 1219-1236.

Martin Heidegger, *Chemins qui ne mènent nulle part,* trad. Wolfgang Brokmeier, Paris, Gallimard, 1986.

Martin Heidegger, *Être et temps,* trad. de François Vezin, Paris, Gallimard, 1985.

Martin Heidegger, *Introduction à la métaphysique,* Paris, Gallimard, 1984.

Martin Heidegger, *Nietzsche,* trad. par Pierre Klossowski, Paris, Gallimard, 1980.

Chantal Jaquet, Sub specie æternitatis : *étude des concepts de temps, durée et éternité chez Spinoza,* Paris, Kimé, 1997.

Jacques Julliard, « La politique », *Faire de l'histoire,* II : *Nouvelles approches,* sous la dir. de Jacques Le Goff et Pierre Nora, Paris, Gallimard, 1986 [1974], p. 319.

Reinhart Koselleck, *Vergangene Zukunft : Zur Semantik geschichtlicher Zeiten,* Francfort, Suhrkamp, 1979.

Reinhart Koselleck, *Le règne de la critique,* trad. Hans Hildenbrand, Paris, Minuit, 1979.

Saül Kripke, *Wittgenstein on Rules and Private Language,* Cambridge, Harvard University Press, 1982.

Gustave Lanson, *Essais de méthode, de critique et d'histoire littéraire,* éd. Henri Peyre, Paris, Hachette, 1965.

Pierre Legendre, *Dieu au miroir : étude sur l'institution des images. Leçons III,* Paris, Fayard, 1994.

Jacques Le Goff, « Les mentalités : une histoire ambiguë », *Faire de l'histoire,* III : *Nouveaux objets,* sous la dir. de Jacques Le Goff et Pierre Nora, Paris, Gallimard, 1986, p. 114 et p. 111.

Jacques Le Goff, *Pour un autre Moyen Âge,* Paris, Gallimard, 1977.

Emmanuel Lévinas, *Autrement qu'être ou au-delà de l'essence,* Paris, Le Livre de poche, 1990.

Claude Lévi-Strauss, *La pensée sauvage,* Paris, Plon, 1985.

Jean-Marc Lévy-Leblond, *L'esprit de sel : science, culture, politique,* Paris, Fayard, 1981.

György Lukács, « Remarques sur la théorie de l'histoire littéraire », trad. Georges Kassai, *Revue de l'Institut de sociologie,* n° 3-4, 1973, p. 563-595.

Michel Maffesoli, *L'instant éternel : le retour du tragique dans les sociétés postmodernes,* Paris, Denoël, 2000.

Gérard Mairet, *Le principe de souveraineté : histoires et fondements du pouvoir moderne,* Paris, Gallimard, 1997.

Louis Marin, *Le récit est un piège,* Paris, Minuit, 1978.
Jean-Luc Marion, *La croisée du visible,* Paris, PUF, 1996.
Maurice Merleau-Ponty, *La structure du comportement,* Paris, PUF, 1942.
Daniel Milo, *Trahir le temps (histoire),* Paris, Les Belles Lettres, 1991.
Georges Molinié, *Sémiostylistique : l'effet de l'art,* Paris, PUF, 1998.
Gregor Nagy, *Pindar's Homer : The Lyric Possession of an Epic Past,* Baltimore, Johns Hopkins University Press, 1990.
Pierre Nora, « Le retour de l'événement », *Faire de l'histoire,* I : *Nouveaux problèmes,* Paris, Gallimard, 1986.
R. B. Onians, *The Origins of European Thought,* Cambridge, 1951.
Milman Parry, « Studies in the epic technique of oral verse-making », *Harvard Studies in Classical Philology,* n° 41, p. 73-147, et n° 43, p. 1-50.
*Potlatch (1954-1957),* présenté par Guy Debord, Paris, Gallimard, 1996.
Françoise Proust, *De la résistance,* Paris, Cerf, 1997.
Françoise Proust, *L'histoire à contretemps : le temps historique chez Walter Benjamin,* Paris, Cerf, 1994, p. 92-93.
Pascal Quignard, *Rhétorique spéculative,* Paris, Gallimard, 1997.
Jacques Rancière, *Les mots de l'histoire,* Paris, Le Seuil, 1992.
Jacques Rancière, *Le philosophe et ses pauvres,* Paris, Fayard, 1983.
André Régnier, *Les infortunes de la raison,* Paris, Le Seuil, 1966.
Bernard Réquichot, *Les écrits,* éd. M. Billot, préf. A. Jouffroy, Bruxelles, La Connaissance, 1973.
Paul Ricœur, « La marque du passé », *Revue de métaphysique et de morale,* mars 1998, p. 7-32.
Daniel Roche, *Histoire des choses banales : naissance de la consommation, XVII*[e]*-XIX*[e] *siècle,* Paris, Fayard, 1997.
Clément Rosset, *Le réel et son double : essai sur l'illusion,* Paris, Gallimard, 1993.
Henry Rousso, *La hantise du passé,* Paris, Textuel, 1998.
Marshall Sahlins, *Âge de pierre, âge d'abondance,* Paris, Gallimard, 1976.
Jean-Marie Schaeffer, *Adieu à l'esthétique,* Paris, PUF, 1998.
Antoine Schnapper, *Tableaux pour le Trianon de marbre, 1688-1714,* Paris, La Haye, Mouton, 1967.
Gerschom Scholem, *Les grands courants de la mystique juive,* Paris, Payot, 1973.
Richard Schusterman, *La fin de l'expérience esthétique,* Pau, Presses de l'Université de Pau, 1999.
Leopold Sédar Senghor, « Les nouveaux contes d'Amadou Koumba », *Présence africaine,* n° 17-18, février-mai 1958.
Georg Simmel, *Philosophie de la modernité : la femme, la ville, l'individualisme,* trad. Jean-Louis Vieillard-Baron, Paris, Payot, 1989.
Gérard Simon, *Le regard, l'être et l'apparence dans l'optique de l'Antiquité,* Paris, Le Seuil, 1988.

Quentin Skinner, « Meaning and understanding in the history of ideas », *Meaning and Context : Quentin Skinner and his Critics,* éd. James Tully, Cambridge, Polity Press, 1988.

Peter Sloterdjik, *La mobilisation infinie : vers une critique de la cinétique politique,* trad. Hans Hildebrand, Paris, Christian Bourgois, 2000.

Jean-François Soulet, *L'histoire immédiate,* Paris, PUF, 1994.

Jesper Svenbro, *Phrasikleia : anthropologie de la lecture en Grèce ancienne,* Paris, La Découverte, 1988.

Maria Tasinato, *L'œil du silence : éloge de la lecture,* trad. Jean-Paul Manganaro et Camille Dumoulié, Lagrasse, Verdier, 1989.

Pierre Teilhard de Chardin, *La vision du passé,* Paris, Le Seuil, 1957.

Tzvetan Todorov, *Qu'est-ce que le structuralisme ?, 2. Poétique,* Paris, Le Seuil, 1968.

Monique Trédé, *Kairos : l'à-propos et l'occasion. Le mot et la notion d'Homère à la fin du IVe siècle avant J.-C.,* Paris, Klincksieck, 1992.

François Vatin, *Le travail : économie et physique, 1780-1830,* Paris, PUF, 1993.

Jean-Pierre Vernant, « Aspects psychologiques du travail dans la Grèce antique », dans Jean-Pierre Vernant, Pierre Vidal-Naquet, *Travail et esclavage en Grèce ancienne,* Bruxelles, Complexe, 1988.

Paul Veyne, « L'histoire conceptualisante », *Faire de l'histoire,* I : *Nouveaux problèmes,* sous la dir. de Jacques Le Goff et Pierre Nora, Paris, Gallimard, 1986.

Pierre Vidal-Naquet, « Étude d'une ambiguïté : les artisans dans la cité grecque », *Travail et esclavage en Grèce ancienne,* Bruxelles, Complexe, 1988.

Ludwig Wittgenstein, *Bemerkungen über die Philosophie der Psychologie : Remarks on the Philosophy of Psychology,* Oxford, Blackwell, 1980.

Ludwig Wittgenstein, *De la certitude,* trad. J. Fauve, Paris, Gallimard, 1976.

Ludwig Wittgenstein, *Fiches,* trad. J. Fauve, Paris, Gallimard, 1971.

Ludwig Wittgenstein, *Investigations philosophiques,* trad. Pierre Klossowski, Paris, Gallimard, 1986.

Ludwig Wittgenstein, *Lectures on Aesthetics,* Cambridge, Cambridge University Press, 1982.

Ludwig Wittgenstein, *Remarques mêlées,* trad. Gérard Granel, Mauvezin, TER, 1984, p. 14.

Ludwig Wittgenstein, *Remarques sur les couleurs,* trad. Gérard Granel, Mauvezin, TER, 1984.

Bernard Zadi, « Traits distinctifs du conte africain », *Revue de littérature et d'esthétique négro-africaines,* Abidjan, Nouvelles Éditions africaines, 1979.

Imprimé en France
par Vendôme Impressions
Groupe Landais
73, avenue Ronsard, 41100 Vendôme
Août 2004 — N° 51 314